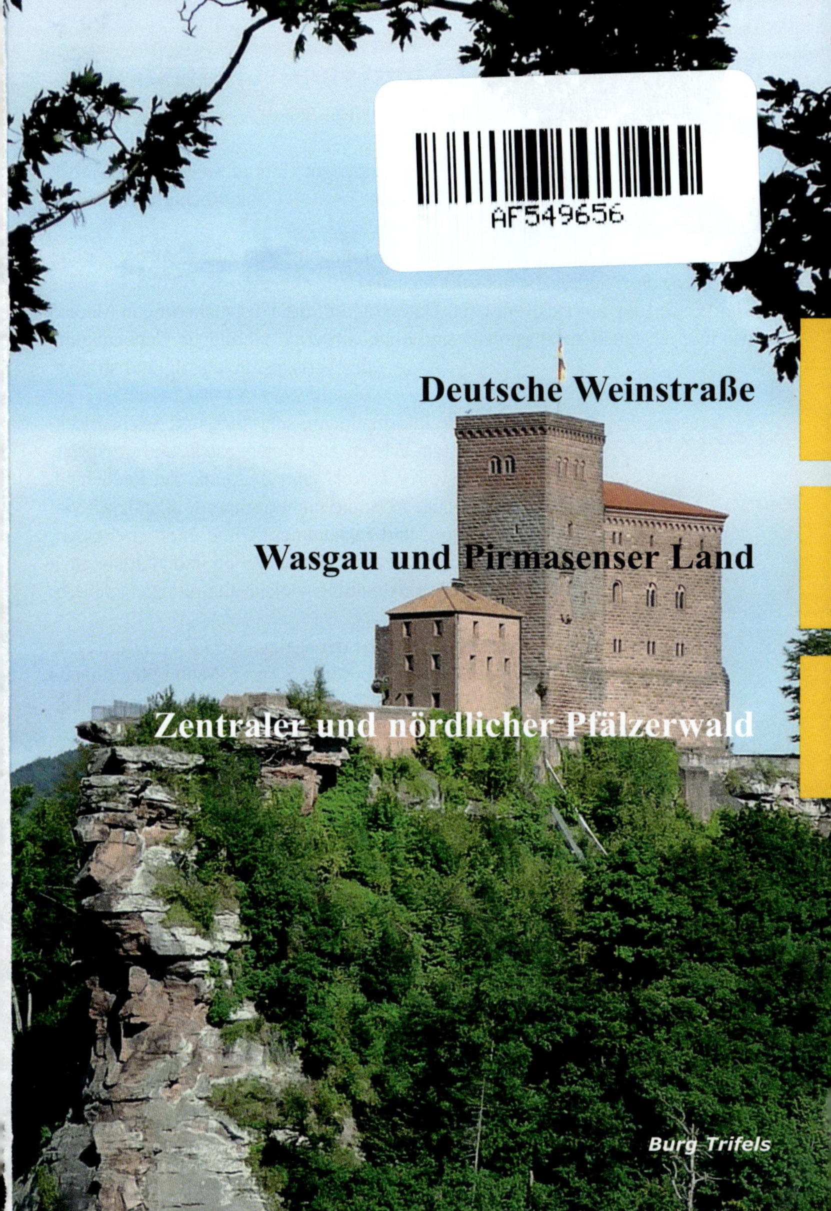
Deutsche Weinstraße
Wasgau und Pirmasenser Land
Zentraler und nördlicher Pfälzerwald
Burg Trifels

Pfälzerwald und Deutsche Weinstraße

Alle Informationen, schriftlich und zeichnerisch, wurden nach bestem Wissen zusammengestellt und überprüft. Sie waren korrekt zum Zeitpunkt der Recherche. Eine Garantie für den Inhalt, z. B. die immerwährende Richtigkeit von Preisen, Adressen, Telefon- und Faxnummern sowie Internetadressen, Zeit- und sonstigen Angaben, kann naturgemäß von Verlag und Autor – auch im Sinne der Produkthaftung – nicht übernommen werden.

Der Autor und der Verlag sind für Lesertipps und Verbesserungen (besonders per E-Mail) unter Angabe der Auflagen- und Seitennummer dankbar.

Dieses OutdoorHandbuch hat 157 Seiten mit 67 farbigen Abbildungen, 32 farbigen Kartenskizzen im Maßstab 1:25.000/50.000/75.000 sowie 33 farbigen Höhenprofilen und einer farbigen, ausklappbaren Übersichtskarte. Es wurde auf chlorfrei gebleichtem Papier gedruckt, in Deutschland klimaneutral hergestellt und transportiert und wegen der größeren Strapazierfähigkeit mit PUR-Kleber gebunden.

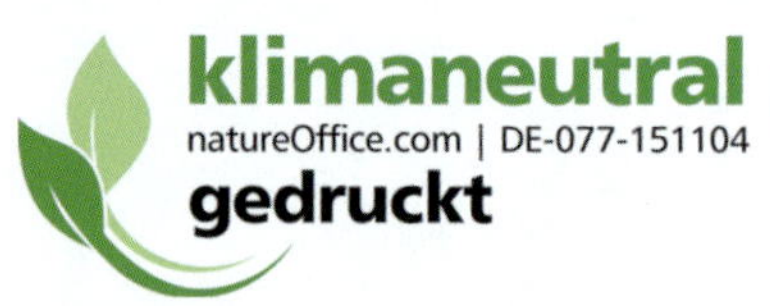

Dieses Buch ist im Buchhandel und in Outdoor-Läden erhältlich und kann im Internet oder direkt beim Verlag bestellt werden.

OutdoorHandbuch aus der Reihe „Regional", Band 354

ISBN 978-3-86686-444-3 1. Auflage 2017

Text und Fotos: Dr. Jürgen Plogmann
Karten: Heide Schwinn
Lektorat: Amrei Risse
Layout: Manuela Dastig

Gesamtherstellung: Werbedruck GmbH Horst Schreckhase

Dieses OutdoorHandbuch wurde konzipiert und redaktionell erstellt vom:

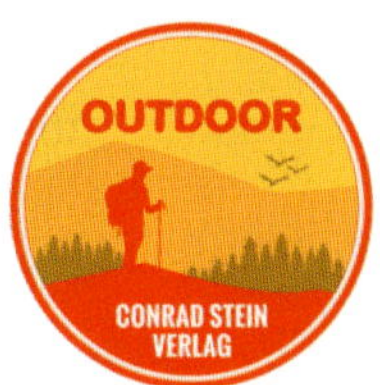

Conrad Stein Verlag GmbH, Kiefernstr. 6, 59514 Welver,
☎ 023 84/96 39 12, FAX 023 84/96 39 13,
info@conrad-stein-verlag.de,
www.conrad-stein-verlag.de

Besuchen Sie uns bei Facebook & Instagram:

www.facebook.com/outdoorverlag

www.instagram.com/outdoorverlag

Titelfoto: An der Wachtenburg (Tour 4)

Inhalt

Pfälzerwald und Deutsche Weinstraße

Im Pfälzerwald und an der Deutschen Weinstraße hat Wandern eine große Tradition. Seit mehr als 100 Jahren kümmert sich der Pfälzerwald-Verein (PWV) um die Wanderinfrastruktur. Er betreut mehr als 12.000 km Wanderwege. Einmalig für deutsche Wanderlandschaften sind die vielen bewirtschafteten Hütten des Pfälzerwald-Vereins, die durch Naturfreundehäuser und private Waldgaststätten ergänzt werden. An der Weinstraße lockt nach einer Wanderung die Einkehr in Weinstuben, Weingärten und Straußwirtschaften oder der Besuch eines der zahlreichen Weinfeste.

Die Deutsche Weinstraße bietet abwechslungsreiche Wanderungen zwischen Wald und Reben. Besonders reizvoll sind die Ausblicke von der Abbruchkante des Oberrheingrabens auf die Weinberge und Weindörfer und über die Rheinebene bis zu Odenwald und Schwarzwald. Burgen und Schlösser steigern das Landschaftserleben.

Der Pfälzerwald ruht auf einem Buntsandsteingebirge, das zu unfruchtbar ist, um darauf Ackerbau zu betreiben. Deshalb hat sich hier das größte zusammenhängende Waldgebiet Deutschlands erhalten. Der Buntsandstein wurde vor 220 Mio. Jahren in einem wüstenhaften Klima in der geologischen Senke des Germanischen Beckens gebildet, in das Wind und Flüsse Sand, Ton und Flusskiesel ablagerten. Anschließend wölbte sich das Gebiet auf. Das Gewölbe riss durch Überspannung und der 300 km lange und 35 km breite Oberrheingraben entstand. Auf der Randschulter des Grabens wurden die jüngeren Gesteinsformationen abgetragen und der Buntsandstein trat zutage.

Der nördliche und zentrale Pfälzerwald besteht aus einer Buntsandsteintafel, in die sich die Bäche tief eingeschnitten haben. Im Süden, dem Wasgau, ist die Erosion weiter fortgeschritten. Zwischen breiteren landwirtschaftlich nutzbaren Tälern wurde das Sandsteingebirge teilweise auf lange, nur wenige Meter breite Felskämme oder sogar auf Felstürme reduziert. Wo harte Sandsteinbänke auf weicheren Schichten lagern, entstanden Felsdächer und Tischfelsen, deren bedeutendste Vertreter die Bärenhöhle bei Pirmasens bzw. der Teufelstisch bei Hinterweidenthal sind.

Reise-Infos

Anreise

In Nord-Süd-Richtung ist das Wandergebiet über die A 61 und A 65 im Osten und die A 62 und A 63 im Westen zu erreichen. In Ost-West-Richtung erfüllen diese Aufgabe die A 6 im Norden und die A 8 im Süden. Von der Deutschen Weinstraße (grüne Traube auf weißem Grund) erreichen Sie die Wandertouren entlang der Weinstraße und des Haardtrandes. Entsprechende Funktionen haben die B 270 Kaiserslautern – Pirmasens für den westlichen und die B 48 für den zentralen Pfälzerwald und den Wasgau. Die B 10 Landau – Pirmasens und die B 427 Bad Bergzabern – Dahn – Pirmasens erschließen den südlichen Pfälzerwald mit dem Wasgau.

In Mannheim, Kaiserslautern und Karlsruhe halten ICE- und IC-Züge. Weiter geht es mit der S-Bahn bzw. Regionalbahnen im Verkehrsverbund Rhein-Neckar an die Weinstraße und in den Pfälzerwald (☞ Verkehrsmittel).

Standorte und Unterkünfte

Als Standorte für mehrtägige Unternehmungen empfehlen sich die verkehrsgünstig gelegenen Orte, von denen die Startpunkte der Wanderungen auch mit öffentlichen Verkehrsmitteln zu erreichen sind, insbesondere der Knotenpunkt Neustadt an der Weinstraße. In Bad Dürkheim im Norden sowie in Bad Bergzabern im Süden können die Kureinrichtungen nach den Wanderungen zur Erholung genutzt werden. Wer sich in kleineren Weinorten wohler fühlt, ist in Deidesheim und Maikammer/St. Martin, an der Südlichen Weinstraße in Leinsweiler und Klingenmünster gut aufgehoben. Als Standorte im Wasgau empfehlen sich das hübsche Annweiler und Dahn.

Im Wandergebiet gibt es **Hotels und Gasthöfe** in jeder Preislage, Ferienwohnungen und Stellplätze für Wohnmobile auch beim Winzer. Neben einem Reiseführer können Tourismusprospekte auf das Urlaubsgebiet und die Wanderungen einstimmen. Für die gesamte Pfalz zuständig ist:

ℹ PfalzTouristik e.V., Martin-Luther-Str. 69, 67433 Neustadt an der Weinstraße, ☎ 063 21/39 16-0, ✉ info@pfalz-touristik.de, 💻 www.pfalz-touristik.de

Wer im September/Oktober während der Weinlese an die Weinstraße reisen möchte, kann kurzfristig nur mit viel Glück noch ein Zimmer finden. Für die gesamte Pfalz können Hotelreservierungen online, per E-Mail oder telefonisch unter 💻 www.pfalz-touristik.de, ✉ reservierung@pfalz-touristik.de, ☎ 063 21/39 16-925 vorgenommen werden.

Einkehren

Hinsichtlich der **Einkehrmöglichkeiten** nimmt der Pfälzerwald aufgrund seiner Hütten und Waldgasthäuser eine Sonderstellung unter den deutschen Wandergebieten ein. Allerdings sind die PWV-Hütten überwiegend nur am Wochenende geöffnet, einige auch mittwochs und in den Ferien von Rheinland-Pfalz häufiger. Bei schlechtem Wetter muss mit frühzeitigen Schließungen gerechnet werden. Die Weinstraße ist mit Restaurants, Weinstuben und Gartenwirtschaften reich gesegnet. Zu beachten ist, dass die Weinstuben in der Regel erst gegen 17:00 öffnen. Sofern an einem Ort nur eine Einkehrmöglichkeit besteht, empfiehlt es sich, vor der Wanderung anzurufen, ob tatsächlich geöffnet ist, denn es gibt viele Anlässe, die Regelöffnungszeit einmal nicht einzuhalten.

Weinbergsblick auf das Annweilerer Burgentrio

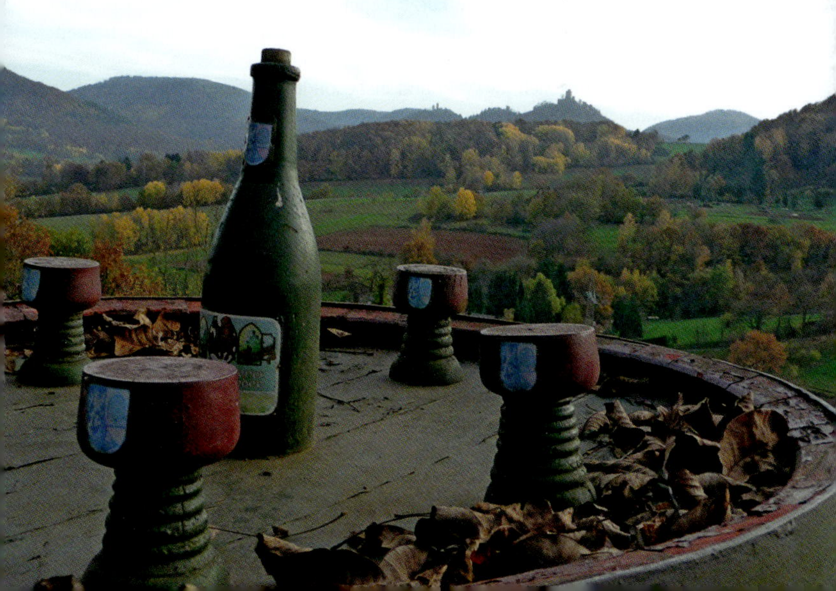

Verkehrsmittel

Mit der S-Bahn können Sie von Mannheim über Neustadt nach Kaiserslautern und Landstuhl fahren, von Kaiserslautern mit der Regionalbahn nach Pirmasens, von Karlsruhe über Landau nach Pirmasens. Die Gleise von Grünstadt über Bad Dürkheim, Neustadt und Landau nach Bad Bergzabern und Wissembourg, ergänzt um leistungsfähige Buslinien, erschließen das Wandergebiet Deutsche Weinstraße. Die Umsteigeverbindungen zwischen den Zügen und mit den Bussen sind aufeinander abgestimmt (Rheinland-Pfalz-Takt).

Fahrplanauskunft:

- Deutsche Bahn AG: 💻 www.bahn.de, Service-Nummer: ☎ 01 80/599 66 33, automatische Fahrplanauskunft: ☎ 08 00/150 70 90
- ♦ Verkehrsverbund Rhein-Neckar (VRN): 💻 www.vrn, Service- und Fahrplanauskunft: ☎ 01 80/58 76 46 36

Reisezeit

An der Deutschen Weinstraße beginnt der Frühling mit der Blüte der Mandelbäume im Februar/März. Aus diesem Anlass werden die ersten Weinfeste/Mandelblütenfeste gefeiert. Danach tritt eine kurze Vegetationspause ein, bis im April/Mai die Natur komplett erblüht und die Bäume ihre frischen grünen Blätter treiben. Dann hat der Pfälzerwald seine erste Wanderhochzeit.

Im Sommer lässt es sich im Wald und insbesondere in den kühlen Bachtälern angenehm wandern. Die Weinberge, in denen sich eine starke Hitze entwickelt, sollten dann eher gemieden werden. Der beginnende Herbst ist die schönste Zeit zum Wandern: Über der Weinstraße liegt der Dunst der gärenden Weins, im Wald können für den Eigenbedarf Pilze und Keschte (Esskastanien) gesammelt und das Selbstgeerntete am Abend bei Neuem Wein verzehrt werden. Später im Herbst steigt der Duft des gefallenen Laubes in die Nasen der Wanderer und die ersten Herbstnebel tauchen den Wald in ein geheimnisvolles Licht.

Auch der Winter hat seinen besonderen – und seltener werdenden – Reiz, wenn die Landschaft mit einer weißen Decke überzogen ist. Dann sind schnelle Entscheidungen gefragt, bevor die weiße Pracht wieder verschwunden ist. Es können aber auch Gefahren auftreten: Festgetretener Schnee oder Eis können das Wandern erschweren oder unmöglich machen. Starker Schneefall mit anschließendem Tauen und Gefrieren kann zu lebensgefährlichem Schneebruch führen. Wanderungen sollten dann nur in offenem Gelände unternommen werden. Auf jeden Fall sollten Sie an den kurzen Wintertagen eine Stirn- oder Taschenlampe mitführen, denn wie leicht wird die Zeit zum Beispiel beim Wein in einer gemütlichen Hütte vergessen und in der Dunkelheit sehen Sie im Wald buchstäblich nicht die Hand vor Augen. So können Sie die Markierungen an- und den Weg ausleuchten.

Karten und GPS

Als Wanderkarten werden die Topographischen Karten (TK) 1:25.000 des Landesamtes für Vermessung und Geobasisinformation Rheinland-Pfalz mit Wander- und Radwanderwegen sowie UTM-Koordinatengittern für GPS-Nutzer empfohlen. Die Blätter 2 bis 8 des Naturparks Pfälzerwald decken das Tourengebiet ab. Die einzelnen Wanderungen werden durch folgende Kartenblätter abgedeckt:

Tour 1, 2, 3	Blatt 2
Tour 1, 2, 3, 4, 5, 6, 7	Blatt 4
Tour 8, 9, 10, 11, 15, 16, 27	Blatt 6
Tour 12, 13, 14, 15, 16, 17, 18, 21	Blatt 8
Tour 18, 19, 20, 22, 23, 24, 25	Blatt 7
Tour 25, 26, 29	Blatt 5
Tour 30	Blatt 3

Die GPS-Tracks zu den beschriebenen Touren können Sie von der Verlagswebsite 💻 www.conrad-stein-verlag.de herunterladen.

Wandern mit Kindern

Sie sollten bei der Auswahl der Tour anhand der kurzen Charakterisierungen im Buch beurteilen, ob Ihr Kind den Anforderungen gewachsen ist. Überfordern Sie es nicht, sonst verleiden Sie ihm vielleicht lebenslang die Freude am Wandern. Kleine Kinder beschäftigen sich noch mehr mit dem Boden und entdecken, was Erwachsene nicht mehr sehen. Nicht nur deshalb meidet dieser Führer Hart- und Schotterwege in langweiliger Landschaft so weit wie möglich. Es werden bewusst kurze Touren – auch als Varianten längerer Wanderungen – vorgestellt, die für Wanderer mit Kindern geeignet sind. Zu Ihrer eigenen Entlastung sollten Sie Freunde Ihrer Kinder mitnehmen; so ist zusätzlich für Unterhaltung gesorgt. Behalten Sie die Kinder jederzeit im Blick.

Wer mit einem Kleinkind unterwegs ist, sollte statt eines Buggys besser eine Trage/Kraxe wählen, da viele besonders interessante Wege über Wald- und Felsenpfade führen, die schmal, steil und stufig und damit für Wanderer mit Buggy unbegehbar sein können.

📖 **Wandern mit Kind** von Kerstin Micklitzka, Conrad Stein Verlag, ISBN 978-3-86686-015-5, € 7,90

Wandern mit Hund

Hunde sind neugierig und lieben es, Entdeckungen zu machen. Sie fühlen sich auf Wanderungen deshalb wohl und werden Ihnen dafür dankbar sein – solange Sie sie nicht überfordern. Nehmen Sie Ihren Hund nur mit auf eine Wanderung, wenn er gut erzogen ist und Ihnen aufs Wort gehorcht. Denken Sie daran, dass jeder, der Ihnen begegnet, schon schlechte Erfahrungen mit Hunden gemacht haben kann. Das von Hundebesitzern oft wiederholte Mantra „Der tut nix!“ hält Ihr Gegenüber deshalb unter Umständen für wenig glaubwürdig.

Sie sollten abschätzen können, was Sie Ihrem Hund zumuten können. Wasserstellen werden im Führer benannt, im Sommer trocknet allerdings manche Quelle aus. Fast alle Hütten und Gaststätten halten Wassernäpfe bereit. Nehmen Sie trotzdem Wasser und bei Regen ein Tuch mit, mit dem Sie das Fell vor einer Einkehr trocknen können. Denken Sie daran, dass in Naturschutzgebieten Leinenzwang besteht und achten Sie auf die entsprechenden Schilder.

Gefahren beim Wandern

Dieser Führer enthält einige Touren im felsigen südlichen Pfälzerwald. Die nackten, ungesicherten Felsen auf den senkrecht abstürzenden Felsklippen abseits der offiziellen Wege sind schwindelfreien und absolut trittsicheren Wanderern mit geeignetem Schuhwerk vorbehalten. Bei Nässe, Schnee, Eis oder starkem Wind sollten die exponierten Felsen nicht betreten werden. Es besteht tödliche Absturzgefahr.

Updates

Der Conrad Stein Verlag veröffentlicht Updates zu diesem Wanderführer, die direkt vom Autor oder von Lesern des Buches stammen. Sie finden diese auf der Verlagswebsite 💻 www.conrad-stein-verlag.de. Der links abgebildete QR-Code führt Sie direkt dorthin.

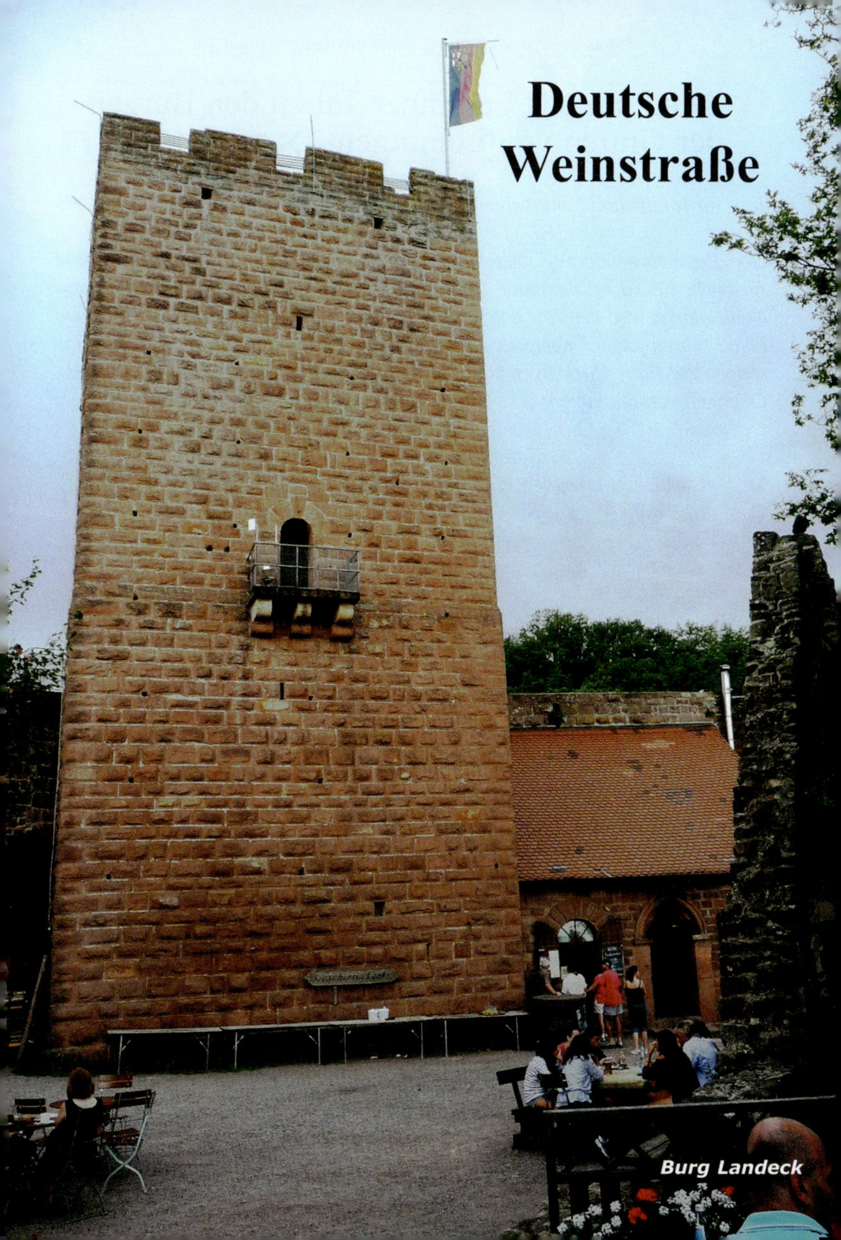
Deutsche
Weinstraße
Burg Landeck

1 Rund um das Leininger Tal zu den Burgen der Grafen von Leiningen

Tour für Natur- und Kulturliebhaber

Der Premiumwanderweg bietet drei Burgruinen, Felsformationen und weite Ausblicke, Wald, Waldränder und offene Landschaft. Mit Start im Burgdorf Neuleiningen wird der Weg entgegen dem Uhrzeigersinn beschrieben. Wege und Pfade führen an der Kante des Eckbachtals entlang, queren das Amseltal und steigen zur Burg Altleiningen auf. Der nächste Höhepunkt ist der Kupferbergfels. Oberhalb von Battenberg öffnet sich der Blick über die Oberrheinebene bis zum Odenwald.

Start/Ziel: Neuleiningen, Burg/Kirche, GPS N 49°32.542‘ E 008°08.411‘

22,5 km

6 Std.

ca. 550 m/550 m

172-395 m

stilisierte Höhenburg auf gelber Scheibe

Neuleiningen, JH Altleiningen (km 7,5), in Battenberg (km 19)

zahlreiche Rastplätze und Bänke am Weg

Freibad im Burggraben der Burg Altleiningen (km 7,5)

Die ganze Tour ist nur für sehr leistungsstarke Kinder geeignet. Gehen Sie alternativ nur die halbe Strecke bis/von Altleiningen und nutzen Sie die Linie 454 für den Hin- oder Rückweg.

Mehrere Kilometer ohne Wasserstelle, nehmen Sie Wasser mit.

P Parkplatz außerhalb von Neuleiningen an der L 453/Tiefenthaler Straße, Anfahrt: A 6/AS 19 Grünstadt, L 453 über Grünstadt nach Neuleiningen, Navi: Tiefenthaler Straße, 67271 Neuleiningen

Buslinien 454 und 457 ab Grünstadt Bf. bis Haltestelle Neuleiningen Kreuz, überwiegend Zweistundentakt

Das Burg- und Weindorf Neuleiningen bildet mit seiner Burgruine und seiner Pfarrkirche den markanten nordöstlichen Eckpunkt des Pfälzerwaldes. Graf Friedrich III. errichtete die Burg im Stil eines Kastells – d. h. mit vier Rundtürmen an den Eckpunkten der Mauer – zwischen 1238 und 1241 an strategisch günstiger Stelle am Ausgang des Leininger Tales. Das später errichtete, mauerumgürtete Dorf diente als eine Art Vorburg. Burg und Dorf wurden 1690 im Pfälzischen

Erbfolgekrieg von den Truppen Ludwigs XIV. zerstört. Dennoch bietet die Altstadt von Neuleiningen mit ihren engen Gassen und Treppenwegen sowie ihren Fachwerkhäusern noch heute das geschlossene Bild eines mittelalterlichen Städtchens.

Sie starten an der Burgruine und der Kirche St. Nikolaus in **Neuleiningen** (⇧ 260 m) und gehen durch das obere Tor. Am Wegweiser 30 m weiter folgen Sie der Richtung „Altleiningen 8 km" in die Friedrich-Ebert-Straße, sogleich rechts in die Konrad-Adenauer-Straße und immer geradeaus. Sie begehen einen bequemen Kiesweg, bis Sie rechts hinauf in einen Pfad gelenkt werden. Wenn Sie zurückschauen, zeigt sich nochmals Neuleiningen. Nach 2,2 km ab Start führen Stufen zu einem Pfad hinab, der durch Eichenmischwald durch den Hang führt. Der Pfad entlässt Sie an einem **Regenrückhaltebecken** (km 2,9) mit Rastplatz. Danach könnten Sie bei Bedarf ins Eckbachtal zur Bushaltestelle absteigen.

Graswege verlaufen an der Plateaukante zu einem Rastplatz am Abzweig zum Nackterhof und einem Ausblick auf das Drahtzugwerk im Tal. Sie

Burg Altleiningen

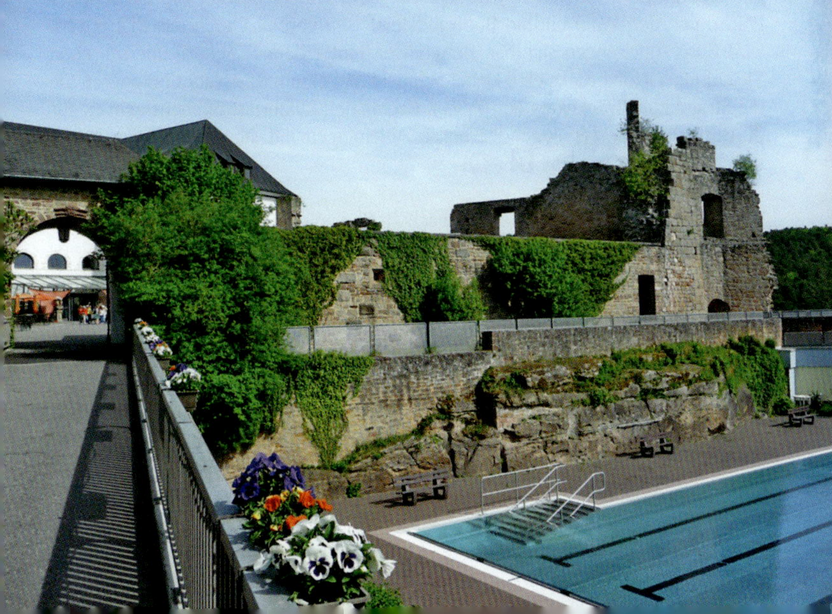

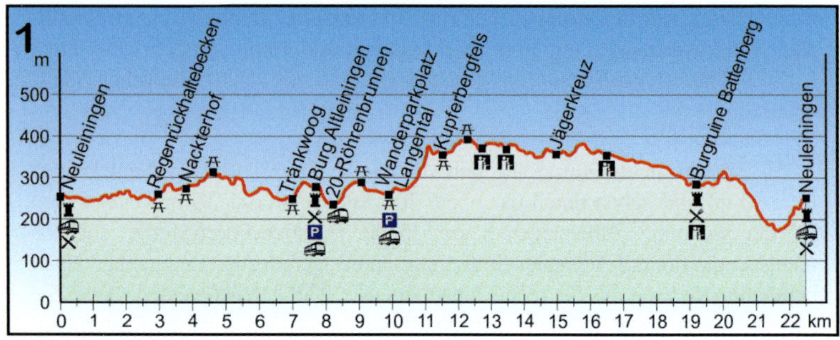

erkennen, dass das Leiningertal eine geologische Zäsur bildet: Im Süden liegen das flächenhaft bewaldete, unfruchtbare Buntsandsteingebirge des Pfälzerwaldes, im Norden die fast baumlosen Kalktafeln, die häufig noch von Lößpaketen bedeckt sind und sich für den Ackerbau vorzüglich eignen.

Der Burgenweg führt geradeaus, links eine Wand aus undurchdringlichem Wald, rechts Felder auf dem Plateau des Kleinen Donnersbergs. Auf einer kleinen **Anhöhe** (km 4,9, ⇧ 323 m) lädt neben einem Hochsitz ein weiterer Rastplatz mit Weitblick auf den „richtigen" Donnersberg ein. Bald leitet Sie ein schöner Pfad durch den Wald und an Buntsandsteinfelsen vorbei. Durch das Blätterwerk wird Burg Altleiningen sichtbar. Bereits weit hinter dem Süßenhof überschreiten Sie auf einer Holzbrücke eine kleine Schlucht. An einem Rastplatz überqueren Sie die Straße zum **Tränkwoog** (km 7). Rechts des Zufahrtssträßchens geht es zur **Burg** und zur **Jugendherberge Altleiningen** mit Burgschänke hinauf (km 7,7, ⇧ 276 m, P).

Burg Altleiningen wurde ursprünglich zu Beginn des 12. Jh. erbaut und gilt als Stammsitz der Grafen von Leiningen. Im Bauernkrieg wurde die Burg zerstört. Der unvollendete Wiederaufbau erfolgte als Renaissanceschloss, das im Pfälzischen Erbfolgekrieg den Truppen des Sonnenkönigs zum Opfer fiel. Im Jahr 1968 wurde in den verbliebenen Ruinen eine Jugendherberge erbaut, die nach ihrer Modernisierung vor der Jahrtausendwende zu den angenehmsten Deutschlands zu zählen ist. Ein Freibad im Burggraben ergänzt im Sommer die Annehmlichkeiten.

Jugendherberge Altleiningen mit Burgschänke, Burg 1, 67317 Altleiningen, 063 56/15 80, www.diejugendherbergen.de, Burgschänke: Mo-So 10:00-23:00, Küche 12:00-22:00, kleine Karte 14:00-18:00

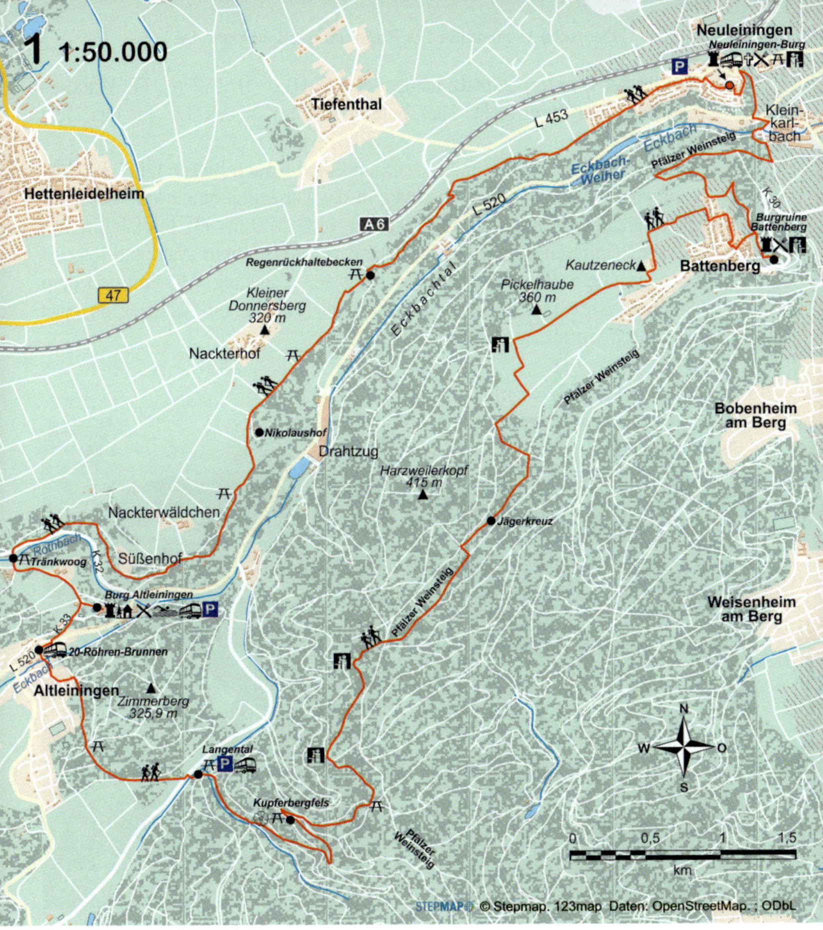

Vom Parkplatz vor der Burg laufen Sie kurz die Straße hinab und biegen in einen Waldpfad ab, der abwärts nach **Altleiningen** (km 8,2, ⇧ 240 m) führt. Im Ort queren Sie die Straße und steigen am Kriegerdenkmal die Treppe zum **20-Röhren-Brunnen** hinab, der sein Wasser aus einem Stollen unter der Burg bezieht. Von der Schulstraße über den Eckbach und durch die Zimmerbergstraße geht es in den Wald hinauf und anschließend auf fast ebenem Weg zu einem Rastplatz. Von dort laufen Sie auf breiten Wegen sanft abwärts und am Waldrand entlang, bis die Straße an der Haltestelle der Buslinie 454 gequert wird.

Damit ist der P **Wanderparkplatz Langental** (km 10,0, ⇧ 257 m, ⩩, Wanderkarten, Rettungspunkt) erreicht. Hier befand sich bis in das 16. Jh. das Dorf Zwingweiler.

Zusätzlich begleitet vom grünen Kreuz und dem blauen Balken führt der Burgenweg nun zunächst auf einem Forstweg in das Langental hinein und dann auf einem Pfad hinauf zum **Kupferbergfels** (km 11,4, ⇧ 370 m, ⩩, Infotafel). Einer der Buntsandsteinfelsen ist wie ein Kamelkopf geformt. Einem Waldpfad folgend stoßen Sie an einem ⩩ Rastplatz auf den Pfälzer Weinsteig. Mit ihm und dem weiß-blauen Strich wandern Sie links auf einem fast ebenen Waldweg an zwei Aussichtsbänken vorbei.

Kamelkopf am Kupferbergfels

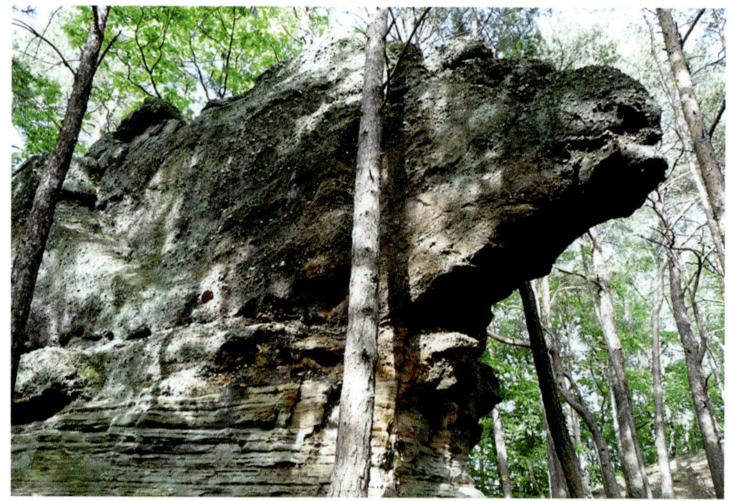

Am Wegweiser Bannwald verlassen Sie den Hauptweg nach links, um dem **Jägerkreuz** (km 15,4, in Erinnerung an einen erschossenen Jäger) einen kurzen Besuch abzustatten. Am nächsten Querweg (WW Herrenwäldchen) verabschiedet sich der Weinsteig nach rechts und bildet eine ↬ Alternative nach Battenberg und Neuleiningen zurück. ✋ Der Burgweg jedoch läuft links weiter! Sie werden aus dem Wald herausgeführt und kommen in offenes Gelände, das weite Blicke zum Donnersberg und über den Oberrheingraben hinweg bis zum Odenwald öffnet.

Überwiegend auf Schotterwegen, zuletzt auf Gras, geht es nach **Battenberg** (km 19,5, ⇧ 300 m) hinab und durch den Ort zur Kirche und zum Pfarrgarten. Hier sollte der 200 m kurze Abstecher zur **Burgruine** nicht ausgelassen werden, obwohl von der ebenfalls im Pfälzischen Erbfolgekrieg zerstörten leiningischen Burg, deren Geschichte weitgehend im Dunkeln liegt, nur wenig übrig geblieben ist. Eine Einkehr in ✕ Burgschenke und Burghof mit prächtiger Aussicht über die Oberrheinebene lohnen sich.

✕ Burgschenke Hofgut Battenberg, Hauptstr. 1, 67271 Battenberg, ☏ 063 59/21 96, www.hofgutbattenberg.de, Mi-Fr ab 16:00, Sa, So, Fei ab 12:00

Der Abstieg in den Oberrheingraben gestaltet sich zunächst sehr angenehm auf schönen Pfaden, bis ein Waldweg endgültig hinab läuft und am Rande der Weinberge wiederum auf den Weinsteig trifft. Gemeinsam mit ihm werden Eckbach und die Straße in das Leininger Tal gequert, bevor ein Aufstieg zu Dorf, Burg und Kirche von **Neuleiningen** zurückführt, wo sich am Ende der Tour einige gute Gelegenheiten zur Einkehr bieten.

Blick auf Neuleiningen

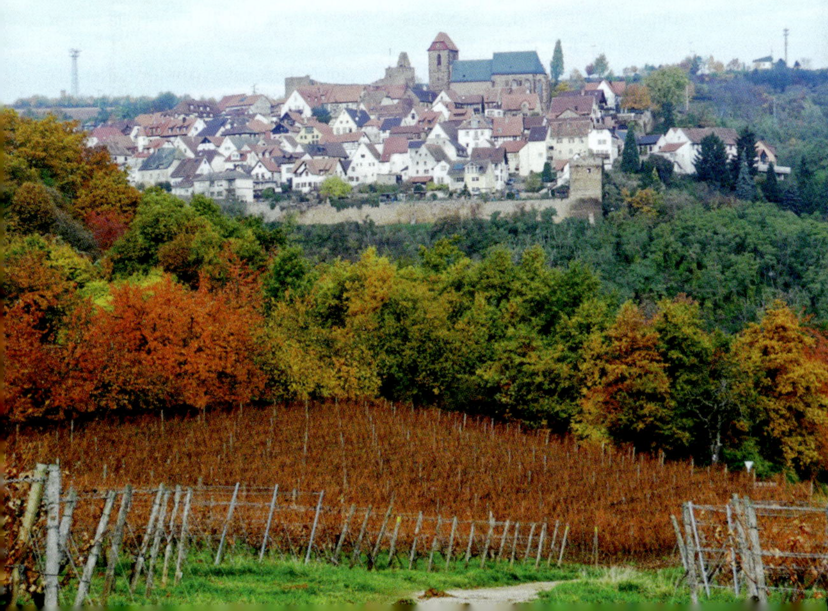

② Von Weisenheim am Berg nach Bad Dürkheim

Waldwanderung zu historischen Orten für natur- und kulturhistorisch Interessierte (bis/ab Zwischenziel Lindemannsruhe)

Die ereignisreiche Wanderung verbindet den Weinort Weisenheim am Berg mit dem Kur- und Weinstädtchen Bad Dürkheim. Kultur- und Naturdenkmäler liegen am Weg, wie z. B. der Ungeheuersee, der Bismarckturm, der Teufelsstein, ein keltischer Ringwall und ein römischer Steinbruch.

➔ Start: Weisenheim am Berg, Holz-Weisbrodt/Bachweg, GPS N 49°30.656' E 008°09.343'; Ziel: Bad Dürkheim, Bahnhof, GPS N 49°27.641' E 008°10.213'

14 km

4 Std.

ca. 410 m/510 m

120-487 m

grünes Kreuz, unmarkiert, blauer Strich, grün-weißer Strich, weiß-rot, Weinsteig

Weisenheim am Berg (☺ Café Solo abseits der Route), Weisenheimer Hütte am Ungeheuersee (km 4,5), Forsthaus Lindemannsruhe (km 7), PWV-Hütte an der Weilach (km 8,3), Bad Dürkheim

Ungeheuersee (km 4,5), Lindemannsruhe (km 7), Teufelsstein (km 10), Kaiser-Wilhelm-Höhe (km 11,5), Kriemhildenstuhl (km 12,3)

Wählen Sie ggf. die Teilstrecke bis/ab Lindemannsruhe.

Nehmen Sie ab dem Ungeheuersee Wasser mit!

P Parkmöglichkeit am Südtiroler Ring am südlichen Ortsausgang, erreichbar über die Weinstraße (L 517), Navi: Südtiroler Ring, 67273 Weisenheim am Berg

Start: Haltestelle Leistadter Straße, Linie 453, gute Verbindungen von Bad Dürkheim Bf. und Grünstadt Bf.; Ziel: Bad Dürkheim Bf. Das Zwischenziel Lindemannsruhe erreichen Sie mit der Linie 488, dreimal tägl. von/nach Bad Dürkheim Bf.

☺ Abseits der Route lockt in Weisenheim eine außergewöhnliche Einkehr im Café Solo, Hauptstr. 49, ☏ 063 53/95 93 49, www.cafésolo.de, Di-So 10:00-18:00

Am südlichen Ortsende von **Weisenheim am Berg** (⇧ 231 m), in der Kurve der L 517 (Weingut Holz-Weisbrodt), laufen Sie durch den Bachweg Richtung Wald und weiter geradeaus auf einem mit Holzschnitzeln angefüllten Pfad, der angenehm unter den Füßen federt, durch eine kleine Grünanlage. In der querenden Johann-Georg-Lehmann-Straße müssen Sie den Pfad leider nach rechts verlassen. Die Straße Am Koppel führt Sie rechts in die Waldstraße, wo das grüne Kreuz wartet, um Sie bald auf einen zunächst steilen Pfad in den Wald hinauf zu schicken. Nach dem Anstieg verläuft der Waldpfad moderat über den Kühberg und schließlich hinunter zum idyllischen ❀ **Ungeheuersee** (km 4,5, ⇧ 360 m, ⊼) mit der ⌂ ✕ **Weisenheimer Hütte**.

Der Ungeheuersee wurde im Mittelalter durch Aufstau des Krumbachs als Viehtränke angelegt. Sein Name leitet sich von „Unger" wie Waldweide und „Heyer" wie Gehege ab. Sein Wasserspiegel ist großen Schwankungen unterworfen. See und umgebendes Moor weisen eine seltene Flora und Fauna auf.

✕ Weisenheimer Hütte am Ungeheuersee, 💻 www.pwv-weisenheim.de, 🚪 Mitte März bis Mitte/Ende Nov. So und Fei 10:00-18:00, Mitte/Ende Mai bis Mitte Okt. auch Mi 12:00-17:00, sehr einfache Küche

Sie folgen dem Weg Nr. 12 am westlichen Ufer des Sees und passieren nach 300 m das Herxheimer Brünnchen. Der Weg geht in einen Pfad über, der, mehrere Wege schneidend, im Hang aufsteigt. Oben angelangt folgen Sie dem querenden Weg u. a. mit der Markierung „rot-weiße Welle" nach links bis zur **Lindemannsruhe** (km 7, ⇧ 469 m, ✕ ⊼ P 🚌) an der Straße von Leistadt nach Höningen.

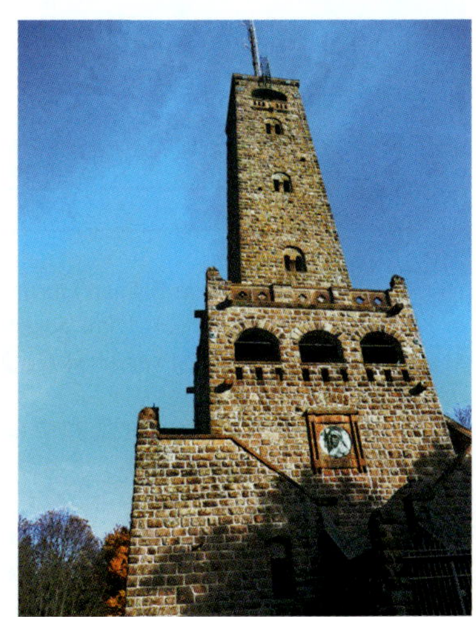

Bismarckturm

✕ Forsthaus Lindemannsruhe, ☎ 063 22/947 23 26, 💻 www.lindemannsruhe.de, 🚪 ab 11:00, Mo und Di Ruhetag

Links vom Forsthaus gelangen Sie mit dem grün-weißem Strich in 15 Min. zum ⌘ **Bismarckturm** auf dem Petersberg (⇧ 487 m, i).

Der mächtige und aufwendig gestaltete Turm zu Ehren des Reichskanzlers der deutschen Einheit reiht sich in eine Vielzahl von Türmen, Denkmälern und

Gedenksteinen ein, die nach 1871 errichtet wurden. Der Drachenfelsclub baute den spendenfinanzierten, 36 m hohen Turm, der 1903 eingeweiht wurde, im Stil der Neoromanik. Von mehreren Aussichtsplattformen bieten sich prächtige Weitsichten über den Pfälzerwald und die Oberrheinebene bis zum Odenwald.

April-Okt. Mi, Sa, So, Fei 10:00-18:00, Nov.-März So 10:00-18:00

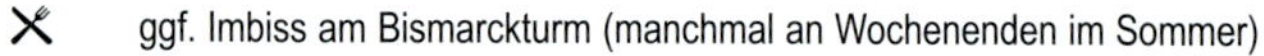

ggf. Imbiss am Bismarckturm (manchmal an Wochenenden im Sommer)

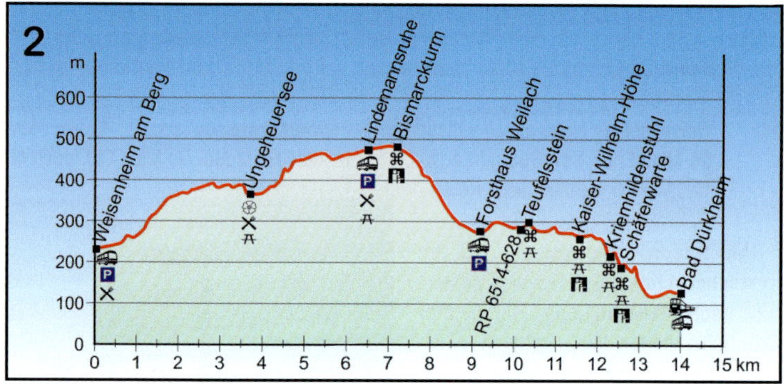

Etwa 150 m nach dem Bismarckturm folgen Sie dem grün-weißen Strich links in Kehren hinab. Nach ca. 1,3 km gesellt sich der weiß-rote Strich hinzu. Hier liegt 50 m südlich (rechts) versteckt die **PWV-Hütte an der Weilach**.

Hütte an der Weilach, ☏ 063 22/57 64 (Hüttenwart), www.pwv-duew.de,
Sa, So, Fei 10:00-18:00

Sie folgen weiter geradeaus den Markierungen „grün-weiß" und „weiß-rot" und treffen am ehemaligen **Forsthaus Weilach** auf eine Kurve der Kreisstraße 3. Mit der Markierung „weiß-rot" biegen Sie rechts in den Wald ab. Vorbei am Parkplatz führen Sie schmale Pfade nach 1 km zu einer Wegspinne und zum **Rettungspunkt 6514-628**. Hier wählen Sie den rechts im rechten Winkel beginnenden Pfad und treffen nach ca. 100 m auf den ⌘ **Teufelsstein** (km 10, ⛼), den Sie auf fünf in den Felsen geschlagenen Stufen besteigen können und bei dem es sich vermutlich um einen keltischen Kultplatz handelt.

Nun folgen Sie bis Bad Dürkheim der rot-weißen Welle des Weinsteigs. Zunächst stoßen Sie auf den um 500 v. Chr. errichteten, 2,5 km langen keltischen

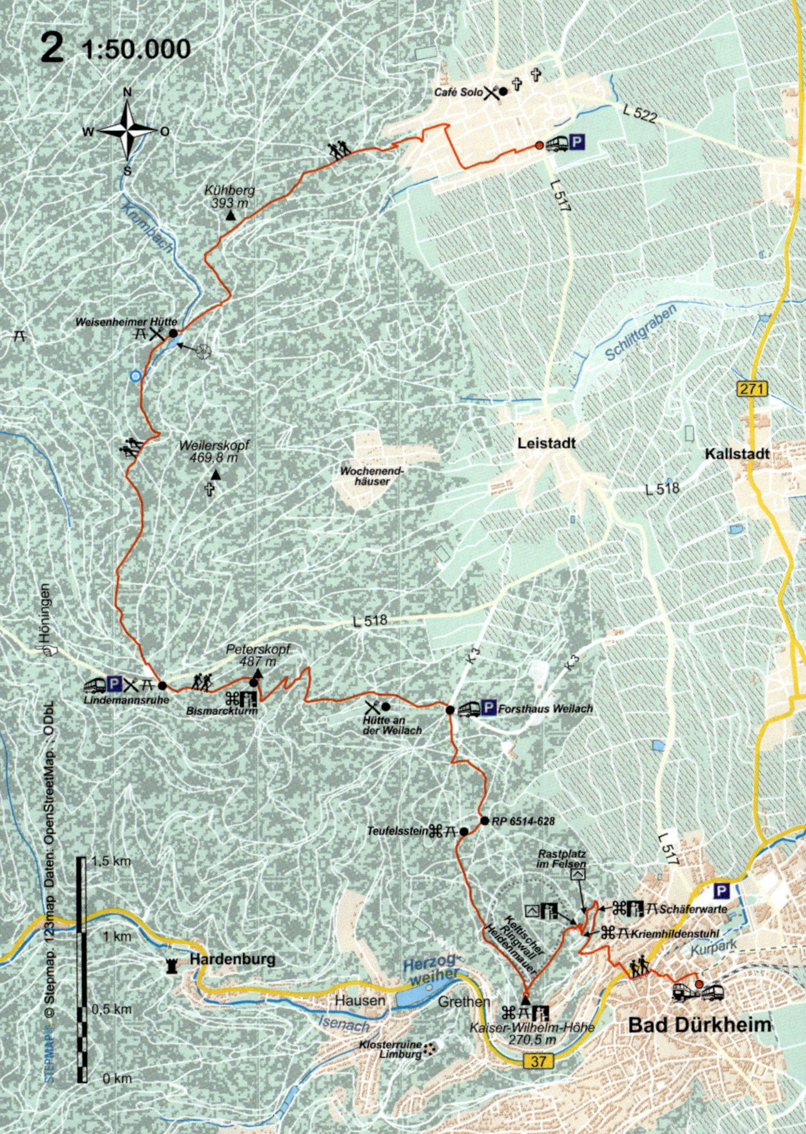
2 1:50.000
N
W
O
S
Café Solo
L 522
L 517
Kühberg
393 m
Krumbach
Weisenheimer Hütte
Weilerskopf
469,8 m
Wochenend-
häuser
Leistadt
Kallstadt
Schlittgraben
271
L 518
Höningen
Peterskopf
487 m
Lindemannsruhe
Bismarckturm
Hütte an
der Weilach
Forsthaus Weilach
K 3
RP 6514-628
Teufelsstein
Rastplatz
im Felsen
Schäferwarte
Kriemhildenstuhl
Keltischer Ringwall
Heidenmauer
Kurpark
Hardenburg
Herzogweiher
Hausen
Grethen
Isenach
Kaiser-Wilhelm-Höhe
270,5 m
Klosterruine
Limburg
37
Bad Dürkheim
1,5 km
1 km
0,5 km
0 km
STEPMAP © Stepmap, 123map Daten: OpenStreetMap, ODbL

⌘ Ringwall **Heidenmauer**, an dem Sie ca. 500 m entlanglaufen. Etwa 80 m rechts vom Weg liegt ein idyllischer Aussichtspunkt.

Von der **Kaiser-Wilhelm-Höhe** (km 11,5, ⇧ 270 m, Felshöhle,), die aus Anlass des 90. Geburtstags Kaiser Wilhelms I. 1888 gestaltet wurde, blicken Sie in das Isenachtal und auf die nahe Limburg. Dem Schild „Krimhildenstuhl" folgend wird kurz darauf eine Schutzhütte über diesem römischen Steinbruch erreicht. Ein Pfad windet sich zum Fuß des Steinbruchs .

Den hellen Buntsandstein des heute unter Denkmalschutz stehenden Steinbruchs **Krimhildenstuhl** (Kulturdenkmal) nutzte die 22. Römische Legion bis ins 4. Jh. n. Chr. Sie transportierte die gebrochenen Steine auf dem Rhein bis hinab zu ihren Bauten in Mainz. Römische Felsbilder sind durch rote Pfeile markiert. Schautafeln erklären die Geologie, den Steinbruch und die Abbautechnik der Römer.

Sie passieren sogleich eine aus Sandstein errichtete gewölbte Nische mit einem Sandsteintisch (Wetterschutz). Vorbei an der ⌘ **Schäferwarte** beginnt der Abstieg nach **Bad Dürkheim**. Nachdem die B 37 unterquert wurde, orientieren Sie sich nach links Richtung Kurviertel, Römerplatz und **Bahnhof**.

Wurstmarktbrunnen in Bad Dürkheim

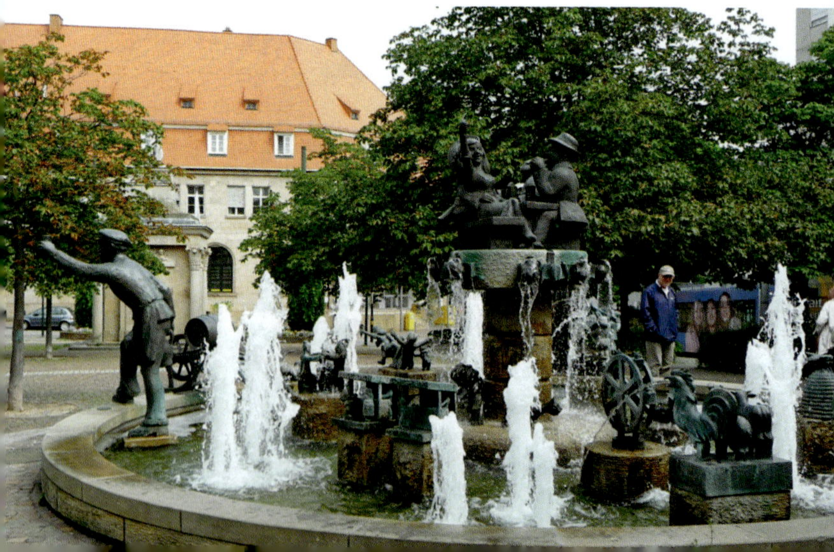

❸ Von Bad Dürkheim zur Klosterruine Limburg und zur Hardenburg

Tour für Natur- und Kulturinteressierte

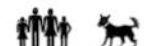

Sie wandern durch das Isenachtal hinauf zur aussichtsreichen und kulturhistorisch bedeutsamen Ruine des Klosters Limburg und zur imposanten Hardenburg. Zurück geht es auf Waldpfaden über die Aussichtspunkte Zeppelinturm und Flaggenturm und zuletzt durch Weinberge wieder nach Bad Dürkheim.

Start/Ziel: Römerplatz im Zentrum von Bad Dürkheim, GPS N 49°27.644' E 008°10.042'; alternativer Startpunkt (kürzere Variante): Endhaltestelle Rudolf-Bart-Siedlung der Buslinie 486

15 km

4 Std. 30 Min.

ca. 580 m/580 m

128-342 m

blauer Strich bis zur Hardenburg, Rückweg: weiß-blau, unmarkiert, Weg Nr. 5 und Weinsteig (rot-weiße Welle)

Römerplatz am Start/Ziel, Waldgaststätte Lindenklause an der Hardenburg (km 5,6), NFH Groß-Eppental (km 8,2)

Limburg (km 2,3), Hardenburg (km 5,6), An den drei Eichen (km 8,7), Straus-Platz (km 11,6), Nolzeruhe (km 11,9)

Unterhaltsam für Kinder sind die Ruine Limburg, die Hardenburg, der Zeppelinturm, das Kaffeemühlchen, die Tiefblicke und schmale Pfade. Andererseits sind ein paar anstrengende kurze Anstiege zu überwinden. Je nach Lust und Leistungsfähigkeit können Sie eine verkürzte Variante wählen (☞ unten).

Unbedingt Wasser mitnehmen!

Parken am Riesenfass/Wurstmarktplatz, Navi: St. Michaels-Allee, 67098 Bad Dürkheim. Durch die Kurbrunnenstraße oder den Kurpark geht es von dort ins Zentrum zum Römerplatz.

Bad Dürkheim Bf., Halbstundentakt nach Neustadt, Straßenbahn nach Ludwigshafen. Vom Wurstmarktbrunnen laufen Sie zur Mannheimer Straße und links in die Fußgängerzone zum Römerplatz.

Der Hinweg zur Limburg/Hardenburg kann abgekürzt werden, wenn die Buslinie 486 bis zur Endstation Rudolf-Bart-Siedlung benutzt wird. Der Rückweg von der Hardenburg kann notfalls mit der Buslinie 485 von Hardenburg erfolgen. Für beide Linien gilt: Mo-Fr etwa stündlich, Sa nur 4 und So 3 Verbindungen nach Bad Dürkheim.

Vom **Römerplatz** ✕ gehen Sie nach Westen durch die Römerstraße und die Kaiserslauterer Straße und folgen dann dem blauen Strich. Sie laufen am Friedhof vorbei 1,4 km zur neugotischen evangelischen Kirche und steigen in Serpentinen steil hinauf zur ⌘ ✞ **Klosterruine Limburg** (km 2,3, ⇧ 260 m, 🅿 ⛼).

Klosterruine Limburg

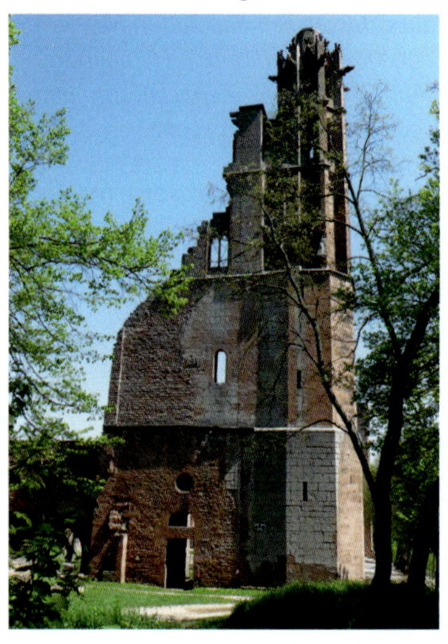

Kaiser Konrad ließ im 11. Jh. die dreischiffige romanische Basilika des **Benediktinerklosters Limburg** in exponierter Lage auf dem Bergrücken errichten, 120 m über dem Isenachtal. Im Zuge des Landshuter Erbfolgekrieges wurde das Kloster 1504 von Leininger Truppen zerstört. Ein Wiederaufbau scheiterte. Das Kloster wurde 1574 aufgehoben. Noch als Ruine strahlt die Basilika eine große Würde aus.

Der Weg mit dem blauen Strich führt Sie weiter parallel zum Sträßchen über den Bergrücken, bis er in einer ☝ **Linkskurve des Luitpoldweges** geradeaus zu einem kleinen Parkplatz Richtung **Hardenburg** läuft.

In der **Kurve des Luitpoldweges** taucht der blaue Strich direkt hinter dem kleinen Parkplatz im Wald ab. Der Pfad leitet Sie oberhalb des Ortsteils Grethen allmählich hinab ins Schlangental. Das Tal wird über den Parkplatz vor dem Stauweiher gequert. Nun sind es noch 2 km bis zur Hardenburg. Zunächst links, dann rechts geht es etwas beschwerlich im bewaldeten Hang hinauf, zuletzt über Stufen. Oben wartet eine Bank. Danach laufen Sie bequem auf Waldpfaden und -wegen bis zur ♜ **Hardenburg** (km 5,6, 🅿 ✕).

Anfang des 13. Jh. errichteten die Grafen von Leiningen die **Hardenburg** an dieser Engstelle des Isenachtals und beherrschten damit den damals wichtigen Handelsweg von Lothringen zum Rhein. Anfang des 16. Jh. wurde die Burg in die heutige Renaissance-Anlage umgewandelt, die gleichermaßen imposante Festung und repräsentative Residenz war. Die Anlage wurde 1692 im Pfälzischen Erbfolgekrieg und endgültig 1794 durch die französische Revolutionsarmee zerstört. Seit jüngster Zeit werden Teile der Anlage rekonstruiert.

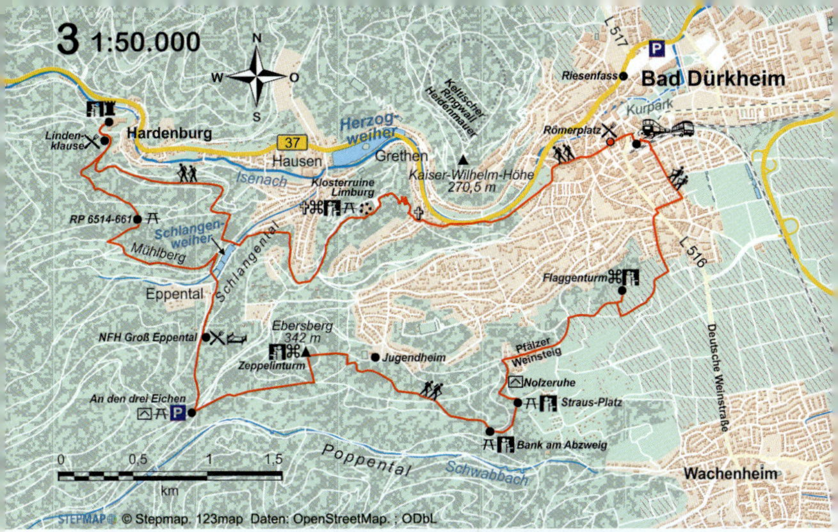

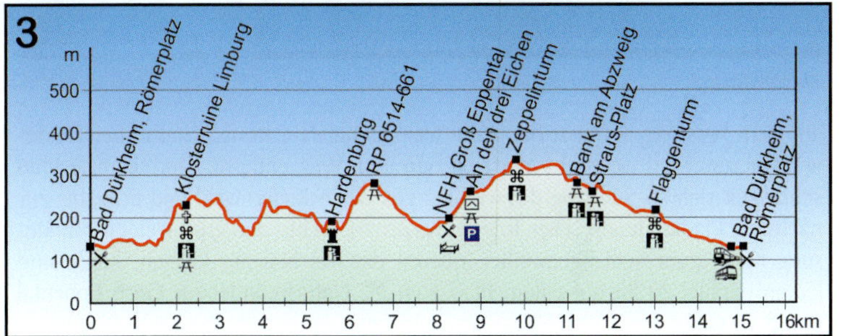

✕ Waldgaststätte Lindenklause an der Hardenburg, ☎ 063 22/677 77, Mi-So und Fei ab 10:00. Bei gutem Wetter sitzen Sie schön unter Bäumen mit Blick auf die Hardenburg.

Von der Burgruine laufen Sie ein kurzes Stück zurück, verlassen den blauen Strich rechts zugunsten der weiß-blauen Markierung und wandern im Hang aufwärts bis zum **Rettungspunkt 6514-661** mit Bank. ☝ Hier verlassen Sie die weiß-blaue Markierung und steigen geradeaus auf einem breiten Forstweg ab. In der ersten Linkskurve quert ein Pfad. Sie folgen dem am Beginn durch Wegearbeiten auf wenigen Metern verschütteten, sehr schmalen Pfad links und laufen auf ihm parallel zum Forstweg bis in dessen nächster Rechtskurve. Wer den Ausstieg

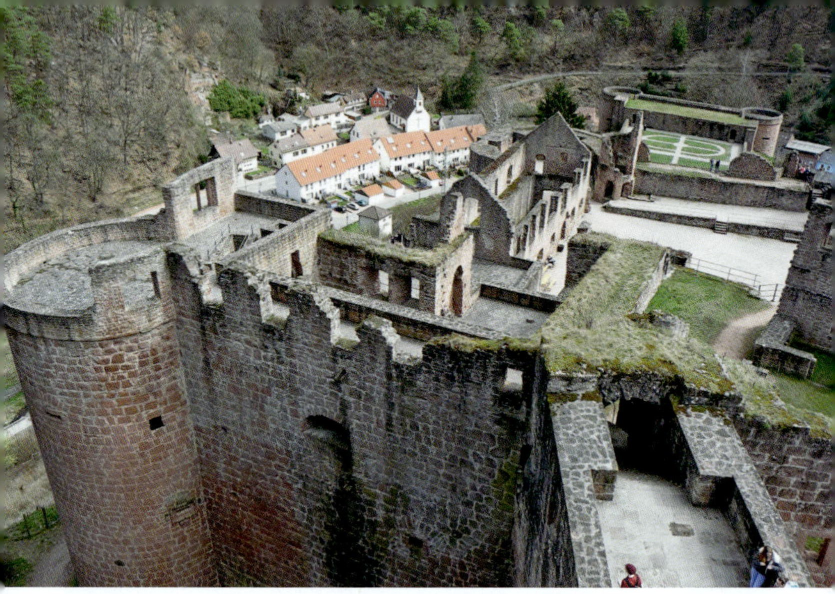

Hardenburg

aus dem Forstweg verpasst hat, kann hier nochmals 5 m nach links über Heidekräuter zum Pfad wechseln, der sich nun vom Weg entfernt. Der schmale Pfad schlängelt sich im Südhang des Mühlberges durch Kiefernwald und Erika bis zur nächsten Pfadkreuzung. Hier folgen Sie scharf rechts der grün-weißen Markierung hinab zum Schlangenweiher, queren das Tälchen zur kleinen Straße und laufen parallel zu ihr auf einem Pfad zum ✕ **Naturfreundehaus Groß Eppental** (km 8,2, 🛏).

✕ NFH Groß Eppental, ☎ 063 22/23 80, ab 10:00, Di Ruhetag, Nov.-März auch Mo Ruhetag

Sie folgen weiter der grün-weißen Markierung hinauf zum Platz „**An den drei Eichen**“ (km 8,7, ⊠ Ⳡ **P**, RP 6514-663). Sie wenden sich zum linken, unteren Parkplatz und folgen sehr kurz dem weißen Strich mit schwarzem Punkt sowie vollständig dem Weg Nr. 5, der zum Ebersberg mit dem ⌘ **Zeppelinturm** (km 9,8, ⇧ 342 m,) aufsteigt. Um die oberste Plattform zu ersteigen, müssen Sie den Turm mehrmals umrunden, weshalb er im Volksmund „Schneckennudel“ genannt wird. Der Ausblick reicht über den Pfälzerwald bis zum Bismarckturm im Norden. Die Sicht in die Oberrheinebene ist leider zugewachsen.

Sie verlassen den Ebersberg über den mit zahlreichen Zementstufen ausgestatteten Weg (und nur über diesen!) schnurgerade nach Osten durch einen Wald, in dem kleine Hügel auffallen. Es handelt sich um die Hügelgräber einer keltischen Nekropole. Sie befinden sich wieder auf dem spärlich, aber – wenn Sie aufmerksam sind – ausreichend markierten Weg Nr. 5. Vor dem Zaun des Jugendheimes gehen Sie rechts-links und halb rechts. Der Pfad Nr. 5 leitet Sie durch Kiefernwald nach Osten – zuletzt auf felsdurchsetztem, aussichtsreichem Pfad – und endet an einem Weg, dem Sie links folgen.

An einer Bank rechts abseits vom Weg führt ein Pfad abwärts zum Weinsteig (rot-weiße Welle), dem Sie nun über Straus-Platz und Nolzeruhe, durch eine kleine Siedlung und durch Weinberge bis zum ⌘ **Flaggenturm** (km 13,1, ⇧ 224 m,) folgen.

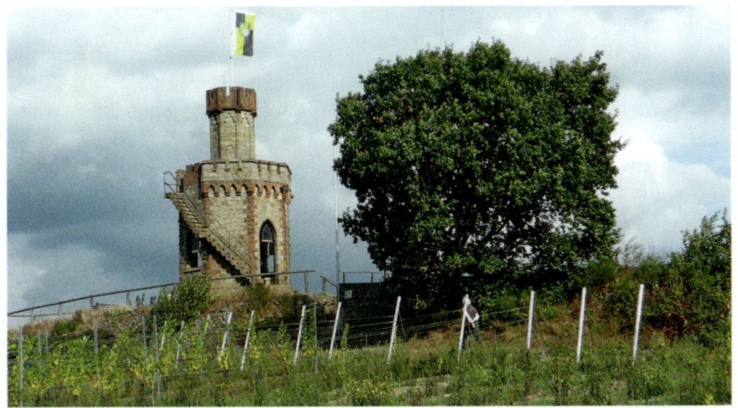

Flaggenturm

Der **Flaggenturm**, im Volksmund „Kaffeemühlchen" genannt, wurde 1854 im neugotischen Stil in der Weinlage Fuchsmantel erbaut. Er bietet einen herrlichen Blick über die Weinstraße und die Oberrheinebene bis zum Odenwald.

Die Markierung des Weinsteigs führt Sie dann zunächst auf einer Weinbergsmauer entlang und schließlich zum Amtsplatz an der Weinstraße-Süd. Um dem Autoverkehr zu entgehen, verlassen Sie den Weinsteig, queren dem roten Strich folgend in die Hugo-Bischoff-Straße und kommen durch die Wasserhohl nahe an den **Bahnhof** und zum Römerplatz sowie durch den Kurpark zu **Riesenfass** und Wurstmarktplatz **P**.

❹ Wachenheimer Waldrunde

Tour für stramme Wanderer, die den Wald lieben

Vom Zentrum der Kleinstadt Wachenheim wandern Sie an der Stadtmauer entlang in das flache Poppental und über den Weißen Stein hinüber in das Wachenheimer Tal zum Oppauer Haus. Von dort geht es hinauf zum Eckkopf und sanft abwärts zur Wachtenburg, mit unvergleichlicher Aussicht über die Weinberge.

- Start/Ziel: St.-Georg-Kirche im Stadtzentrum von Wachenheim, GPS N 49°26.303' E 008°10.857'
- 15,5 km
- 4 Std. 30 Min.
- ↑↓ ca. 600 m/600 m
- ⇧ 140-516 m
- gelb-roter Strich, schwarzer Punkt auf weißem Strich, gelb-blau, rotes Dreieck
- Wachenheim, NFH Oppauer Haus (km 6,5), Eckkopfturmhütte (km 10,5, nicht immer geöffnet), Wachtenburg (km 14,2)
- Trimm-dich-Pfad am Schützenhaus (km 2), Keltenquelle (km 3,2), An den drei Eichen (km 4,4), Eckkopf (km 10,5)
- Die Tour ist nur für sehr ausdauernde ältere Kinder zu empfehlen.
- Wasser: Poppental, Oppauer Haus, Wachenheimer Tal, Eckkopfquelle. In der Burgschänke Wachtenburg sind keine Hunde zugelassen.
- P Es gibt nur sehr wenige Parkplätze an der St.-Georg-Kirche. Mehr Erfolg werden Sie an der katholischen Kirche haben. Anfahrt: B 271, Abfahrt Wachenheim – Friedelsheimer Straße, Navi: Friedelsheimer Straße, 67157 Wachenheim. Von dort nehmen Sie den Fuß-/Radweg zwischen Freibad und Schule nach Süden (Stadtmauer), gehen durch die Grabenstraße und rechts in die Bahnhofstraße.
- Vom Bf. Wachenheim an der Strecke Neustadt – Bad Dürkheim (Halbstundentakt) gehen Sie durch die Bahnhofstraße zum Startpunkt.

Von der Nordseite der St.-Georg-Kirche im Zentrum von **Wachenheim** (⇧ 140 m) gehen Sie durch die Burgstraße bis zum Ende der Parkplätze und hier rechts zwischen zwei Häusern hindurch entlang der Stadtmauer bis zur Raingasse (gelb-roter Strich). Hier laufen Sie links hindurch und halb rechts in den Bornweg und an einer winziger Grünanlage mit Bank links (Dr.-Bürklin-Wolf-Straße) hinein in das **Poppental** (km 0,8).

Wer nicht am Ende der Bebauung zum Barfußpark möchte, folgt dem gelbroten Strich an einem kleinen P Parkplatz und Wasserhaus auf einem Pfad in den

Wald und erreicht in Höhe des Schützenhauses bald einen Trimm-dich-Pfad und einen großen Rastplatz. Sie bleiben auf dem Pfad, der sich am Schwabbach entlangzieht. Etwa 800 m weiter liegt über dem Schotterweg am anderen Bachufer die sogenannte **Steinerne Kelter**, ein Felsblock mit Ablaufrinne, der als vor- oder frühgeschichtlicher Opferstein gedeutet wird. Bald gelangen Sie auf dem wunderschönen Pfad entlang des Baches zur **Keltenquelle** (km 3,2) mit einem idyllischen Rastplatz.

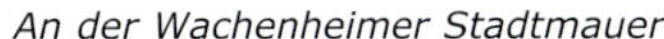

An der Wachenheimer Stadtmauer

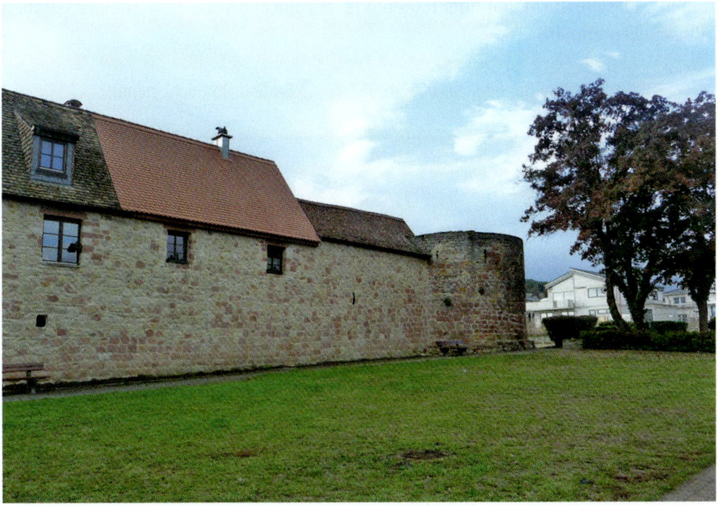

Nachdem der Eisbrunnen passiert ist, steigt der gelb-rot markierte Pfad zum P Rast- und Parkplatz **„An den drei Eichen"** auf (km 4,4, ⇧ 253 m). Wer die ca. 300 m auf dem weiter in das Tal bis zu drei Weihern führenden Schotterweg auslassen, rasten oder Schutz vor den Unbilden des Wetters suchen möchte, kann hier ca. 30 Höhenmeter aufsteigen und mit der „Armbanduhr" (weißer Strich mit schwarzem Punkt) wieder ins Tal absteigen.

Von den drei Weihern im Talgrund (⇧ 219 m) steigen Sie der Armbanduhr folgend auf einem Waldpfad zunächst etwas unbequem über Wurzeln und Steine hinauf zur Wegspinne **Weißer Stein** (km 6, Bank und Grenzstein, RP 6514-704). Auf der anderen Seite des Jochs geht es nun mit weiß-grünem Strich steil abwärts. Wer im ✕ **Oppauer Haus** (km 6,5) einkehren möchte, hält sich bald rechts.

NFH Oppauer Haus, ☏ 063 22/12 88, www.oppauerhaus.com, Mi-Fr 11:00-16:00, Sa, So und Fei 11:00-18:00, Mo und Di Ruhetage

Vom Naturfreundehaus laufen Sie das Zufahrtssträßchen hinab, bis der Pfad mit weiß-grünem Strich kreuzt. Ihm folgen Sie an einem Pavillon über die K 16 und den Wachenheimer Bach hinweg und steigen in einem großen Bogen am Arensberg auf. Nach ca. 2,5 km ist die **Eckkopfquelle** erreicht.

Nun steigt der Pfad nochmals steil zum **Eckkopf** (km 10,5, ⇧ 516 m) mit seiner an Wochenenden meistens bewirtschafteten Hütte und seinem 25 m hohen Aussichtsturm auf, der einen Ausblick bis zu den rheinhessischen Windrädern erlaubt.

Eckkopfturmhütte, Info: ☏ 063 26/967 70, Sa und So (nicht immer!)

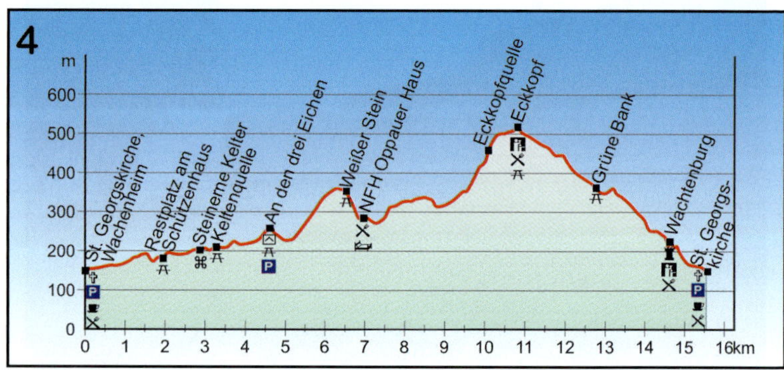

Die sich nun allmählich zur Wachtenburg senkenden Pfade sind mit einem roten Dreieck markiert. Zunächst geht es an den Felsen des Christoffelschuhs vorbei zur Wegspinne **Grüne Bank** (⇧ 352 m, Bank, RP 6514-714). Bald wandern Sie auf einem Weg durch das offenere Gelände des Odinstals zur Ruine **Wachtenburg** (km 14,2, ⇧ 224 m, , Turmbesteigung möglich) (Titelbild). Im Zuge des Pfälzischen Erbfolgekrieges wurde der Bergfried der im 12. Jh. erbauten Wachtenburg gesprengt und ist heute noch zur Hälfte erhalten.

Burgschänke Wachtenburg, ☏ 063 22/646 56, Mai-Okt. Mi-Fr ab 12:00, Sa ab 11:00, So ab 10:00, Mo und Di Ruhetage, Nov.-April Mo, Di und Do geschlossen.
Keine Hunde.

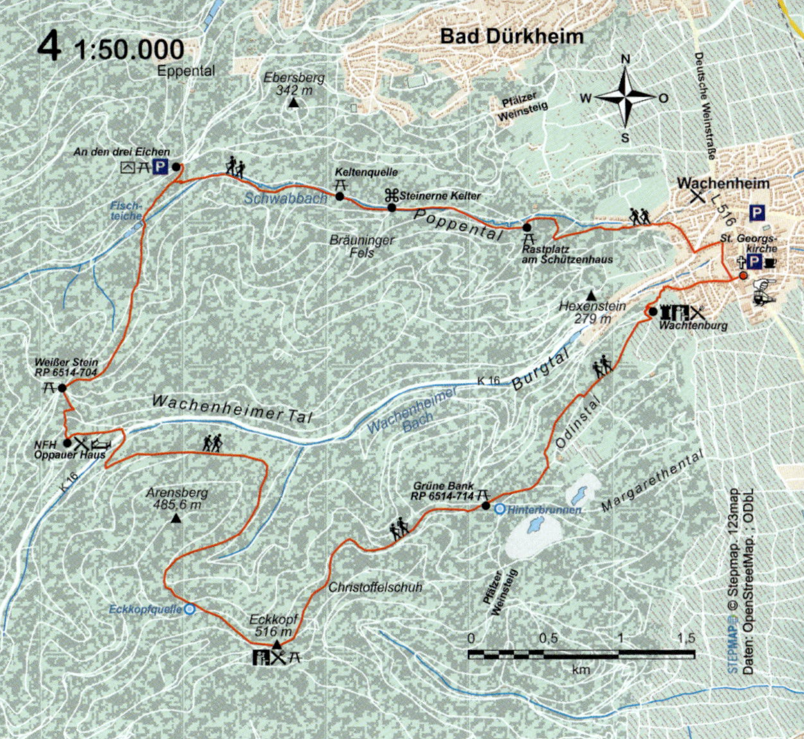

Von der Burg führt ein Fußweg steil nach Wachenheim hinab. Durch die Schlossgasse und die Burgstraße wird die **St.-Georg-Kirche** wieder erreicht. Die ☕ Cafés Kulturey und Schellack laden zur Einkehr ein.

- ☕ Café Schellack, Weinstr. 21, ☏ 063 22/988 40 66, Mo und Di ab 18:00, Do-So ab 15:00, Mi Ruhetag
- ♦ Café Kulturey, Burgstr. 9c, ☏ 063 22/921 77, www.cafe-kulturey.de, April-Ende Okt. Fr und Sa 14:00-18:00, So 12:00-18:00, Nov.-März Sa und So 12:00-19:00, Sommerpause Mitte Juli bis Mitte August

5 Der Weg des Geißbocks von Lambrecht nach Deidesheim

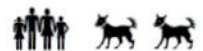

Tour für Genusswanderer

Die Wanderung erfolgt auf den Spuren des historischen Geißbocks, den die Lambrechter als Tribut für Weiderechte jedes Jahr an die Stadt Deidesheim liefern müssen. Es erwartet Sie eine überwiegend schattige und abwechslungsreiche Waldwanderung, zuletzt durch möglicherweise heiße Weinberge.

→ Start: Bahnhof Lambrecht, GPS N 49°22.378' E 008°04.464';
Ziel: Rathaus Deidesheim, GPS N 49°24.470' E 008°11.242'

14 km

ca. 4 Std.

↑↓ ca. 480 m/540 m

⇧ 116-472 m

blau-gelb und Geißbockkopf

Forsthaus Silbertal (km 6,5), Waldschenke im Mühltal (km 11,5), Deidesheim

Joppenholzquelle (km 3,2), Weißer Stich (km 8,7)

Schwimmbad am Ende des Weges

Quellen, Bäche, schmale, naturnahe Pfade

außer im Mittelabschnitt ausreichend Wasser vorhanden

P Start: Parkplatz am Bf. Lambrecht, Navi: Bahnhofstraße, 67466 Lambrecht, Anfahrt: über B 39 Neustadt – Kaiserslautern; Ziel: Parkplatz am Bf. Deidesheim, Navi: Bahnhof, 67146 Deidesheim

Start: Lambrecht Bf., S1 und S2 von Mannheim bzw. Kaiserslautern, Halbstundentakt; Ziel: Deidesheim Bf., Halbstundentakt über Neustadt nach Lambrecht

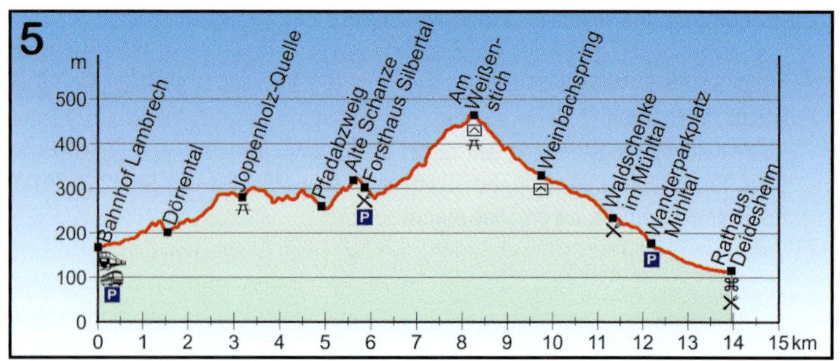

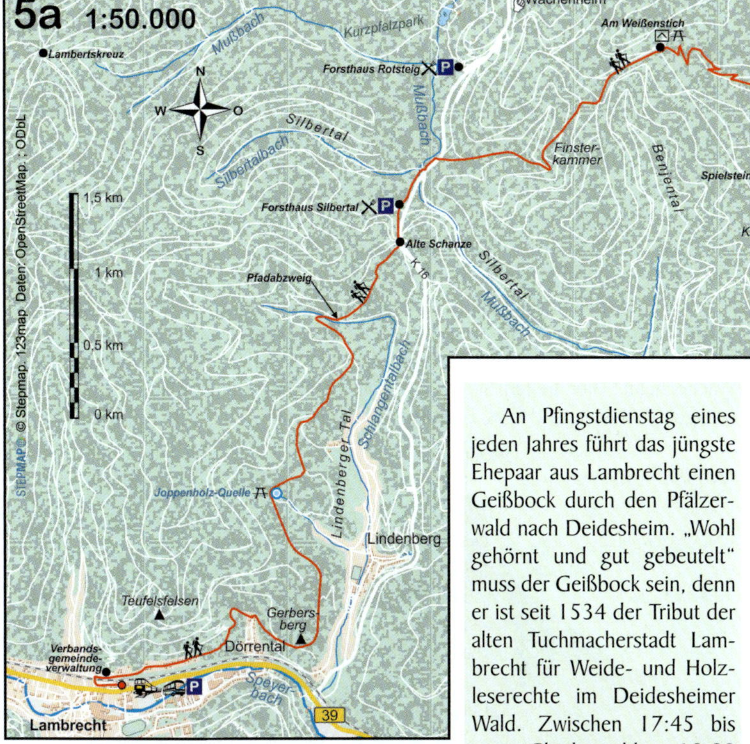

An Pfingstdienstag eines jeden Jahres führt das jüngste Ehepaar aus Lambrecht einen Geißbock durch den Pfälzerwald nach Deidesheim. „Wohl gehörnt und gut gebeutelt" muss der Geißbock sein, denn er ist seit 1534 der Tribut der alten Tuchmacherstadt Lambrecht für Weide- und Holzleserechte im Deidesheimer Wald. Zwischen 17:45 bis zum Glockenschlag 18:00 wird der Tributbock vor dem historischen Rathaus in Deidesheim unter lauten Anfeuerungsrufen des Publikums versteigert.

Wer den Geißbock begleiten möchte, muss sich am Pfingstdienstag um 5:30 Uhr am Friedrich-Ebert-Platz in Lambrecht einfinden. Wer den Termin verpasst hat, startet täglich am **Bahnhof Lambrecht** (⇧ 180 m, P). Der blau-gelb markierte Weg führt vom Bahnhof auf der Straßenbrücke über die Bahnlinie und an der Verbandsgemeindeverwaltung vorbei hoch über den Gleisen durch eine Wohnstraße in den schattigen Wald. Trockenmauern sichern (noch) den Weg, was auf einen alten, traditionsreichen Weg hinweist, den die Geißböcke vor mehr als 200 Jahren tatsächlich gelaufen sind.

Der Ortsteil **Dörrental** (km 1,5) wird nur sehr kurz berührt, bevor ein Waldweg, der sich später zu einem Pfad verengt, Sie durch prächtigen Hochwald leitet und in das Lindenberger Tal einbiegt. Sie passieren den Abzweig zum Steinbruch Gerbersberg mit seinem Klettergarten. Der Ort Lindenberg bleibt Ihnen weitgehend verborgen, solange die Bäume Blätter tragen. Anstatt auf Kiefernnadeln laufen Sie nun auf Bucheckern und erreichen die **Joppenholz-Quelle** (km 3,2, ⇧ 290 m, ☝ kein Trinkwasser, Bank).

Sie folgen einem Waldweg, unterqueren eine Stromleitung und kommen zu einem **Wasserwerk** (km 4,2). Von hier geht es auf einem Schotterweg weiter in ein Bachtal hinein, wo der Weg eine enge Rechtskurve beschreibt. Etwa 200 m danach – ☝ unauffällige Markierung – biegt der blau-gelb markierte Weg links in einen schmaleren Waldweg ab. Danach folgt ein Forstweg zur **Alten Schanze** (km 6,3, Wasserwerk). Bis zu Beginn der Franzosenzeit 1794 befand sich hier eine Zollstation (Rastplatz gegenüber) an der Straße von Lindenberg nach Wachenheim. Hier treffen Sie erstmals auf die Markierung „Geißbockkopf". In weniger als 5 Min. ist das ✕ **Forsthaus Silbertal** (km 6,5, ⇧ 410 m, P) erreicht.

Geißbockversteigerung

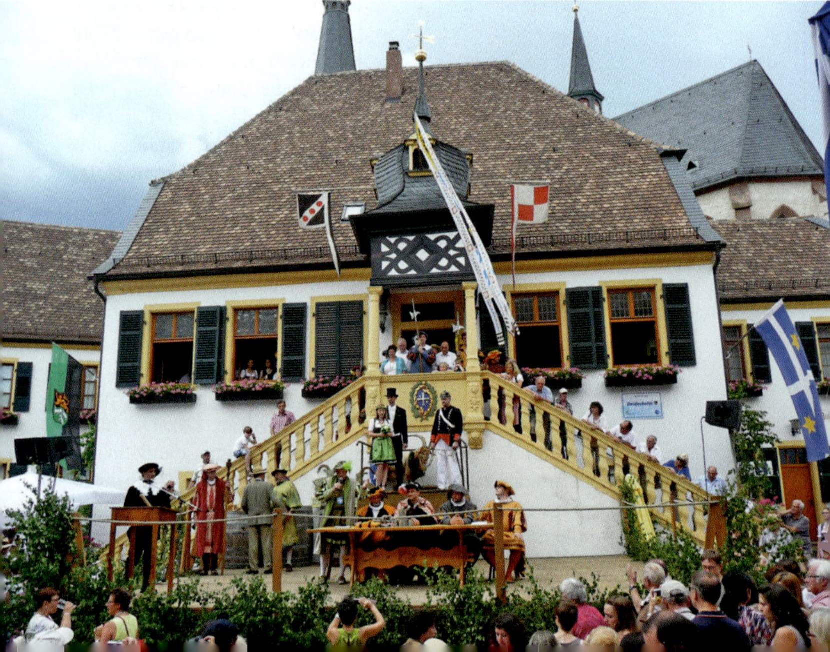

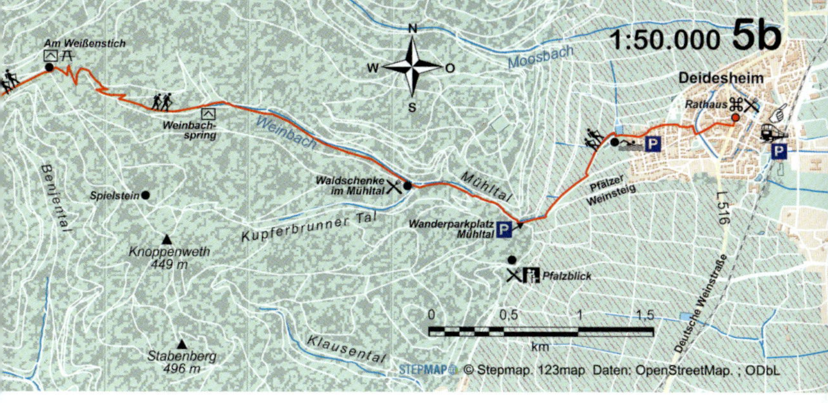

✕ Forsthaus Silbertal, ☏ 063 25/84 92, 💻 www.forsthaussilbertal.com, ✉ info@forsthaus-silbertal.de, 🚪 täglich ab 11:00, unter nepalesischer Leitung

Etwa 5 Min. später überqueren Sie die Straße und dringen nach rechts erst auf Schotter, dann auf einem Erdweg in den Wald ein. Ab einem Querweg steigen Sie durch Kiefernwald und Heidekraut auf einem Pfad 120 Höhenmeter auf, der längste Anstieg des Tages. Anschließend führt ein Forstweg zur Wegspinne **Am Weißenstich** (km 8,7, ⇧ 472 m und damit höchster Punkt des Tages, ⌂ ⩫).

Ein Pfad leitet Sie in Serpentinen hinab in das Tal des Weinbachs und im Tal zur **Weinbachspring** (km 10,8, ⌂ Schutzhütte). Ca. 30 m weiter erwartet Sie ein kleiner Teich. Dann geht es auf einem Forstweg – mit einer Stippvisite in der Bachaue – weiter. Das Bachbett hat sich, nachdem der nicht erreichbare Grimmeisenbrunnen vom Weinbach passiert wurde, durch Ablagerungen gelb verfärbt. Anschließend führt der Geißbockweg über einen schmalen Weg über dem tief eingeschnittenen Bachbett zur ✕ **Waldschenke im Mühltal** (km 11,5, ⇧ 236 m).

✕ Waldschenke im Mühltal, ☏ 063 26/96 26 26, 💻 www.waldschenke-deidesheim.de, 🚪 Mi, Sa, So und Fei ab 11:00

Der Geißbockkopf führt Sie auf einem Forstweg talwärts. An einem Teich sollten Sie Forstweg und Markierung jedoch verlassen und dem viel schöneren Pfad direkt am Weinbach bis zu einem Waldparkplatz folgen. Die Markierung „blau-gelb" leitet Sie aus dem Wald hinaus, am Weinbach entlang und am 🏊 Schwimmbad vorbei über die schönste der möglichen Alternativen zum Rathaus von **Deidesheim** (km 14, ✕ 🛏 🚆 🚌), wo jedes Jahr der Tributbock versteigert wird. Der Bahnhof ist 300 m entfernt.

6 Auf dem Eselsweg von Deidesheim ins Gimmeldinger Tal

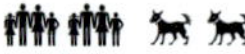

Tour für Familien mit Kindern und Hunden

Durch Weinberge geht es in den Wald hinauf und hinab in das kühle Gimmeldinger Tal mit seinen rustikalen Einkehrmöglichkeiten. Mit Rückkehr über den Wanderweg Deutsche Weinstraße wird daraus eine Rundwanderung.

- Start/Ziel: Deidesheim, Marktplatz, GPS N 49°24.4807 E 008°11.247'
- 14,7 km
- 4 Std. 15 Min.
- ca. 400 m/400 m
- 116-449 m
- Weinsteig, weiß-blauer Strich, Weintraube
- Deidesheim, Waldschenke im Mühltal (km 2,5), Forsthaus Benjental (km 7,2), Looganlage (km 7,6), Gimmeldingen (km 9,5), Pfalzblick (km 12,7)
- Schutzhütten/Unterstände an der Knoppenweth (km 4,6), am Hohlen Felsen (km 5,9) und an der Ludwigsruh (km 8,7)
- Familien mit Kindern sollten überlegen, nur bis Gimmeldingen zu laufen und von dort mit dem Bus zurückzufahren. Der Pfad am Weinbach, der Abstieg ins Gimmeldinger Tal und der Weg dort am Bach entlang dürften Kindern Spaß bereiten.
- Es gibt Bäche, in denen Hunde trinken und planschen können.
- P Parkplatz am Bf. Deidesheim, Anfahrt: B 271 bis Deidesheim, Navi: Bahnhof, 67146 Deidesheim. Von dort sind es 300 m zum Rathaus. Alternativ könnten Sie am Wanderparkplatz Mühltal parken und die Wanderung von und bis dort um fast 4 km abkürzen.
- Regionalbahn im Halbstundentakt von Neustadt und Bad Dürkheim. Vom Bahnhof sind es 300 m bis zum Rathaus.
- Von Neustadt-Gimmeldingen können Sie mit der Buslinie 512 nach Deidesheim zurückfahren (stündlich).

Das fürstbischöflich-speyerische Deidesheim betrieb ab dem Mittelalter nicht nur im nahen Mühltal, sondern auch in einer hinteren Ecke seines Waldes, am Mußbach, Mühlen. Diese waren früher mit Fuhrwerken nur vom Talausgang in Gimmeldingen und damit über ausländisches, kurpfälzisches Gebiet zu erreichen. Als die Kurpfälzer 1715 eine Zollschranke errichteten, transportierten die Deidesheimer Korn und Mehl zwischen ihrer Stadt und dem Benjental auf extra dafür angelegten Pfaden auf den Rücken von Eseln über die 450 m hohe Knoppenweth, bis 1794 die französischen Revolutionstruppen der deutschen Kleinstaaterei linksrheinisch ein Ende setzten.

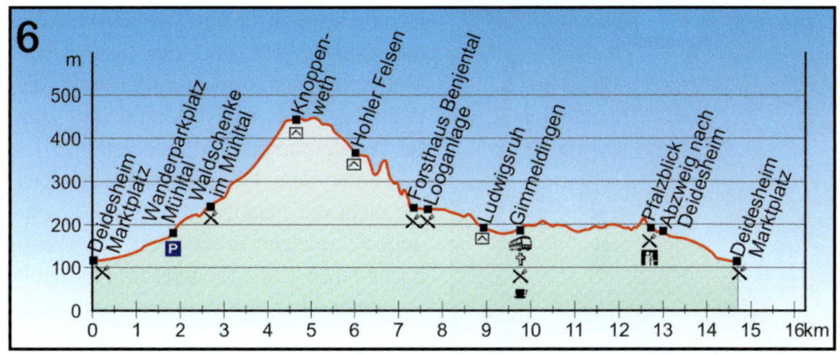

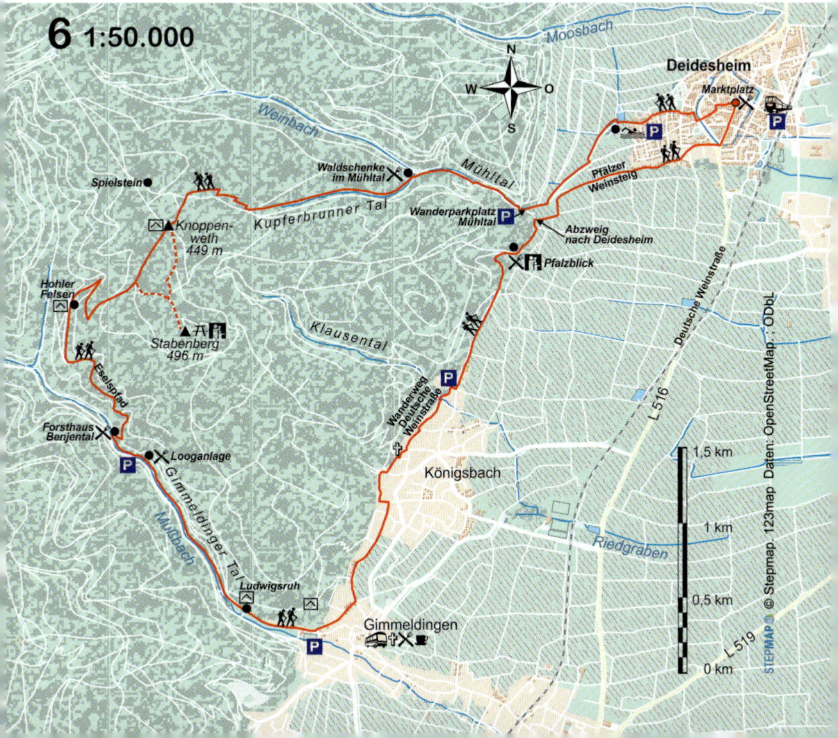

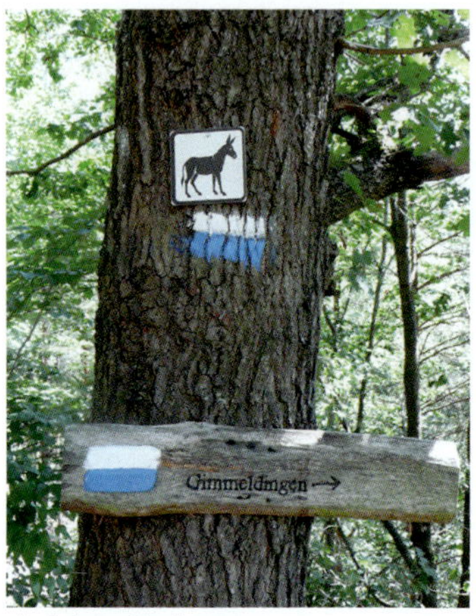

Auf dem Eselsweg

Sie beginnen Ihre Wanderung auf dem **Marktplatz** in **Deidesheim** und gehen nördlich der Kirche durch die Kirchgasse zum Ketschauer Hof. Ab der Heumarktstraße lassen Sie sich von der rot-weißen Welle und der blau-gelben Markierung am Freibad vorbei durch die Weinberge bis zum Waldrand und zum P Wanderparkplatz Mühltal leiten.

Hinter dem Wanderparkplatz folgen Sie nicht der markierten Forstpiste, sondern steigen in das Bett des Weinbachs hinab. Der romantische Pfad läuft – zuletzt über Holzbohlen – am Bach entlang aufwärts bis vor einen Teich. Dort geht es über die Piste zur ✕ **Waldschenke im Mühltal** (km 2,5).

✕ Waldschenke im Mühltal, ☏ 063 26/96 26 26, www.waldschenke-deidesheim.de, Mi, Sa, So und Fei ab 11:00

Der Weg führt nun halb links in das Kupferbrunner Tal hinein. Sie folgen aber nicht der weiß-blau markierten Forstpiste, sondern dem nicht markierten Waldweg auf der in Gehrichtung rechten Seite des Baches! Dieser Weg ist wenig begangen und endet an einer querenden Forstpiste (15 bis 20 Min. ab Waldschenke). Nun wandern Sie mit weiß-blauem Strich auf einem Pfad in kleinen Kehren hinauf zur Wegspinne der **Knoppenweth** (km 4,6, ⇧ 449 m,).

Die Markierung „rot-weiß" ermöglicht nach links einen lohnenden Abstecher zum **Stabenberg** mit seiner Aussichtsplattform, die vortreffliche Blicke über den Pfälzerwald, den Oberrheingraben bis zum Odenwald und den Nordschwarzwald bietet. Auf dem Rück- wie Hinweg erlaubt der erste Pfad nach links eine Abkürzung zum Eselsweg.

Nun leitet Sie der weiß-blaue Strich fast 500 m lang über einen angenehmen und fast ebenen Waldweg, den die Esel einst sicherlich gerne gelaufen sind. Dann steigt ein Pfad in langen Schleifen im Mischwald eines Westhanges ab. Sie treffen auf den **Hohlen Felsen**, einen felsigen Unterstand, und erfahren, dass Deidesheimer Freischärler ihn im Revolutionsjahr 1848 als Versteck nutzten.

Der Eselspfad biegt nun in einen Südhang mit dem für den Pfälzerwald typischen lockeren Kiefernwald und dem im Hochsommer blühenden Heidekraut ab. Im Abstieg sind dort, wo die spätere Verbreiterung der querenden Forstwege den Weg abgeschnitten hat und voll beladene Esel zweifellos vor erhebliche Probleme gestellt hätte, einige Treppenstufen zu überwinden.

Je tiefer der Weg in das Tal absteigt, desto steiler wird er. Die ursprüngliche Wegeinfassung durch Sandsteinplatten ist selbst nach 300 Jahren noch gut zu erkennen. Stellenweise sind Felsen in den Weg gerutscht und müssen umgangen werden. Schließlich endet der Weg zielgenau im Biergarten des ✕ **Forsthauses Benjental** (km 7,2, ⇧ 240 m, 45 Min. ab Knoppenweth). Entlang des Mußbaches finden sich noch heute Mauerreste und Mühlsteine ehemaliger Mühlen. 👪 Kinder wird der Bach zum Spielen anziehen.

✕ Forsthaus Benjental, ☏ 063 21/660 33, 🚪 11:00-18:00, Do und Fr Ruhetage

Nun geht es am kühlenden Gimmeldinger Bach entlang abwärts auf schattigem Weg nach **Neustadt-Gimmeldingen** (km 9,5, ✕ 🚌), wobei bereits nach 400 m die Looganlage zur Einkehr einlädt. Danach folgt mit der Ludwigsruh ein überdachter Rastplatz.

Mandelblütenfest in Gimmeldingen

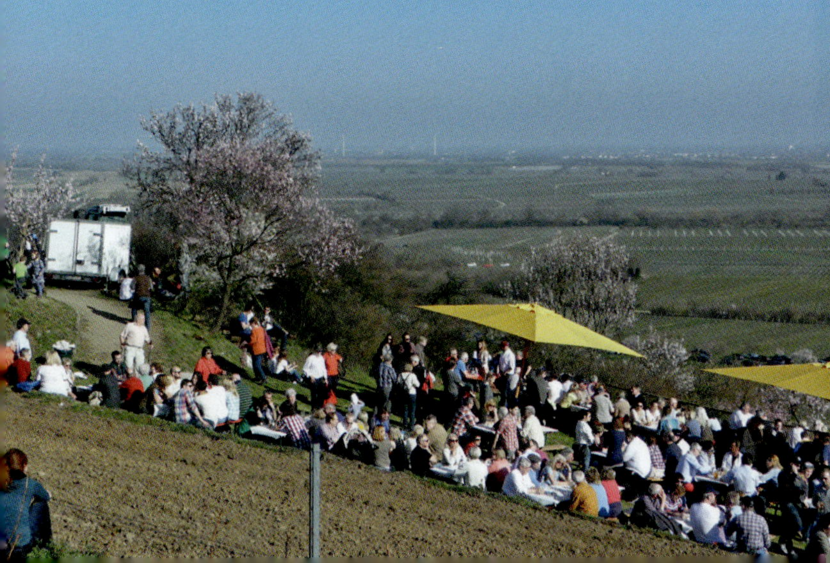

- Looganlage, ☏ 063 21/660 47, www.looganlage.de, ab 10:00, Mo und Di Ruhetage
- Gimmeldinger Winzer, an der Kirche, ☏ 063 21/48 19 71, www.gimmeldingerwinzer.de, Mi-So 11:30-14:00 und ab 17:00
- Baum's kleines Weincafé, Holzmühlstr. 14, ☏ 063 21/668 33, Mi-Sa 15:00-18:00, So 14:00-19:00

Von Gimmeldingen können Sie über den Wanderweg Deutsche Weinstraße (grüne Weintraube auf weißem Grund) am Rande der Weinberge und ab **Pfalzblick** auf dem Weinsteig (rot-weiße Welle) zurückwandern oder abkürzend – wo der Weinsteig sich von den Weinbergen wieder Richtung Wald wendet – am südlichen Rand des Weinbachtales nach Deidesheim (km 14,7) laufen. Oder Sie benutzen den stündlich verkehrenden Bus der Linie 512 zwischen Neustadt und Deidesheim.

- Waldgaststätte Pfalzblick, ☏ 01 77/600 36 61, www.waldgaststaette-pfalzblick.de, Mi-So 11:00-17:00

Marktplatz in Deidesheim

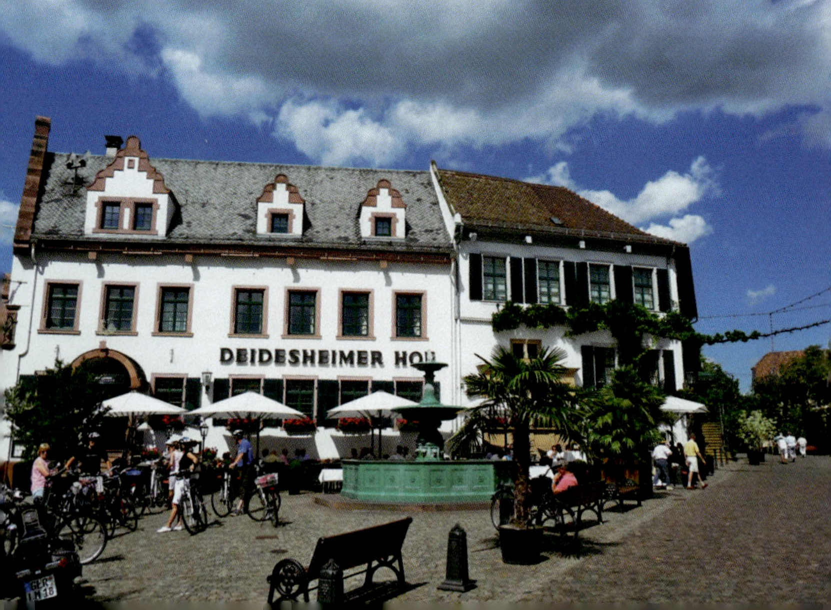

7 Von Neustadt auf das Weinbiet

Tour für Liebhaber des Waldes und der Einkehr

Diese Wanderung ist eine kleine Bergbesteigung über eine Burgruine und entlang einer Felsrippe zum 554 m hohen Gipfel des Weinbiets, die durch eine Einkehr im Weinbiethaus belohnt wird.

Start/Ziel: Neustadt/Weinstraße, Hauptbahnhof, GPS N 49°21.001' E 008°08.457'
13 km
4 Std.
↑, ↓ 480 m/480 m
⇧ 136-554 m
roter Punkt, blauer Punkt
Neustadt-Altstadt, Weinbiethaus (km 6,8), Neustadt-Haardt (km 10,7)
Wolfsburg (km 3,5), Bergstein (km 5,1), Rastplätze am Meisental (km 8,3)
Der Elwetritsche-Brunnen, die Ruine Wolfsburg, die leichte Kletterei am Hohfels, der Steinerne Hirsch und der Aussichtsturm Weinbiet sind Attraktionen am Weg.
Nehmen Sie Wasser mit!
P Parkplätze an der Festwiese oder beim Haardter Winzer, Anfahrt: A 65/AS 12 Neustadt-Nord, B 38, Navi: Wiesenstraße, 67433 Neustadt bzw. Haardter Straße, 67435 Neustadt
Neustadt Hbf., S1 und S2 halbstündlich zwischen Mannheim und Kaiserslautern.
Sie können auch mit der Buslinie 512 bis Haltestelle Haardt Winzer fahren, Mo-Fr halbstündlich, Sa, So und Fei stündlich im Takt mit der S1.

Vom **Hauptbahnhof Neustadt** gehen Sie geradeaus durch die Fußgängerunterführung in die Friedrichstraße und an der Heinestraße links durch die kleine Passage zum sehenswerten Elwetritsche-Brunnen. Der Neustädter Künstler Gernot Rumpf hat diesen fantasievollen Brunnen zu Ehren der Pfälzer Fabelwesen gestaltet (mit Kindern etwas Zeit einplanen). Sie laufen weiter bis zur **Hauptstraße,** ⌘ Marktplatz und Stiftskirche. Auf der Hauptstraße nach Norden überqueren Sie die Maximilianstraße und steigen mit dem roten Punkt und weiteren Markierungen die vielen Stufen des **Haardter Treppenweges** zum Ortsteil **Haardt** (⇧ 191 m) hinauf. Unterhalb der Dr.-Welsch-Terrasse führt der rote Strich die Wanderer heran, die bis Haardt Winzer den Bus benutzt haben.

Sie folgen dem roten Punkt nach links und anschließend nach rechts dem Kübelweg durch Weingärten und vorbei am hübschen Deidesheimer Pavillon in den Wald. Der Waldweg zieht sich durch lichten Eichenwald im Südhang des Wolfsberges. Nach dem Wolfsbrunnen ist die **Ruine Wolfsburg** (km 3,5,

⇧ 271 m,) bald erreicht. Bis zu ihrer Zerstörung durch kaiserliche Truppen im Dreißigjährigen Krieg sicherte die Burg die Straße durch das Speyerbachtal nach Kaiserslautern. Wenn die Fahne weht, wird die Ruine am Wochenende bewirtschaftet (einfach).

In kleinen Schleifen steigt der Pfad auf. Unterhaltsamer, insbesondere für Kinder – aber nur unter Aufsicht! –, ist es, wenige Meter daneben über die Klippen des **Hohfels** hinauf zu turnen. An der Ostseite besteht Absturzgefahr! Sobald die Steigung nachlässt, folgen Sie weiter dem roten Punkt oder der rot-weißen Welle des Weinsteiges, der einen kleinen Umweg über den Aussichtspunkt **Bergstein** macht.

Sie kommen am **Steinernen Hirsch** vorbei. Von diesem Buntsandsteinrelief geht es moderat ansteigend weiter durch lichten Nadelwald bis zum Gipfel des **Weinbiets** (km 6,8, ⇧ 554 m), der eine Sende- und eine Wetterstation, einen Aussichtsturm und das Weinbiethaus des PWV trägt.

Weinbiethaus, ☏ 063 21/325 96, März-Okt. 10:00-18:00, Fr Ruhetag

Vom Weinbiethaus folgen Sie dem roten Punkt nur noch ein kurzes Stück nach Norden, bis Ihnen der blaue Punkt begegnet. Diesem folgen Sie nun nach rechts zurück bis Neustadt, zunächst auf einem Pfad in Schleifen abwärts bis zu einem

Haardter Schloss

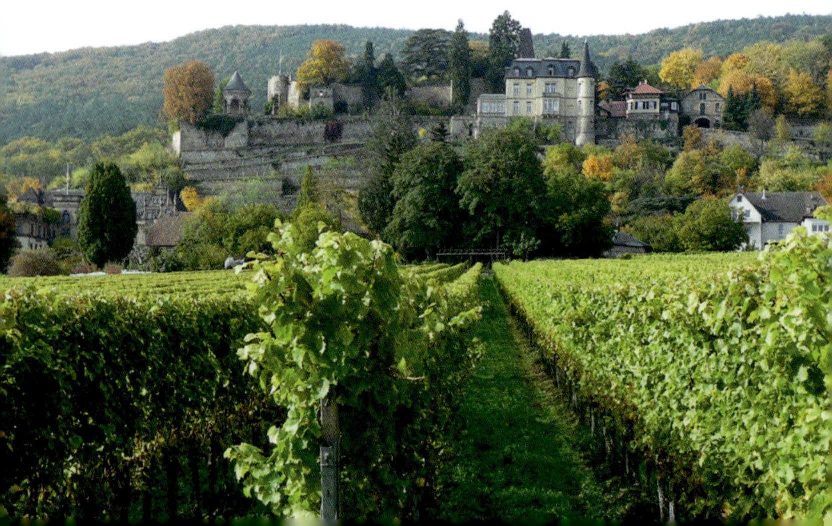

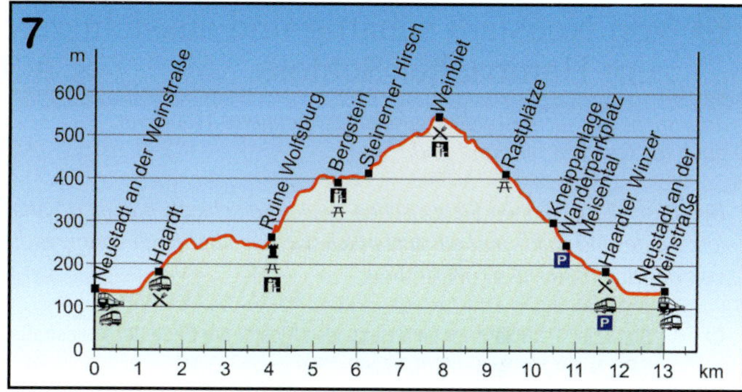

Querweg. Hier leitet Sie ein etwas versteckter Pfad zwischen zwei ⛩ Rastplätzen hindurch das Meisental hinab. An der Kurve des Zufahrtssträßchens zum Weinbiet treffen Sie auf eine kleine **Kneippanlage** und steigen nun an der linken Seite bis zum P **Wanderparkplatz** Meisental ab. Von dort laufen Sie durch die Wohnstraße am Fuß des Haardter Schlosses zum ✕ **Haardter Winzer** 🚌 P und mit dem blauen Punkt weiter hinab auf demselben Weg wie zu Beginn in das Zentrum von **Neustadt** und zum Bahnhof.

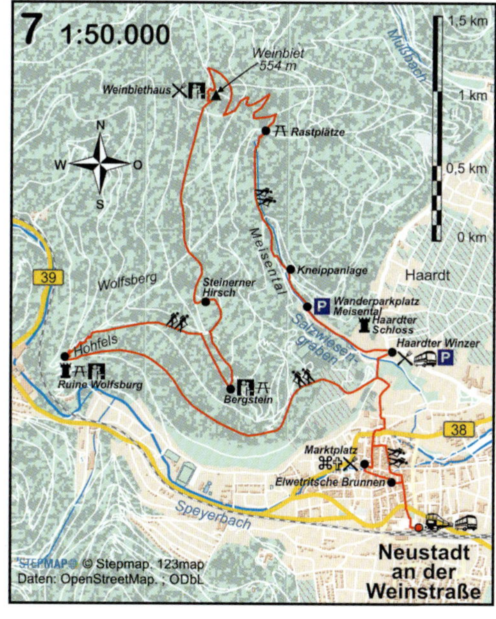

✕ Haardter Winzer, Mandelring 7, 67433 Neustadt, ☏ 063 21/937 57 50, 💻 www.kutscher-haus.de, 🚪 Mi-Sa 12:00-14:00 und ab 18:00, So und Fei 12:00-15:00 und ab 18:00

8 Von Neustadt schattig und aussichtsreich zum Hambacher Schloss

Tour nicht nur für besonders geschichtsorientierte Wanderer, auch für Familien mit Kind und Hund

Bei dieser Tour können Sie zwischen zwei unterschiedlich langen Varianten wählen. Beide sind wald- und aussichtsreich, werden aber noch vom grandiosen Blick von der Schlossterrasse übertroffen.

Start/Ziel: Parkplatz vor dem Herz-Jesu-Kloster am Ende der Waldstraße, GPS N 49°20.859' E 008°07.730'

13,5 km

4 Std.

ca. 520 m/520 m

220-614 m

rot-weiße Welle, roter Punkt, Weg Nr. 6, roter Strich

Neustadt, Hohe-Loog-Haus (km 6,4), Hambacher Schloss (km 9,4)

Nollenkopf (km 3,1), Kühungerquelle (km 5,7), Sühnekreuz (km 7,8)

Auf Kinder warten Bergstein und Zigeunerfelsen, schmale Pfade, ein Spielplatz an der Hohen Loog und eine Demokratieausstellung auf dem Hambacher Schloss.

Hunde sind im Hambacher Schloss geduldet, in der Ausstellung aber nicht.

P Parkplatz am Ende der Waldstraße vor dem Eingang zum Kloster, Anfahrt: A 65/AS 13 Neustadt-Süd, B 39, dann an der 1. Ampel geradeaus durch die Siebenpfeiffer Straße, rechts in die Weinstraße und links in die Waldstraße. Navi: Waldstraße, 67434 Neustadt

Neustadt Hbf., Zugverbindungen zweimal pro Stunde nach Mannheim/Ludwigshafen, Kaiserslautern, Landau-Karlsruhe und Bad Dürkheim. Vom Bahnhof gehen Sie nach links zur Brücke über die Bahnlinie und folgen der weiß-roten Welle bis vor das Kloster.

Am Ende der Waldstraße, am Parkplatz vor dem **Kloster**, folgen Sie der rot-weißen Welle, dem roten Punkt, der eine Abkürzung Ihrer Tour darstellt, und dem roten Strich, der direkt zum Schloss führt, und steigen einen in Auflösung begriffenen Teerweg aufwärts. Der **Conrad-Freytag-Blick** beschert Ihnen die erste Aussicht über den Oberrheingraben bis zum Odenwald und zum Durchbruch des Neckars bei Heidelberg. Es ist Ihnen zu wünschen, dass Sie den in Sandstein gemeißelten Spruch „O Pfälzerland, wie schön bist Du“ nach der Wanderung bestätigen werden.

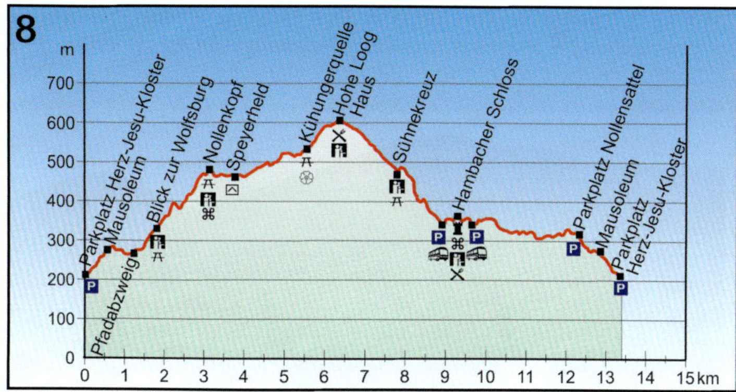

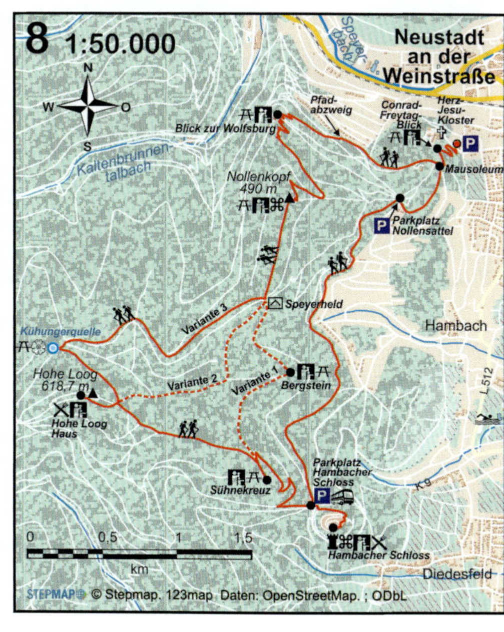

Kurz danach bieten Ihnen die Stadtwerke Neustadt einen Trinkwasserbrunnen zu Ihrer Erfrischung. Dort haben Sie das **Mausoleum** der Familie Freytag erreicht, das in Eisenbeton – eine Erfindung der Firma Freytag – ausgeführt ist.

Sie folgen rechts geradeaus dem breiten Weg an einer ehemaligen Waldschenke, der Zufahrt zum Schützenhaus und einem Wasserwerk vorbei, bis rechts die Bebauung des sogenannten Afrikaviertels beginnt. Hier, an zwei gelben Stahlpfosten, die eine Erdgasleitung markieren, wechseln Sie auf den Pfad, der weiter in das Tal hineinführt und zum nächsthöheren Weg aufsteigt, wo Sie wieder auf die rot-weiße Welle treffen. Zwei ⚻ Bänke und ein **Blick zur**

Wolfsburg erwarten Sie. Nun folgen Sie dem Weinsteig auf dem Pfad über die Zigeunerfelsen und weiter hinauf zum **Nollenkopf** (km 3,1, ⇧ 490 m).

Blick über Neustadt zum Nollenkopf

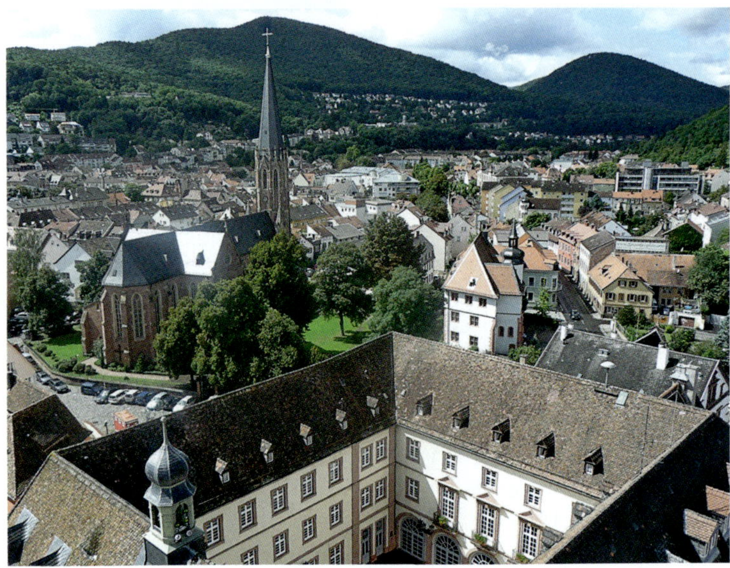

Der Nollenkopf bietet sich mit seinem Rastplatz und seiner Aussicht über den Oberrheingraben für eine Pause an. Sie entdecken drei Steine: Die Inschrift auf einem Felsen weist in französischer Sprache darauf hin, dass französische Truppen hier im Jahr 1696 bei ihrem Rückzug gegen Ende des Pfälzischen Erbfolgekrieges eine Befestigung errichtet haben. Der Vermessungsstein aus dem Jahr 1838 stammt aus der bayerischen Zeit. Der dritte Stein ist der Stein der weisen Zufriedenheit.

Auf federnden Kiefernnadeln wandern Sie zum **Speyerheld** (km 3,9, ⇧ 471 m, Ritterstein). Hier haben Sie je nach Lust und Zeit die Möglichkeit, zwischen verschiedenen Routen zu wählen:

Variante 1: direkt zum Hambacher Schloss: Sie folgen weiter der rot-weißen Welle des Weinsteigs, bald auf einem Pfad, der sich durch die

Abbruchflanke des Oberrheingrabens zieht. Mit dem Bergstein und dem Sühnekreuz passieren Sie zwei exzellente Aussichtspunkte, bevor Sie das **Hambacher Schloss** erreichen.

Variante 2: Sie folgen dem roten Punkt direkt, zunächst bis zur Hohen Loog.

Am Franzosenkopf

Variante 3 (Ihr Weg, im Folgenden beschrieben): Sie verlassen den Weinsteig, indem Sie unmittelbar vor der Hütte rechts in den Pfad einbiegen. Bald werden Sie von der Markierung „schwarzer Punkt auf weißem Strich" geleitet, die Sie bis zur **Kühungerquelle** (km 5,7,) begleitet. Die Quelle diente früher dem im Wald weidenden Vieh als Tränke. Am Abfluss hat sich ein Feuchtbiotop mit seltenen Pflanzen gebildet. Von der Quelle folgen Sie dem aufsteigenden Pfad bis zum **Hohe-Loog-Haus** des Pfälzerwaldvereins (km 6,4, ⇧ 614 m,).

Hohe-Loog-Haus, ☏ 063 21/48 00 92, www.pwv-hambach.de/index.php/hohe-loog-haus, Mi, Sa, So und Fei April-Okt. 10:30-18:00, Nov.-März 10:30-17:00, in Sommer- und Herbstferien in Rheinland-Pfalz täglich geöffnet

Vom Hohe-Loog-Haus gehen Sie etwa 200 m zurück und folgen dem Weg Nr. 6 durch eine Waldschneise abwärts bis zum **Sühnekreuz** (km 7,4,). Von dort geht es mit dem Weinsteig hinab zum Parkplatz und hinauf zum ⌘ **Hambacher Schloss** (km 9,4, ⇧ 379 m,).

Bereits Kelten und Römer nutzten die günstige Lage des dem Pfälzerwald vorgelagerten Bergkegels, auf dem heute das **Hambacher Schloss** steht. Die salischen Kaiser bauten um 1000 die Kästenburg, die 1689 im Pfälzischen Erbfolgekrieg durch französische Truppen zerstört wurde. Unter bayerischer Herrschaft wurde die Ruine dem Kronprinzen Maximilian zum Hochzeitsgeschenk gemacht, weshalb sie seitdem den Namen Maxburg trug. Am 27. Mai 1832 demonstrierten hier etwa 30.000 Bürger für die durch die Französische Revolution erlangten Bürgerrechte und für ein vereintes Deutschland.

⌘ Ausstellung zur Deutschen Demokratiegeschichte, ☏ 063 21/92 62 90, 💻 www.hambacher-schloss.de, 🚪 täglich, Apr.-Okt. 10:00-18:00, Nov.-März 11:00-17:00

✕ Restaurant 1832, ☏ 063 21/959 78 80, 💻 www.hambacher-schloss.de, 🚪 08.02.-31.03. täglich 11:00-18:00, 01.04.-31.10. täglich 10:00-20:00, aktuelle Öffnungszeiten (auch für den Winter) auf der Website

Den kürzesten **Rückweg** nach Neustadt zeigt Ihnen ab dem Parkplatz der rote Strich. Alternativ steigen Sie der rot-gelben Welle folgend steil nach Hambach ab und fahren mit dem Bus zurück zum Hauptbahnhof von Neustadt – oder direkt mit der Buslinie 502 vom Parkplatz des Schlosses aus.

Hambacher Schloss

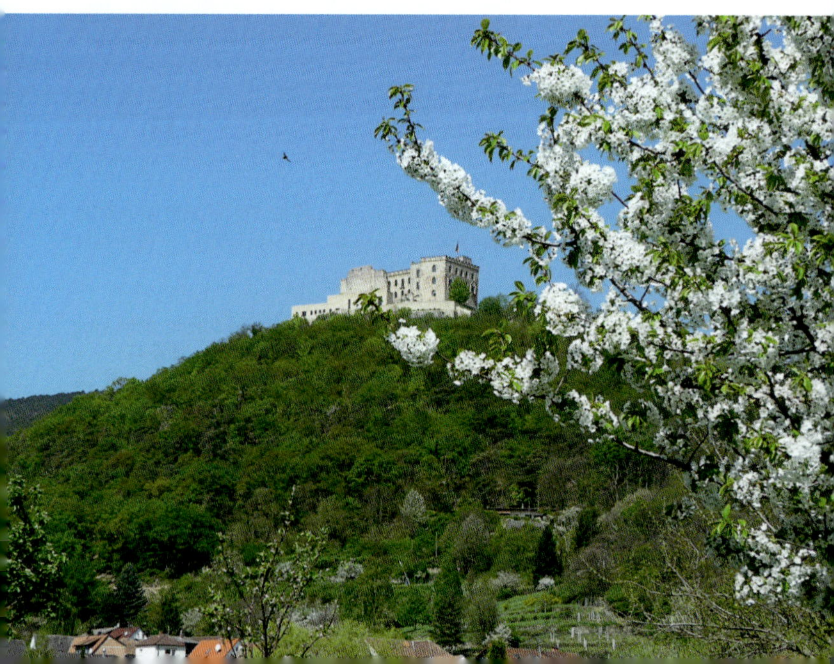

⑨ Hoch hinaus: Von Maikammer auf die Kalmit

Tour für Wanderer mit strammen Wadeln

Aus den Weinbergen steigt der Weg hinauf auf den aussichtsreichen höchsten Gipfel des Pfälzerwaldes, der die höchstgelegene Hütte des Pfälzerwaldvereins trägt.

Start/Ziel: Alsterweiler Kapelle in Maikammer, GPS N 49°18.509' E 008°07.353'

15 km

4 Std. 45 Min.

ca. 600 m/600 m

203-672 m

weiß-grüner Strich, grüne Traube, blauer Punkt, weißer Punkt, grün-weißer Strich

Zur Kalmit am Start, Klausentalhütte (km 2,5), Kalmithaus (km 6,7), St. Martin (km 13,1)

Großrastplatz am Wanderweg Deutsche Weinstraße (km 1,4), Taubenkopf (km 6,1), Kalmit (km 6,7), Wolselquelle (km 10,4), Bellachiniweiher (km 11,8)

Für Kinder und Hunde könnte der Weg zu lang und zu anstrengend sein.

P Parkmöglichkeiten in den Seitenstraßen um die Kapelle (auf 2 Std. begrenzte Parkzeit auf dem Parkplatz an der Kapelle!) oder Parkplätze nach dem Ortsausgang von Maikammer an der L 515/Kalmitstraße, links (schattig) sowie etwas weiter rechts (sonnig), Navi: Alsterweiler Hauptstraße, 67487 Maikammer

Haltestelle Alsterweiler Kapelle, Buslinie 500 von Neustadt Hbf. nach Landau Hbf., im Sommer (Mai-Okt) Stundentakt, So überwiegend Halbstundentakt. In Neustadt besteht Anschluss an die S-Bahn.

Zur Kalmit, ☏ 063 21/50 54, 10:00-21:00, Mo Ruhetag, eigene Schlachtung, Spezialität Wildgerichte

Von der **Alsterweiler Kapelle** (⇧ 203 m) folgen Sie dem Kapellenweg und der Markierung „weiß-grüner Strich" Richtung Wald. Sie passieren den ersten oben genannten Parkplatz und erreichen den querenden Wanderweg Deutsche Weinstraße (grüne Weintraube, Brunnen). Sie gehen nach rechts und überqueren in der Nähe des zweiten Parkplatzes die Kalmitstraße. Am asphaltierten Rebsortenweg informieren Tafeln über die einzelnen in der Pfalz angebauten Rebsorten. Für Puristen verläuft unterhalb ein Grasweg, der den großen

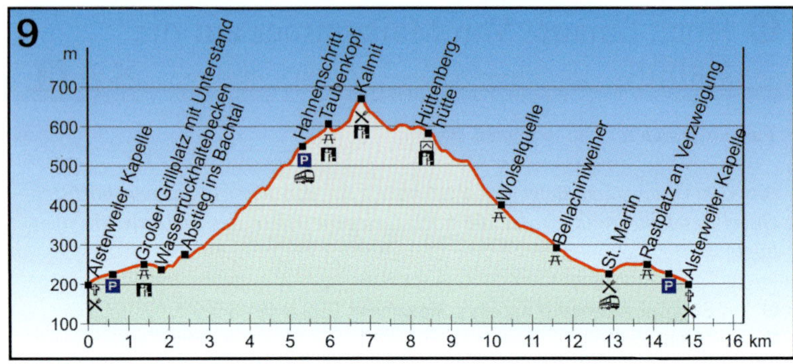

Grillplatz aber nicht erreicht (großer sonniger Rastplatz (km 1,4) mit fünf Tischen, Grillstelle, Unterstand sowie grandioser Aussicht über das Rebenmeer und die Oberrheinebene bis zum Odenwald).

Es geht auf Natursteinpflaster hinab bis vor ein vollständig begrüntes **Wasserrückhaltebecken**. Hier folgen Sie links dem Asphaltweg Richtung Wald (im Folgenden rudimentäre Markierung mit der Esskastanie des Keschteweges). Der Asphaltweg geht in einen Grasweg über, der durch einen Weinberg in den Wald führt. Im Wald laufen Sie an der ersten Verzweigung links (fehlende Markierung, 10 m vorher und 10 m links abseits eine **Madonna** in einer Steinnische). ☞ Wer rechts geht, kommt auf eine Wiese mit vielen Bienenvölkern und muss weglos im Wald wieder zum eigentlichen Weg aufsteigen. Etwa in Höhe der ✕ Klausentalhütte verlassen Sie den Weg rechts hinab auf einen Pfad (✎ Keschte), der ins Bachtal absteigt.

✕ Klausentalhütte, ☏ 063 21/301 77, April-Okt. Mi-So und Fei 10:30-19:00, Nov.-März Mi, Sa, So und Fei ab 10:30

Sie finden sich in einem Urwald wieder. Nun geht es über einige Stege mal links, mal rechts auf schmalem Weg am Bach aufwärts, bis nach ca. 1,5 km der Weg mit dem blauen Punkt hinzukommt und als Pfad weiterführt. Nun wandern Sie hinauf zum P Parkplatz **Hahnenschritt** an der Kalmitstraße (km 5,4, ⇧ 558 m, 🚌).

Der rote Punkt leitet Sie nach links direkt zum Kalmitgipfel. Eine kleine Variante sei jedoch empfohlen: der ruhige und idyllische **Taubenkopf**, mit 603,8 m einer der Sechshunderter im Pfälzerwald. Sie wählen dafür den Pfad, der vor der Straße nach links führt (Weg Nr. 1). Nach 500 m zeigt ein Wegweiser links zum bewaldeten Gipfel mit kleinem Gipfelfelsen, Bank und Aussicht über den Pfälzerwald. Sie kehren über den kurzen Stichweg zurück und treffen vor der Straße auf die Markierung „weiß-grün“. Ihr folgen Sie nun vorbei an einem martialischen Sandsteinrelief und zuletzt über Sandsteintreppen hinauf zur **Kalmit**, dem mit 672 m höchsten Gipfel des Pfälzerwaldes (km 6,7, ✕ 🚻).

✕ Kalmithaus, ☏ 063 21/54 24, 💻 www.kalmithaus.de, 🚪 März-Dez. Mi-So und Fei, Jan./Febr. Mi, Sa, So und Fei ab 10:30

Sie folgen weiter der weiß-grünen Markierung, steigen zunächst zum P Parkplatz 🚌 ab und werden nach etwa 15 Min. über den Felsrücken des Felsenmeeres geführt. An dessen Ende bietet sich von der ⌂ **Hüttenberghütte** (km 8,5) ein Blick in das Tal von St. Martin. An der Hütte gehen Sie links und kommen, begleitet von der rot-weißen Welle des Weinsteigs, zum Rettungspunkt 6614-972. Hier folgen Sie dem Hinweis „Wolselquelle“ und dem weißen Punkt abwärts. An der gefassten **Wolselquelle** (km 10,4, ⛩, Erfrischungsmöglichkeit) und dem

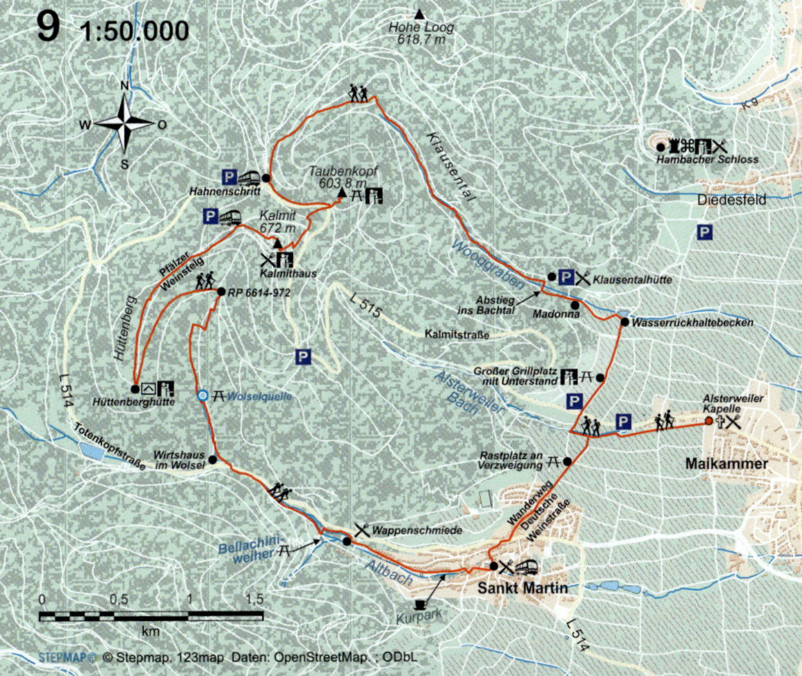

Weiterweg kann es feucht werden, wenn Sie den Brückenpfad im Bachbett wählen und das Bächlein auf Stegen mehrmals queren. Kinder können Schiffchen schwimmen lassen.

Unterhalb des Wirtshauses im Wolsel (tagsüber geschlossen) queren Sie die Totenkopfstraße und laufen parallel zu ihr auf einem Pfad am Bach entlang bis zum **Bellachiniweiher**, benannt nach einem Zauberer aus St. Martin (km 11,8, ⩩ Sitzgruppe unter einer Linde, Fontäne, Seerosen, künstlicher Wasserfall).

Da es ziemlich langweilig ist, weiter geradeaus und durch die Einlaubstraße nach St. Martin hinein zu laufen, wenden Sie sich am Weiher nach links und überqueren mit der rot-weißen Welle den Altbach. Im Gegenhang folgen Sie rechts einem winzigen Pfad zur ✕ **Wappenschmiede** und gehen durch die Talstraße, biegen rechts ab durch den kleinen **Kurpark** (☕ Park-Café) und kommen durch die Wooggasse und die Mühlstraße ins Zentrum des reizenden und an Sommerwochenenden überlaufenen **St. Martin** (km 13,1, ⇧ 225 m, zahlreiche ✕ Einkehrmöglichkeiten, ein Ortsrundgang wird empfohlen). Nun folgen Sie der grünen Traube des Weinstraßenweges die steile Kirchstraße hinauf und durch die Jahnstraße aus dem Ort hinaus in die Weinberge. An einer Verzweigung mit einem ⩩ Rastplatz verlassen Sie die Weintraube geradeaus, stoßen wieder auf den Kapellenweg und laufen rechts zurück zur **Alsterweiler Kapelle**.

Alte Weinpresse bei St. Martin

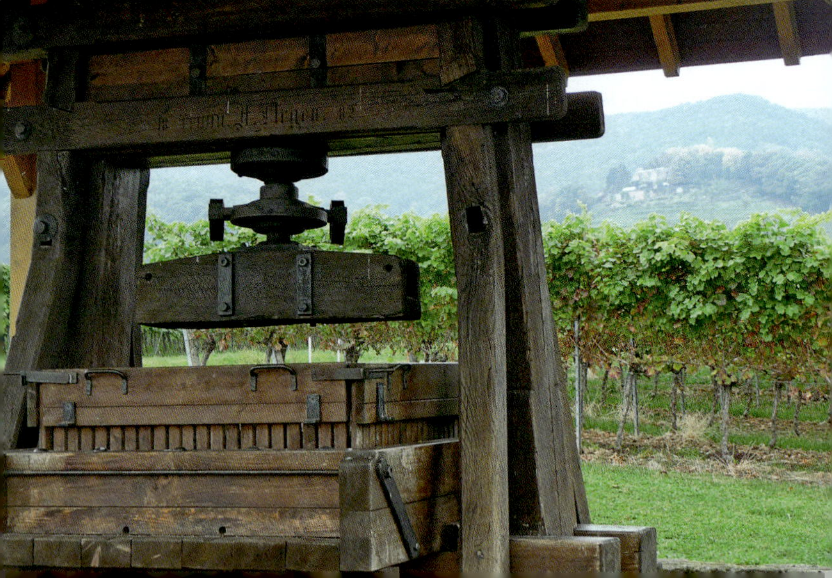

⑩ Von der Villa Ludwigshöhe zu Aussichtstürmen im Pfälzerwald

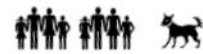

Tour für Familien mit Kindern mit selbst zu bestimmender Länge

Von der Villa Ludwigshöhe, dem Sommerschloss König Ludwigs, geht es zu Fuß oder mit der Sesselbahn zur Rietburg. Den Wanderer erwarten ein verwunschener Pfad zu geheimnisvollen Felsen, zwei historische Aussichtstürme sowie der Hilschweiher mit der Möglichkeit zum Bootfahren und der Bachpfad im Edenkobener Tal. Höhenrestaurant, Waldgasthäuser und Waldhütten laden zur Einkehr ein.

- Start/Ziel: Villa Ludwigshöhe bei Edenkoben, GPS N 49°16.638' E 008°05.204'
- 16 km
- 5 Std.
- ca. 700 m/700 m
- 260-662 m
- blau-gelber Strich, rotes Kreuz, roter Strich
- Talstation Rietburgbahn nahe dem Start/Ziel (einfach), Höhengaststätte Rietburg (km 2,2), Edenkobener Hütte (km 12,7), Kiosk am Hilschweiher (km 14,5)
- Ludwigsturm (km 3,9), Kohlplatz (km 6,1), Benderplatz (km 9,4), Lolosruhe (km 10,9), Hilschweiher (km 14,5)
- Was Kinder erfreut: Sesselbahnfahrt zur Rietburg mit Minizoo, Besteigen von Ludwigs- und Schänzelturm, Urwaldpfad über den Kesselberg, Kahnfahren und Wasserfälle am Hilschweiher. Die Tour kann verkürzt werden.
- Nehmen Sie unbedingt Wasser mit!
- P Parken zwischen Sportschule und Villa oder unterhalb davon, Navi: Ludwigshöhe, 67480 Edenkoben
- Buslinie 506 von Edenkoben Bf. zur Villa von Mitte Juni bis Ende Okt. So und Fei stündlich

Von der Bushaltestelle bzw. vom Parkplatz begeben Sie sich zunächst zur ⌘ Villa Ludwigshöhe (⇧ 305 m,), um von der Terrasse Ihren Blick über die Weinlandschaft schweifen zu lassen.

Die **Villa Ludwigshöhe** war Sommersitz König Ludwigs I. von Bayern. Die spätklassizistische Villa wurde von 1846 bis 1852 nach Plänen von Friedrich Wilhelm von Gärtner im italienischen Stil errichtet. Sehenswert sind die Wandmalereien im pompejanischen Stil und die Mosaikfußböden nach römischem Vorbild. Die Villa präsentiert eine Dauerausstellung des impressionistischen Malers Max Slevogt.

⌘ ☏ 063 23/930 16, 9:00-18:00, im Winter bis 17:00, Dez. und am 1. Werktag im Monat geschlossen

Villa Ludwigshöhe unter der Rietburg

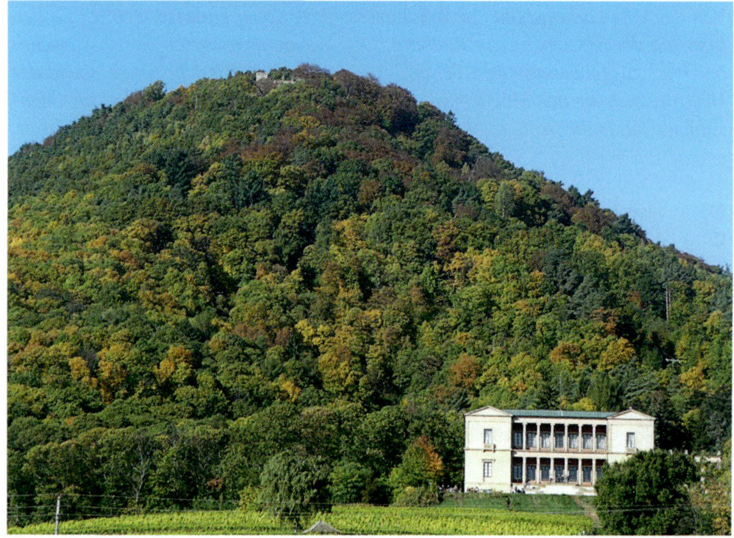

Sie müssen sich nun entscheiden, ob Sie von der Villa der Markierung „blau-gelb" folgen und in Serpentinen 230 Höhenmeter zur **Rietburg** (km 2,2, ⇧ 535 m, ✕) aufsteigen oder ob Sie sich von der Sesselbahn (März bis Anfang Nov.) in 8 Min. emportragen lassen.

✕ Talstation Rietburgbahn (sehr einfach), ☏ 063 23/93 86 00, Apr bis Anfang Nov. täglich

Die **Rietburg** wurde zu Beginn des 13. Jh. von den Herren von Riet, damals Lehnsherren der Abtei Weißenburg, erbaut. Nach wechselvoller Geschichte wurde die Burg im Dreißigjährigen Krieg zerstört und nicht wieder aufgebaut. Von der Terrasse der Höhengaststätte reicht der Blick entlang der Weinstraße und über die Rheinebene bis zu Odenwald und Schwarzwald.

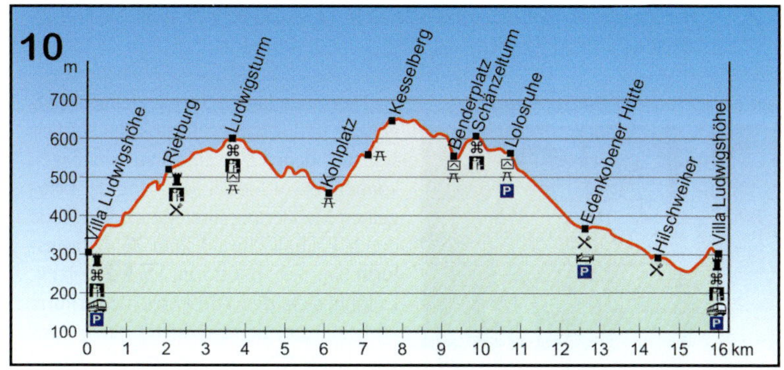

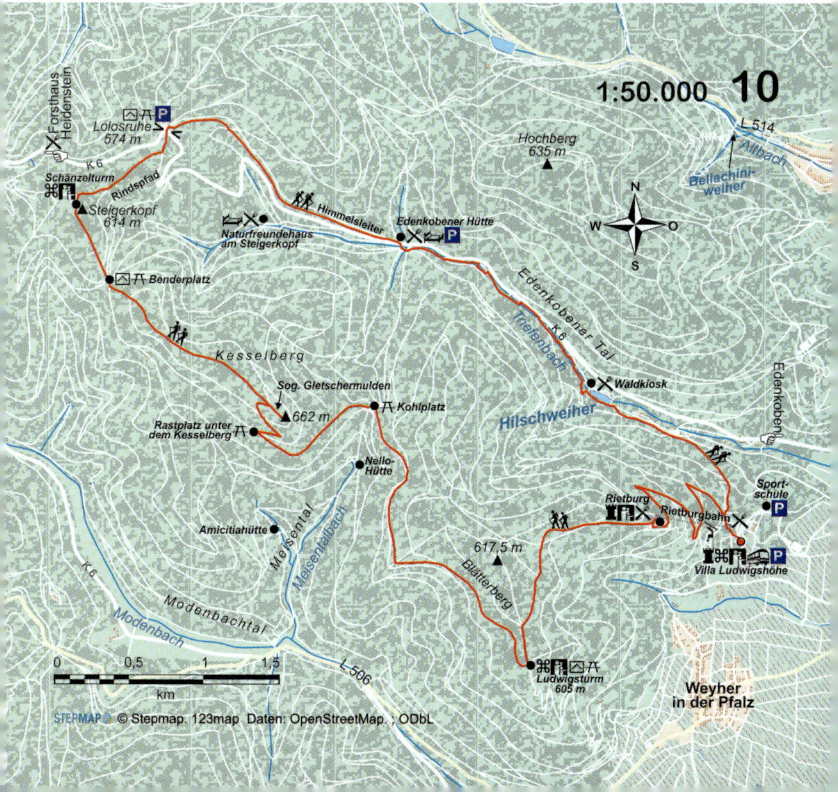

1:50.000 10

Forsthaus Heidenstein
Lolosruhe 574 m
K 6
Schänzelturm
Rindspfad
Steigerkopf 614 m
Himmelsleiter
Naturfreundehaus am Steigerkopf
Edenkobener Hütte
Hochberg 635 m
L 514
Altbach
Bellachini-weiher
N
W
O
S
Benderplatz
Edenkobener Tal
Triefenbach
K 6
Kesselberg
Sog. Gletschermulden
662 m
Kohlplatz
Waldkiosk
Rastplatz unter dem Kesselberg
Hilschweiher
Edenkoben
Nello-Hütte
Rietburg
Rietburgbahn
Sport-schule
Amicitiahütte
Meisental
Meisentalbach
617,5 m
Villa Ludwigshöhe
Blätterberg
K 6
Modenbachtal
Modenbach
Ludwigsturm 605 m
L 506
Weyher in der Pfalz
0 0,5 1 1,5
km

Höhengaststätte Rietburg, ☎ 063 23/29 36, Sa und So 9:00-18:00, Mo-Fr 9:00-17:00

Auf dem Pfad am Blättersberg

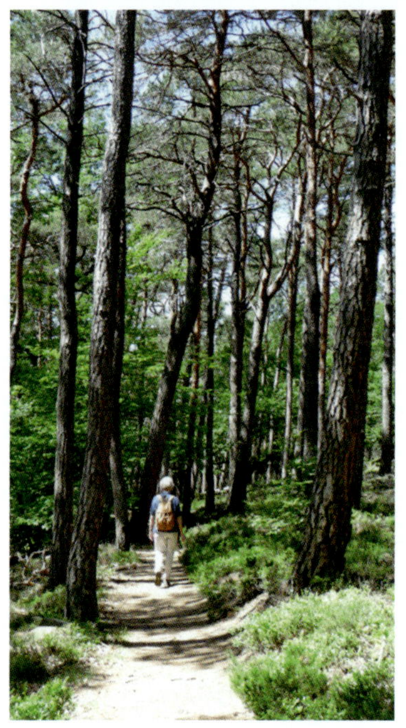

Hier oben finden Sie ein kleines Wildgehege und schattige Rastplätze auf Felsen, auf denen Sie eine Pause einlegen können, bevor Sie 25 Min. lang der blau-gelben Markierung über Wege und Pfade durch Laubmischwald zum ⌘ **Ludwigsturm** (km 3,9, ⇧ 605 m,) folgen. Es lohnt sich, den 1889 errichteten Turm zu besteigen, denn er bietet einen Blick vom Hambacher Schloss und der Kalmit im Norden bis zum Trifels im Süden.

Weiterhin von der blau-gelben Markierung geleitet, wandern Sie auf einem schönen Pfad durch lockeren Wald und dementsprechend üppige Bodenvegetation aus Farnen, Blaubeer- und Heidekraut, vorbei an einer sonnenbeschienenen Bank mit Tiefblick auf die Rodungsinsel Modenbacherhof bis zum **Kohlplatz** (km 6,1, ⇧ 466 m, ⫫). (Hier ist notfalls eine Abkürzung auf gutem Weg zur Edenkobener Hütte hinab möglich.)

Sie folgen weiter der bis zur Lolosruhe leitenden blau-gelben Markierung, biegen aber nach 1 km ab dem Kohlplatz und 20 m nach einem ⫫ Rastplatz rechts in einen Pfad hinauf ab. Dieser führt zu den sogenannten Gletschermulden auf dem **Kesselberg** (⇧ 662 m). (Sind es kreisrunde Gletschermühlen, Opferschalen oder eine schlichte Verwitterung der Felsen? Auf jeden Fall handelt es sich um einen lauschigen Platz, ein Picknick ist mit Sitzunterlage auf Felsen möglich und Sie sind unter einem Felsüberhang vorm Wetter geschützt, allerdings haben Sie kaum Aussicht.) Bis in die deutschen Mittelgebirge ist die Vergletscherung jedoch nie vorgestoßen, wie die Endmoränen in Norddeutschland und im bayerischen Donaugebiet (Gletscher der Alpen) eindrücklich beweisen.

Nun folgen Sie dem schwach ausgeprägten, einsamen Pfad fast 1,5 km weit über den Rücken des Kesselberges nach Nordwesten (Hauptgehrichtung). Sie wandern unter dem Laubdach der Bäume durch ein Meer von Blaubeeren, Farnen und Fingerhut. Bleiben Sie immer auf dem Bergrücken und steigen Sie zuletzt den Spuren folgend in Falllinie nach links auf den blau-gelb markierten Weg ab, kurz bevor Sie den **Benderplatz** (km 9,4, ⇧ 552 m, ⊠ ⩩) erreichen.

Hier bieten sich drei Wegvarianten:

(1) ↳ Die Abkürzung über das ✗ Naturfreundehaus am Steigerkopf zur ✗ Edenkobener Hütte spart 1 km.

(2) ↳ Der sehr schöne Rindspfad zur Lolosruhe ist 0,3 km kürzer.

(3) Der hier beschriebene Weg folgt der blau-gelben Markierung und erreicht mit 10 % Steigung nach etwa 10 Min. den ⌘ **Schänzelturm** (km 10, ▣) auf dem 614 m hohen Steigerkopf.

Der 13 m hohe **Schänzelturm** wurde 1874 im Überschwang des Sieges über Frankreich 1870/71 und der Gründung des Deutschen Kaiserreichs in Erinnerung an die gefallenen preußischen Soldaten errichtet, die hier am 13. Juli 1794 vergeblich und unter schweren Verlusten versuchten, das französische Revolutionsheer aufzuhalten. Zwischen Benderplatz und Heldenstein sind noch heute im Gelände von den Preußen geschaffene Schanzen zu erkennen, die durch Rittersteine und den Heldenstein markiert sind.

Zur Passhöhe zwischen Modenbachtal und Edenkobener Tal, der **Lolosruhe** (km 10,9, ⇧ 574 m, ⊠ ⩩ **P**, Ritterstein Fünf Steine), führt Sie weiterhin die blau-gelbe Markierung. Von dort wandern Sie nach Osten den mit rotem Kreuz markierten Pfad der Himmelsleiter hinab in das Edenkobener Tal zur ✗ **Edenkobener Hütte** am Hüttenbrunnen (km 12,7, ⇧ 362 m, 🛏).

✗ Edenkobener Hütte, ☏ 063 23/28 27, ▯ 11:00-18:00, Di Ruhetag

Vom Parkplatz an der gegenüberliegenden Straßenseite folgen Sie genussvoll dem roten Kreuz und dem Triefenbach, an dem ein Bachlehrpfad eingerichtet ist. Nach etwa 20 Min. ist es besonders mit Kindern lohnend, dem Weinsteig folgend einen winzigen Umweg zu den künstlich angelegten Hilschwasserfällen zu machen. Am **Hilschweiher** (km 14,5) gibt es einen ✗ Waldkiosk mit einfacher Gastronomie im Freien und einen Bootsverleih.

✗ Kiosk am Hilschweiher, ☏ 063 23/29 73, ▯ Ostern-Okt., Mo Ruhetag

Anschließend folgen Sie dem roten Kreuz und bei seinem Auftauchen dem roten Strich zurück zur **Villa Ludwigshöhe**.

⑪ Der Orensfelsen und die Walddusche über Frankweiler

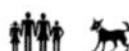

Tour für Naturfreunde

Ein Aufstieg auf Waldpfaden über 350 Höhenmeter wird auf der grandiosen Aussichtsplattform des Orensfelsens belohnt. Danach geht es nur noch abwärts, wobei der kühlende Hainbach und die Walddusche Abkühlung versprechen und das Panorama der Weinberge der südlichen Weinstraße zum Innehalten auffordert.

Start/Ziel: Waldparkplatz in St. Johann, GPS N 49°16.638' E 008°05.204'
11,8 km
3 Std. 45 Min.
ca. 480 m/480 m
220-564 m
Hütte und Fichte auf gelbem Grund (Pfälzer Hüttentour) bis Landauer Hütte, rot-weiß, dann Weintraube
NFH Kiesbuckel (km 1,9), PWV Landauer Hütte (km 5,4)
Orensfelsen (km 3,8), Zimmerplatz (km 5,3), Walddusche (km 9), Bänke hinter Frankweiler (km 11)
Der Spielplatz am Zimmerplatz, die Burgruine, Felsen, Bach und Walddusche sind interessant für Kinder.
Eine längere Bachpassage sorgt für Wasser.
Waldparkplatz in St. Johann, Anfahrt: an der Weinstraße zwischen Albersweiler und Frankweiler in die Schlossstraße abbiegen, Navi: Schlossstraße, 56867 Albersweiler.
Haltestelle St. Johann, Linie 521 Landau Hbf. – Albersweiler-St. Johann, Mo-Fr stündlich, Sa, So und Fei zweistündlich

Am **Waldparkplatz in St. Johann** beginnt ein Pfad mit der Markierung der Pfälzer Hüttentour (Hütte und Fichte auf gelbem Grund). Dieser Markierung folgen Sie auf Pfaden und Waldwegen hinauf bis zum **Naturfreundehaus Kiesbuckel** (km 1,9).

NFH Kiesbuckel, ☏ 063 48/89 62, Sa, So und Fei ab 10:00

Sie vertrauen sich bis zur Landauer Hütte weiterhin der Markierung der Hüttentour an. Ein Waldpfad führt weiter hinauf, bis Sie nach etwa 1 km einen

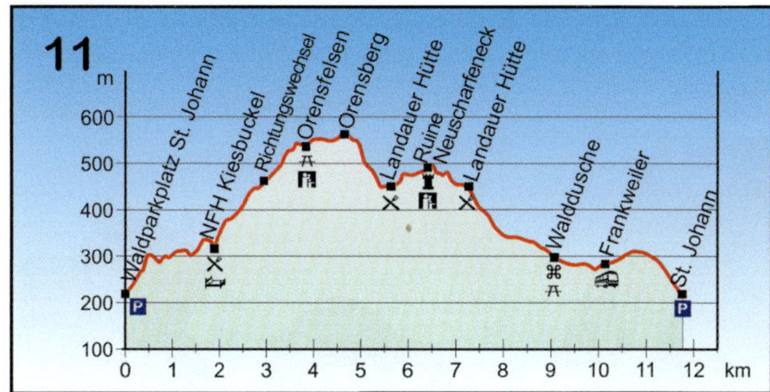

Richtungswechsel nach links zum **Orensfelsen** (km 3,8, ⇧ 564 m,) vollziehen. Der Blick von dieser exponierten Aussichtskanzel über dem Queichtal reicht bis zum Schwarzwald, über den südwestlichen Pfälzerwald und ganz nah zu den drei Annweilerer Burgen.

Der allmähliche Abstieg nach Norden zur ✕ **Landauer Hütte** (km 5,4, ⇧ 451 m, lauschige Außensitze, Kinderspielplatz) am Zimmerplatz passiert den Starthang der Gleitschirmflieger, wo Heiner Geissler einst verunglückte.

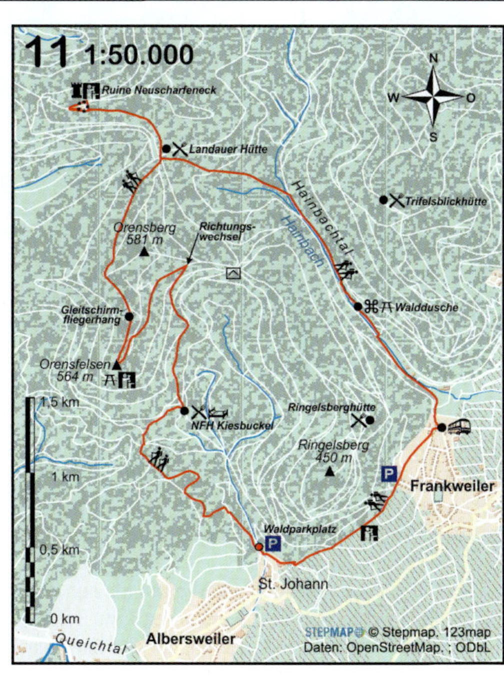

✕ Landauer Hütte, ☏ 063 45/37 97, Sa, So und Fei, in den Oster-, Sommer- und Herbstferien in Rheinland-Pfalz auch Mo-Do 10:00-18:00

Von dort kann die **Burgruine Neuscharfeneck** (⇧ 501 m,) auf einem 800 m langen Stichweg erreicht werden. Zutritt zur Ruine erlangen Sie von ihrer Westseite.

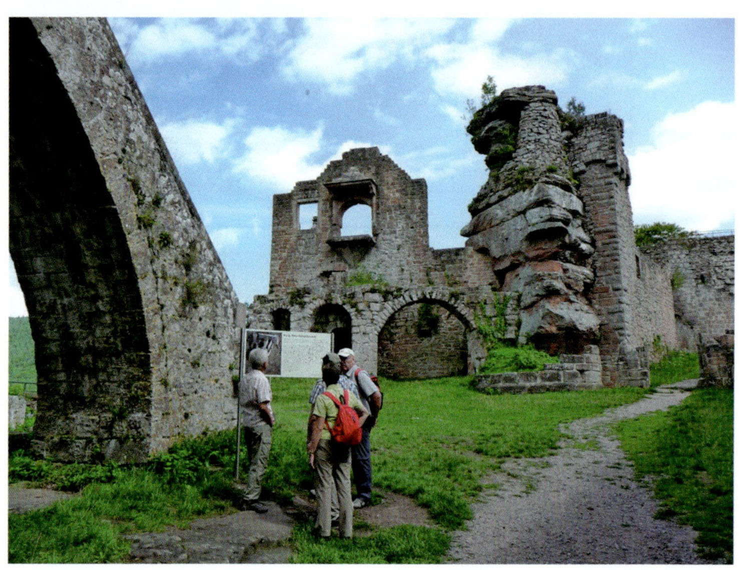

Ruine Neuscharfeneck

Burg Neuscharfeneck wurde vermutlich um 1300 von den Scharfenbergern gegründet. Die Burg fiel später an die Kurpfalz und wurde verstärkt und ausgebaut. Die Schildmauer ist 20 m hoch und 12 m dick und damit gewaltig. Dennoch wurde die Burg im Bauernkrieg 1525 gebrandschatzt und im Dreißigjährigen Krieg von den Schweden gesprengt.

Zurück an der Landauer Hütte folgen Sie nun dem rot-weißen Strich abwärts in das Hainbachtal Richtung Frankweiler. Etwa 1,5 km ab Hütte führt rechts vom Weg ein Pfad ohne Markierung an den Bach hinab und zur ⌘ **historischen Walddusche** (km 9,).

Die Walddusche wurde Mitte des 19. Jh. als Kaltwasseranstalt des damaligen Kurhauses in Gleisweiler erbaut und genutzt. Durch Ableiten des Hainbaches werden eine Dusche und ein Wassertretbecken betrieben, eine Umkleidekabine ist vorhanden. Im Sommer spendet die Walddusche angenehme Abkühlung, im Winter ist sie nicht in Betrieb.

Sie wandern den Pfad entlang des Baches bis zu seinem Ende an einem Wasserhaus aus Buntsandstein und queren rechts zum Schotterweg. Diesem folgen Sie bis **Frankweiler** hinein (km 9,8, Bus Linie 521) und biegen rechts in die Ringelsbergstraße ein. Nachdem Sie den Ort verlassen haben und in die freie Landschaft eingetreten sind, bietet sich Ihnen vom Waldrand und zahlreichen Bänken eine der schönsten Ansichten der Pfalz, der Blick über die Rebenhügel der südlichen Deutschen Weinstraße. Zuletzt laufen Sie dem Logo der Hüttentour folgend steil nach **St. Johann** und zum Waldparkplatz hinab.

Blick von Frankweiler in die Südpfalz

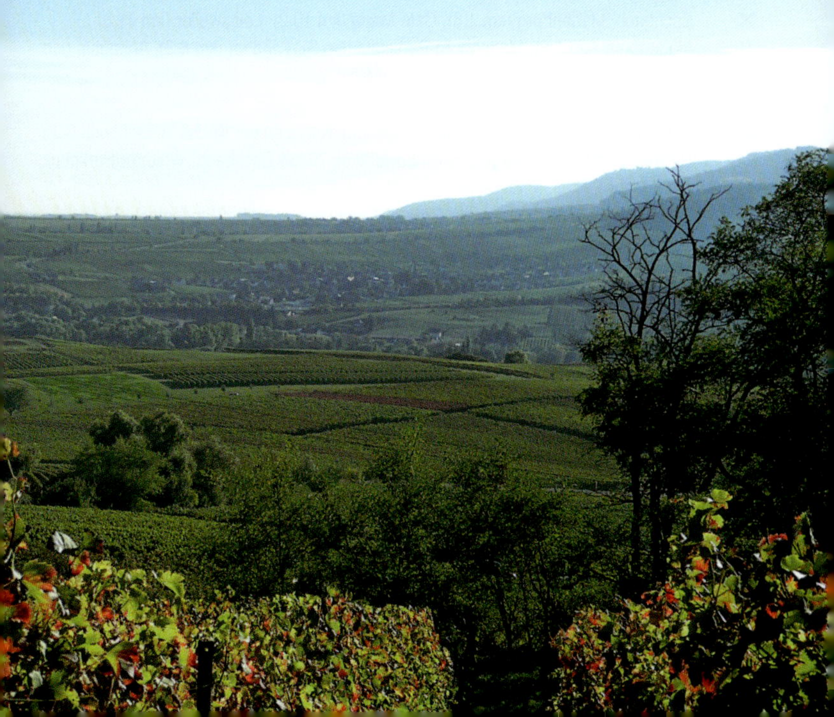

⑫ Madenburg, Neukastell, Leinsweiler und der Cramerpfad

Tour für vielfältig interessierte Wanderer

Zwei aussichtsreiche Burgruinen und zwei Weindörfer werden durch einen der schönsten Waldpfade des Pfälzerwaldes und einen Gang durch Weinberge miteinander verbunden.

- Start/Ziel: Kirche in Eschbach, GPS N 49°10.470' E 008°01.107'
- 12 km
- 3 Std. 30 Min.
- ca. 420 m/420 m
- 230-458 m
- grünes Dreieck auf weißem Grund, schwarzer Punkt auf weißem Strich, rot-weiße Welle, grüne Traube, gelb-grüner Strich
- Eschbach, Madenburg (km 1,8), Café Maria (km 10,2), Leinsweiler (km 11,3)
- Madenburg (km 1,8), Madenburg-Parkplatz (km 3), Windhof (km 6,2), Ahlmühle (km 6,7), Rastplatz vor Ruine Neukastell (km 8,5)
- für größere Kinder und Hunde geeignet
- Parken am Sportplatz, Anfahrt: in der scharfen Kurve an der Kirche in Eschbach dem Hinweis „Madenburg" folgen, Navi: Löwenthal, 76831 Eschbach. Weiterer Parkplatz am Friedhof, Navi: Kirchgasse
- Haltestelle Eschbach Ortsmitte, Linie 531 von Landau Hbf., Stundentakt, Sa und So Zweistundentakt

Eschbach ist bekannt für seine Eseleien. Inzwischen grüßen mehr als 40 bunt bemalte Esel an Straßen und aus Vorgärten. Die Wanderung starten Sie in der scharfen Kurve der Weinstraße an der **Kirche** in Eschbach und folgen dem gelb-grünen Strich über den Madenburgweg in den Wald, später sich links haltend dem schwarzen Punkt auf weißem Strich („Armbanduhr") hinauf zur **Madenburg** (km 1,8, 458 m).

Die ab dem 11. Jh. errichtete Madenburg war ursprünglich eine Reichsburg. Wie üblich wechselte sie häufig den Besitzer. Unter anderem im Bauernkrieg und im Dreißigjährigen Krieg wurde die Burg beschädigt, im Pfälzischen Erbfolgekrieg wie alle Burgen in der Pfalz zerstört und nicht wieder aufgebaut. Später diente sie als Steinbruch. Zwei Treppentürme aus der Renaissance zeugen von der ehemaligen Pracht (Seite 66).

✕ Madenburg, ☏ 063 45/71 10, April bis Okt. 10:30-20:00. Mo ist die gesamte Burg geschlossen, im Winter Mo und Di Ruhetage.

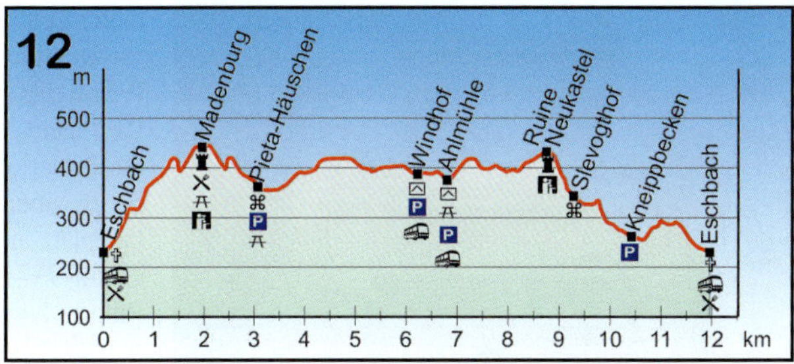

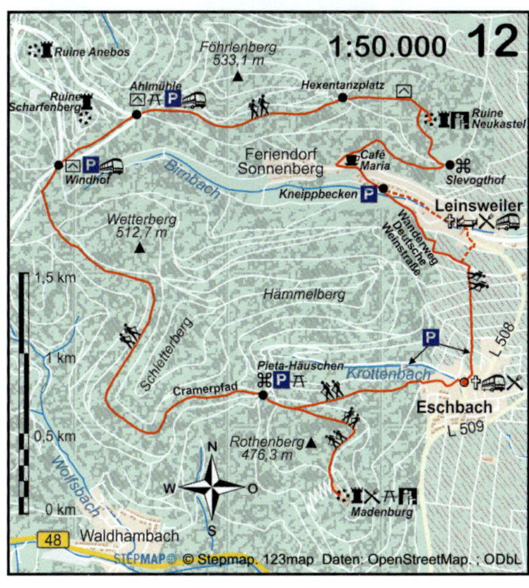

Nachdem Sie Aus- und Weitsicht genossen haben, steigen Sie zunächst auf demselben Weg ab. Die „Armbanduhr" wird Ihnen nun über fast 5 km den Weg zeigen. Am hinteren Ende des Waldparkplatzes (km 3) finden Sie einen Rastplatz und ein **Pieta-Häuschen**. Hier beginnt der **Cramerpfad**, einer der schönsten Waldpfade des Pfälzerwaldes, dessen Beginn und Ende durch einen Ritterstein markiert ist. Sie folgen dem fast ebenen Pfad durch einen Eichen-Buchen-Hochwald durch die Flanken von Schletterberg und Wetterberg und anschließend einem Kiesweg und einem weiteren Pfad bis zur Wüstung **Windhof** (km 6,2, P). Sie wechseln die Straßenseite und erreichen nach 500 m parallel zur Zufahrtsstraße zum Trifels die **Ahlmühle** (km 6,7, P).

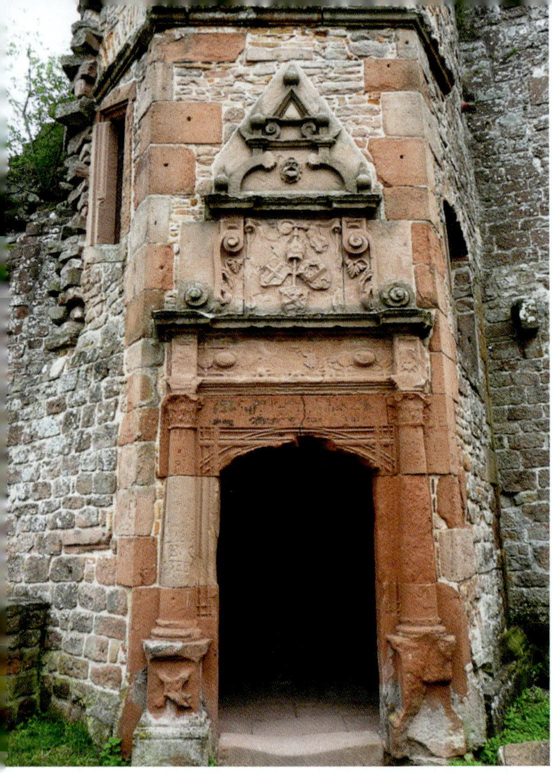

Renaissance – Treppenturm der Madenburg

Sie trennen sich von der Armbanduhr und orientieren sich nun bis hinter Leinsweiler an der rot-weißen Welle des Weinsteigs. Auf breitem Weg geht es durch die Südflanke des Föhrlenbergs, über den Hexentanzplatz und vorbei an einem ⛼ Rastplatz zur **Ruine Neukastell** (km 8,7, ⇧ 436 m, ▣) über Leinsweiler und der Weinstraße, zuletzt über eine steile Metallleiter hinauf auf den Burgfelsen. Burg Neukastell war ursprünglich ebenfalls eine Reichsburg. Sie wurde 1689 durch die Truppen Ludwigs XIV. geschleift, sodass heute nur noch der gewachsene Fels zu sehen ist, von dem aus sich ein grandioses Panorama bietet.

In 10 Min. steigen Sie zum **Slevogthof** ab, dem ehemaligen Wohnsitz des Malers Max Slevogt (1868-1932). Nach Eigentümerwechsel sind Museum und Gaststätte leider auf unbestimmte Zeit geschlossen. Der Weinsteig leitet Sie nun in das kleine Tal hinein, um Leinsweiler zu umgehen. Im ☕ Café Maria kann eingekehrt werden.

☕ Café Maria, ☏ 063 45/30 75, ▯ ab 11:00, Mo Ruhetag

Sie sollten die Trifelsstraße weiterlaufen und den kleinen mittelalterlichen Ortskern von **Leinsweiler** ✕ 🚌 besuchen. Sehenswert sind das Rathaus von 1619 mit Arkadenhalle, der Dorfbrunnen von 1581, die spätgotische Martinskirche aus dem 13. Jh. und einige Fachwerkhäuser. Wenn Sie vom Rathaus 100 m der Weinstraße Richtung Eschbach folgen, können Sie über einen Treppenweg und einen anschließenden Pfad die Wanderroute wieder erreichen.

Hotel Rebmann, im Ort, ☏ 063 45/954 00, ab 11:30, Nov.-März Mi Ruhetag

Altes Rathaus in Leinsweiler

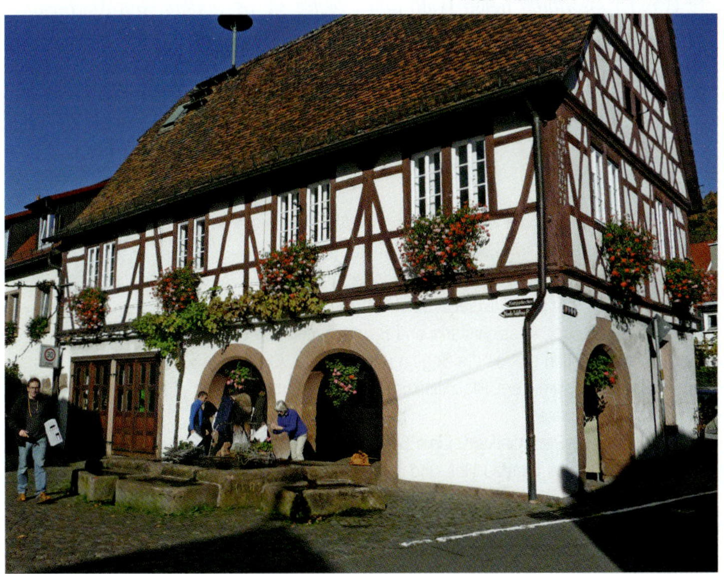

Wer nicht nach Leinsweiler hinein gehen möchte, folgt ab **Kneippbecken** an der Trifelsstraße weiter der rot-weißen Welle und nun auch der Weintraube des Wanderweges Deutsche Weinstraße um den Ort herum. Durch die Weinberge wird, der Traube folgend, der Ausgangspunkt **Eschbach** wieder erreicht, wo das plüschig-gemütliche Restaurant Zur Madenburg zur Einkehr lädt.

Zur Madenburg, Weinstraße 55, ☏ 063 45/959 41 40, 12:00-22:00, Mi Ruhetag

13 Burgenrunde über Klingenmünster 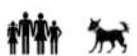

Tour für an Geschichte und Natur Interessierte

Ringwälle sowie zwei Burgruinen und eine Kapelle aus dem frühen Mittelalter wecken nicht nur die Neugier historisch und archäologisch Interessierter. Obwohl die Wanderung durch tiefen Wald führt, bietet sie besonders vom Martinsturm und von der Burg Landeck beeindruckende Ausblicke.

Start/Ziel: Klingenmünster, Pfalzklinikum, GPS N 49°08.914' E 008°00.734'
8,5 km
3 Std.
ca. 400 m/400 m
170-504 m
grünes Dreieck auf weißem Grund, weißes Dreieck, grüne Traube
Burg Landeck (km 5,6), Klingenmünster (km 7)
Schlössl (km 0,6), Fliehburg Heidenschuh (km 1,9), Marthaquelle (km 4,1), Burg Landeck (km 5,6), Nikolauskapelle (km 8,3)
Burggemäuer, Aussichtsturm und Brunnen sind interessant für Kinder.
Wasserstellen gibt es am Beginn und nach 70 % der Tour.
P Parkmöglichkeit am Pfalzklinikum an der Weinstraße, Navi: Pfalzklinikum, 76889 Klingenmünster
Haltestelle Pfalzklinikum, Linie 540 von Landau Hbf. und Bad Bergzabern Bf. oder Linie 531 von Landau Hbf. und Annweiler Bf., beide Linien Mo-Fr stündlich, Sa, So und Fei zweistündlich

Von der **Bushaltestelle** laufen Sie über das Gelände des **Pfalzklinikums** bis zum Waldrand, an dem der Pfälzer Weinsteig entlangführt. Hier folgen Sie ca. 50 m nördlich eines kleinen Seitentals der Markierung „grünes Dreieck auf weißer Scheibe" in den Wald hinauf. Der steile Pfad quert bald die noch erkennbaren Steinwälle einer karolingisch-ottonischen Ringburg. Nach 120 Höhenmetern Aufstieg ist die **Burgruine Schlössl** (, ausführliche Informationstafeln) erreicht.

In die Ringburg hinein wurde in salischer Zeit zur Mitte des 11. Jh. eine Turmburg gebaut, die bereits 1168 unter Kaiser Barbarossa zerstört wurde. (An Wochenenden finden Ausgrabungen statt. Die Hobbyarchäologen geben gerne Auskunft über ihre Arbeit).

Das grüne Dreieck leitet Sie auf Wegen und Pfaden im Wald weiter aufwärts bis zu einem Felssporn mit Blick auf Waldhambach im Kaiserbachtal, die

Madenburg und über den Oberrheingraben. Danach passieren Sie die Steinwälle der **Fliehburg Heidenschuh** und eine einfache ⌂ Schutzhütte (km 2,1, ⇧ 457 m).

Am ersten Querweg folgen Sie dem weißen Dreieck nach links und an der folgenden Kreuzung dem Hinweis

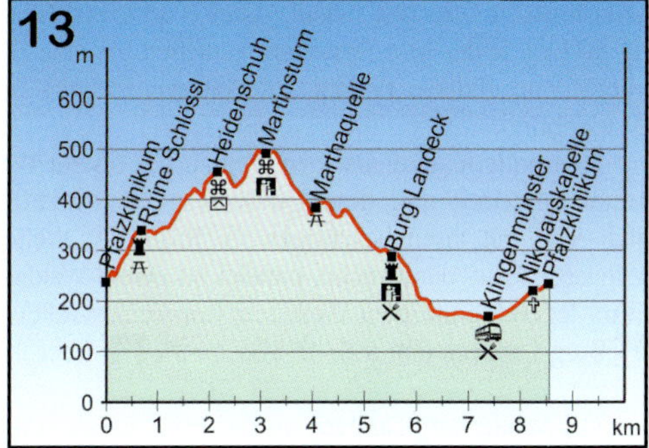

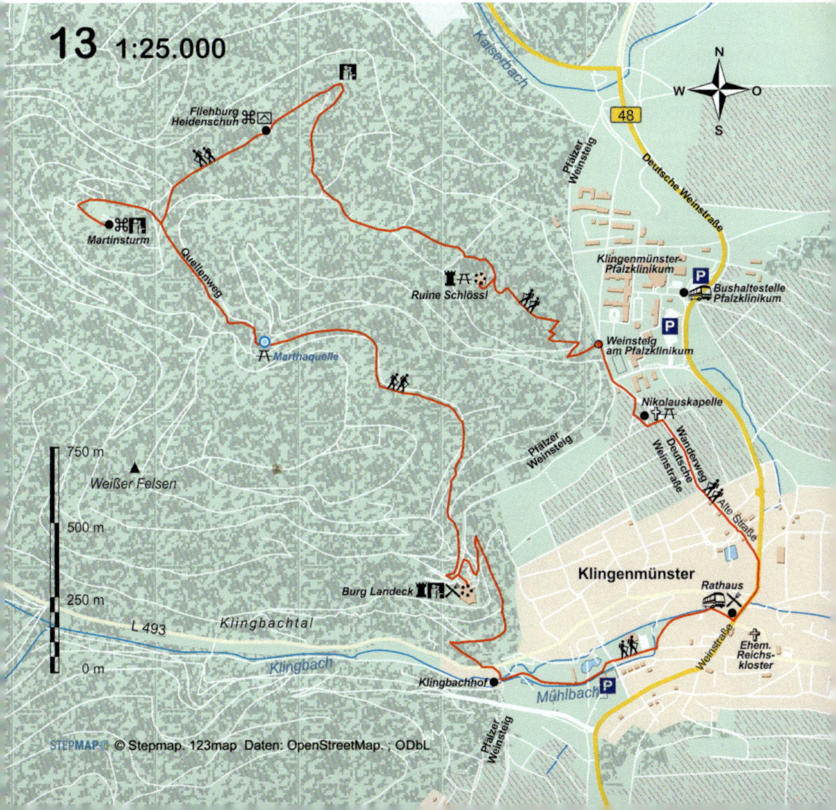

13 1:25.000

Fliehburg Heidenschuh
Martinsturm
Quellenweg
Marthaquelle
Ruine Schlössl
Kaiserbach
Pfälzer Weinsteig
Deutsche Weinstraße
48
Klingenmünster-Pfalzklinikum
Bushaltestelle Pfalzklinikum
Weinsteig am Pfalzklinikum
Nikolauskapelle
Wanderweg Deutsche Weinstraße
Alte Straße
Klingenmünster
Rathaus
Ehem. Reichskloster
Weißer Felsen
750 m
500 m
250 m
0 m
L 493
Klingbachtal
Klingbach
Burg Landeck
Klingbachhof
Mühlbach
Weinstraße

„Martinsturm" rechts hinauf. Vom 1889 errichteten **Martinsturm** (km 3,1, ⇧ 504 m, leider kein Rastplatz) genießen Sie eine Rundumsicht über die Oberrheinebene und die Wälder des Wasgaus mit den Annweilerer Burgen und der Madenburg.

Sie wandern auf demselben Weg zurück bis zur Wegkreuzung und folgen dem weißen Dreieck und dem Quellenweg abwärts 600 m bis zur **Marthaquelle** (km 4,1) mit ihrem schattigen ⛼ Rastplatz. Weiter geht es auf einem Pfad zunächst links, dann rechts parallel zu einem Waldweg. Die letzten 300 m zur Burg legen Sie auf dem Weinsteig (rot-weiße Welle) zurück und betreten die ♜ ⌘ **Burg Landeck** (km 5,6, ⇧ 305 m, ✕ 🚻) über ihre Zugbrücke.

Die **Stauferburg Landeck** wurde im 12. Jh. als Schutzburg für das Kloster Klingenmünster erbaut. Im Bauernkrieg wurde die Burg 1525 erobert und 1689 im Pfälzischen Erbfolgekrieg von den Truppen Ludwigs XIV. zerstört. Dem Landeckverein ist es zu verdanken, dass sich die Burgruine dem Wanderer einladend präsentiert. Es gibt eine Burgschenke, ein kleines Museum im Burgturm, Konzerte, das Landeckfest mit Mittelaltermarkt am letzten Wochenende im Juni und einen mittelalterlichen Weihnachtsmarkt am dritten Adventswochenende.

💻 www.landeck-burg.de

Aussichtswarte Burg Landeck

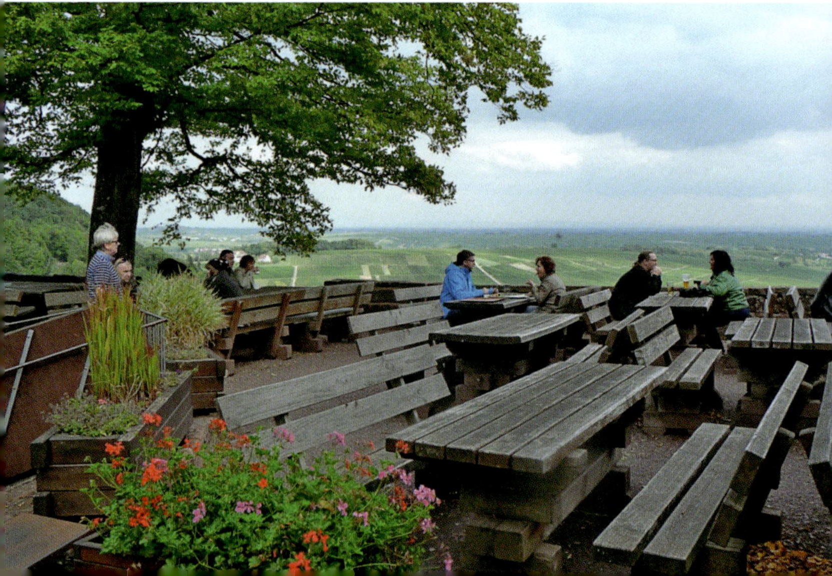

✕ Burg Landeck, ☏ 063 49/8744, ⍈ tägl. ab 11:00, Burgschenke mit großem, aussichtsreichem Biergarten

Nach hoffentlich angenehmem Aufenthalt steigen Sie der rot-weißen Welle des Weinsteigs folgend in das Klingbachtal ab. Am **Klingbachhof** wenden Sie sich links entlang des Baches in den Ortskern von **Klingenmünster** (km 7,4, ⇧ 170 m, ✕ 🚌 Rathaus, Linien 540 und 531).

Keimzelle von **Klingenmünster** war das Reichskloster, um das herum Bauern, Handwerker und Leibeigene zur Versorgung des Klosters siedelten. Das Kloster wurde bereits 1565 aufgelöst, als die Pfalz protestantisch wurde. Sehenswert sind die Klosterkirche und der Stiftsbereich, in dem sich heute das Hotel Keysermühle befindet. Vor dem Geburtshaus von August Becker erinnert der gleichnamige Brunnen an den pfälzischen Heimatdichter.

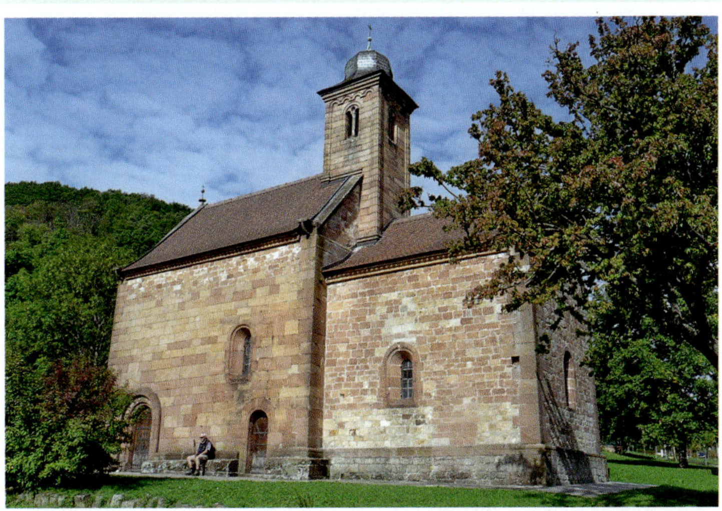

Spätromanische Nikolauskapelle

Von der Weinstraße nach Norden in die Alte Straße abbiegend, folgen Sie dem Wanderweg Deutsche Weinstraße (✎ grüne Traube) in die Weinberge und bis zur spätromanischen **Nikolauskapelle** (km 8,3, Erläuterungstafeln, ⍈ Anfang Mai bis Ende Okt. Sa, So, Fei und 1. und 3. Mi im Monat 14:00-17:00). Mit dem Pfalzklinikum erreichen Sie nach 8,5 km wieder den Ausgangspunkt.

⓮ Von Bad Bergzabern über Dörrenbach zur Burgruine Guttenberg, zu Westwall und Waldgeistern

Tour für Geschichtsinteressierte

Die Wanderung begeistert mit viel Wald und einigen Aussichtspunkten. Auf der zweiten Hälfte geht es ab Oberotterbach durch Weinberge. Es gibt verschiedene Möglichkeiten, die Tour hinsichtlich Routenführung und Länge zu variieren.

- Bad Bergzabern, Südpfalz-Therme, GPS N 49°05.930‘ E 007°59.360‘; alternativer Startpunkt: Dörrenbach, Ortseingang/Buswende, GPS N 49°05.400‘ E 007°57.920‘
- 21 km bzw. 15 km (ab/bis Dörrenbach)
- 6 Std. bzw. 4 Std. (ab/bis Dörrenbach)
- ca. 650 m/650 m
- 177-503 m
- rot-weiße Welle des Weinsteigs, aufgeschlagenes Buch (Westwallweg), gelb-grüner Strich, grüne Traube
- Bad Bergzabern, Dörrenbach (km 2,7 bzw. km 17,8), Schützenhaus Oberotterbach (km 13,5)
- im Wald vor Dörrenbach (km 1,7), Wegspinne RP 6913-761 (km 4,6), Stäffelsberg (km 5,1), Drei Eichen (km 7,2), Eicheltal (km 11,4), Hahnental (km 11,9)
- Thermalbad und Sauna in der Südpfalz-Therme
- Die kürzeren Varianten ab und bis Dörrenbach (☞ unten) sind auch für laufstarke Kinder geeignet. Der Waldgeisterweg wird junge Wanderer beschäftigen, der Westwallweg bietet Geschichtsunterricht.
- Kein Wasser zwischen Dörrenbach und Ruine Guttenberg!
- Parken an der Südpfalz-Therme, Navi: Rötzweg, 76887 Bad Bergzabern; bei Start in Dörrenbach: Parken am Ortseingang
- Haltestelle Bad Bergzabern, Rötzweg, Linie 543 von Bad Bergzabern Bf. oder zu Fuß vom Bahnhof durch die Königsstraße und die Fußgängerzone der rot-gelben Welle (Zugangsweg Weinsteig) nach; bei Start in Dörrenbach: Buslinie 543, stündlich von Bad Bergzabern Bf.
- ☺ Die Wanderung kann bausteinartig individuell gestaltet werden: Bad Bergzabern Südpfalz-Therme bis/von Dörrenbach: je ca. 2,7 km; Dörrenbach – Ruine Guttenberg – Waldgeisterweg bis Oberotterbach: 12 km, bis Dörrenbach: 15 km; Dörrenbach – Stäffelsberg – Westwallweg – Oberotterbach: 7 km, bis Dörrenbach 10 km

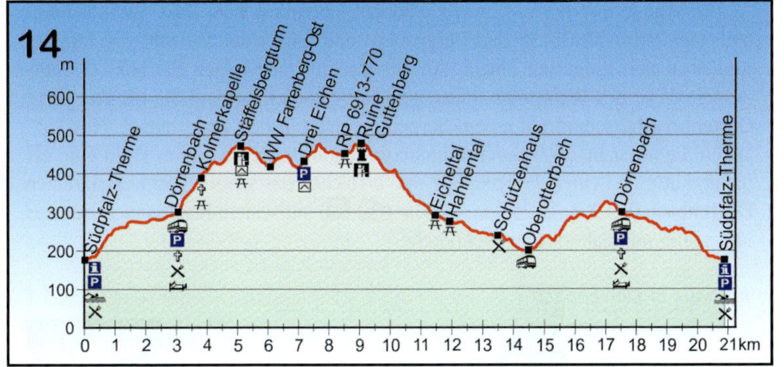

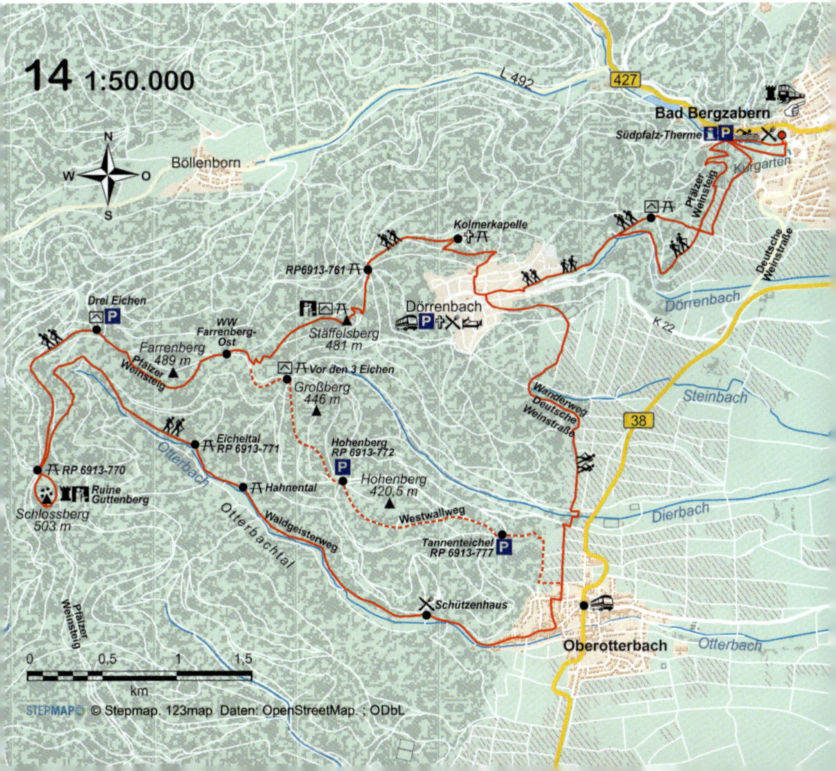

14 1:50.000

N
W
O
S
L 492
427
Bad Bergzabern
Südpfalz-Therme
Kurgarten
Böllenborn
Pfälzer Weinsteig
Kolmerkapelle
RP6913-761
Deutsche Weinstraße
Dörrenbach
Drei Eichen
Stäffelsberg 481 m
Dörrenbach
K 22
WW Farrenberg-Ost
Farrenberg 489 m
Pfälzer Weinsteig
Vor den 3 Eichen
Großberg 446 m
Wanderweg Deutsche Weinstraße
Steinbach
38
Eicheltal RP 6913-771
Hohenberg RP 6913-772
Hohenberg 420,5 m
RP 6913-770
Ruine Guttenberg
Schlossberg 503 m
Otterbach
Hahnental
Westwallweg
Dierbach
Otterbachtal
Waldgeisterweg
Tannenteichel RP 6913-777
Schützenhaus
Oberotterbach
Otterbach
Pfälzer Weinsteig
0 0,5 1 1,5
km

Die Wanderung beginnt an der **Südpfalz-Therme** (ℹ ✕ ≈, Schwimmbad: tägl. 9:00-22:00) in Bad Bergzabern und folgt einer Vielzahl von Markierungen in den Kurgarten hinein. An der Kneippstraße folgen Sie links der rot-weißen Welle des Weinsteigs (diese auffällige Markierung wird Sie bis zur Ruine Guttenberg begleiten) auf einem Serpentinenpfad in den Wald hinauf. Nur kurz laufen Sie aussichtsreich durch Weinberge, dann passieren Sie im Wald eine Schutzhütte und einen Rastplatz und erreichen das schöne Fachwerkdörfchen **Dörrenbach** (km 2,7, ⇧ 290 m, ✕ P) mit seinem Renaissance-Rathaus und seiner mittelalterlichen Wehrkirche.

Rathaus in Dörrenbach

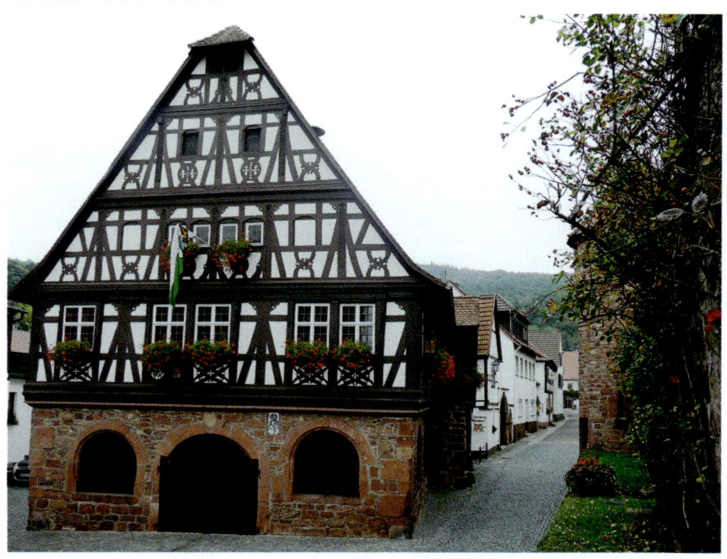

Mit dem Treppenweg an Wehrkirche und Friedhof hinauf beginnt der Weg. Am Johannes-Brunnen vorbei geht es zur ✝ **Kolmerkapelle**, die aus einem Kloster hervorgegangen ist und wo noch heute Wallfahrten stattfinden. Die rot-weiße Welle leitet Sie weiter zu einer Wegspinne (Brunnen, Stele von 1756, RP 6913-761) und zuletzt durch einen ehemaligen Steinbruch und über einen Pfad hinauf zum Turm auf dem **Stäffelsberg** (km 5,1, ⇧ 481 m). Aussichtsturm und Bäume tragen Ohren.

Der Weiterweg führt Sie zu einigen Relikten aus dem Zweiten Weltkrieg. Beim Abstieg vom Stäffelsberg treffen Sie auf ein Wasserbecken, das zur Betonherstellung für die Bunker des Westwalls benötigt wurde. Dann gehen Sie auf einer Forstpiste, der früheren Pionierstraße, die, der Angriffsseite abgewandt, nördlich der Verteidigungslinie hinter den höchsten Erhebungen angelegt war.

Am Wegweiser Farrenberg-Ost mündet der Westwallweg ein, der von Oberotterbach bis zum Platz Drei Eichen entlang des **Westwalls** heraufzieht, der ab 1936 bis 1940 in mehreren Stufen gebaut wurde. Sehr informative Tafeln erläutern die Baugeschichte, die Umsiedlung der Bevölkerung, die Funktionsweise der heute ausnahmslos gesprengten und eingezäunten Bunker und sonstigen militärischen Anlagen sowie den Durchbruch der Alliierten im Frühjahr 1945.

↳ **Abkürzende Variante Westwallweg:** Über den Westwallweg (Markierung „aufgeschlagenes Buch") können Oberotterbach und eine Bushaltestelle der Linie 543 nach ca. 3,5 km erreicht werden. Dazu biegen Sie von der Forstpiste am Wegweiser Farrenberg-Ost in sehr spitzem Winkel in Gegenrichtung nach Südosten in den schmalen Waldweg ab. Der Westwallweg verläuft über den Platz Vor den drei Eichen (⇧ 410 m, ⊠ ⛩), den Parkplatz Hohenberg (⇧ 370 m, RP 6913-772) und den Parkplatz Tannenteichel (⇧ 300 m, RP 6913-777) immer südlich um Großberg und Hohenberg herum. Links, rechts und abseits des Weges liegen Panzersperren, Lauf- und Schützengräben und verschiedene Bunkertypen, die auf Infotafeln beschrieben werden. Am **P** Parkplatz Tannenteichel verlassen Sie die kurz benutzte Pionierstraße geradeaus zum Waldrand und in die Weinberge, wo der Wanderweg Deutsche Weinstraße zurück nach Dörrenbach kreuzt. Alternativ laufen Sie am Waldrand nach Oberotterbach hinab und durch die erste Wohnstraße zur Bushaltestelle.

Die Nutzer des „Normalweges" (rot-weiße Welle) zur Ruine Guttenberg biegen am Stein mit der Inschrift „Rundweg Farrenberg 420 m" links von der Forstpiste/dem Pionierweg ab. Über einen steilen Stichweg können Sie die Kuppe des Farrenberges erklimmen (der Abstieg nach Westen ist gesperrt!) und vier militärische Anlagen in Augenschein nehmen. Aber auch der untere Weg um den Farrenberg bietet u. a. ein Wasserbecken für die Herstellung von Beton, einen Maschinengewehr- und einen Ein-Mann-Bunker und – bereits wieder auf dem Pionierweg – einen Spitzgraben, der Panzer aufhalten sollte.

Von der Wegspinne **Drei Eichen** (km 7,2, ⇧ 417 m, ⊠ **P**, Straße nach Böllenborn und Bad Bergzabern) mit Infotafeln zum Westwallweg folgen Sie weiter der rot-weißen Welle und dem Wegweiser „Mundartwald". (Der Mundartwald war nach dem Zweiten Weltkrieg bis 1996 französisches Hoheitsgebiet, heute

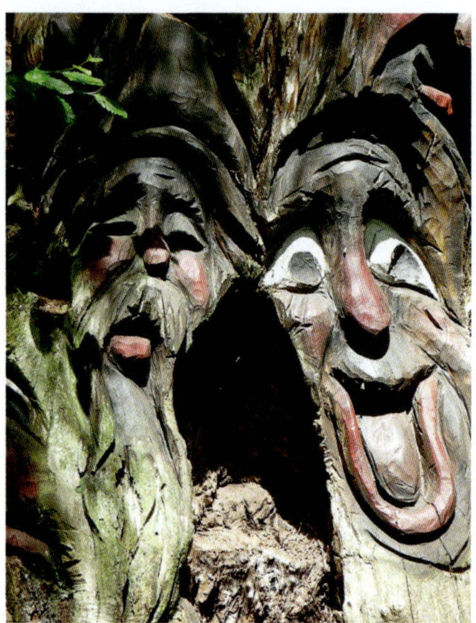

Waldgeister am Waldgeisterweg

besitzen die Franzosen noch das Nutzungsrecht.) Von der Wegspinne mit dem Rettungspunkt 6913-770 (Schlossbrunnen 150 m entfernt, nicht lohnend, aber Wasser für Hunde) steigen Sie auf einem Pfad entgegen dem Uhrzeigersinn zur **Ruine Guttenberg** auf (km 9,1, ⇧ 503 m,) und genießen den Rundblick über das Waldmeer. Die staufische Reichsburg wurde 1525 im Bauernkrieg zerstört und nicht wieder aufgebaut.

Sie steigen wieder ab und umrunden dabei den Schlossberg, während sich der Weinsteig rechts Richtung Deutsches Weintor verabschiedet. Vom oben genannten Rettungspunkt folgen Sie dem rechten Ast des gelbgrün markierten Weges hinab in das Otterbachtal. Am kleinen **Eicheltal** (, RP 6913-771) haben Sie den Talboden fast erreicht. Ab hier bis zum Schützenhaus unterhalten Sie – und vor allem die Kinder – über etwa 2 km die Figuren des **Waldgeisterweges**. An der Einmündung Hahnental lädt eine Sitzgruppe zu einer Pause ein. Dann sind es noch 1,6 km zum Schützenhaus. Durch die Oberdorfstraße laufen Sie nach **Oberotterbach** hinein und zur Bushaltestelle.

Schützenhaus Oberotterbach, ☏ 063 42/75 22, www.schützenhaus-oberotterbach.de, ab 11:00, Ruhetage Mo/Di, Sept./Okt. nur Mo

Wer nach Dörrenbach zurücklaufen möchte, folgt von der Oberdorfstraße links durch die Handwerksgasse dem Wanderweg Deutsche Weinstraße (Weintraube auf weißem Grund). Dieser Weg führt drei kleine Rücken querend durch die Weinberge und zuletzt durch Wald nach **Dörrenbach**. Von dort folgen Sie der Weintraube weiter am Waldrand und durch die Weinberge bis in den Kurpark und zur Südpfalz-Therme in **Bad Bergzabern**.

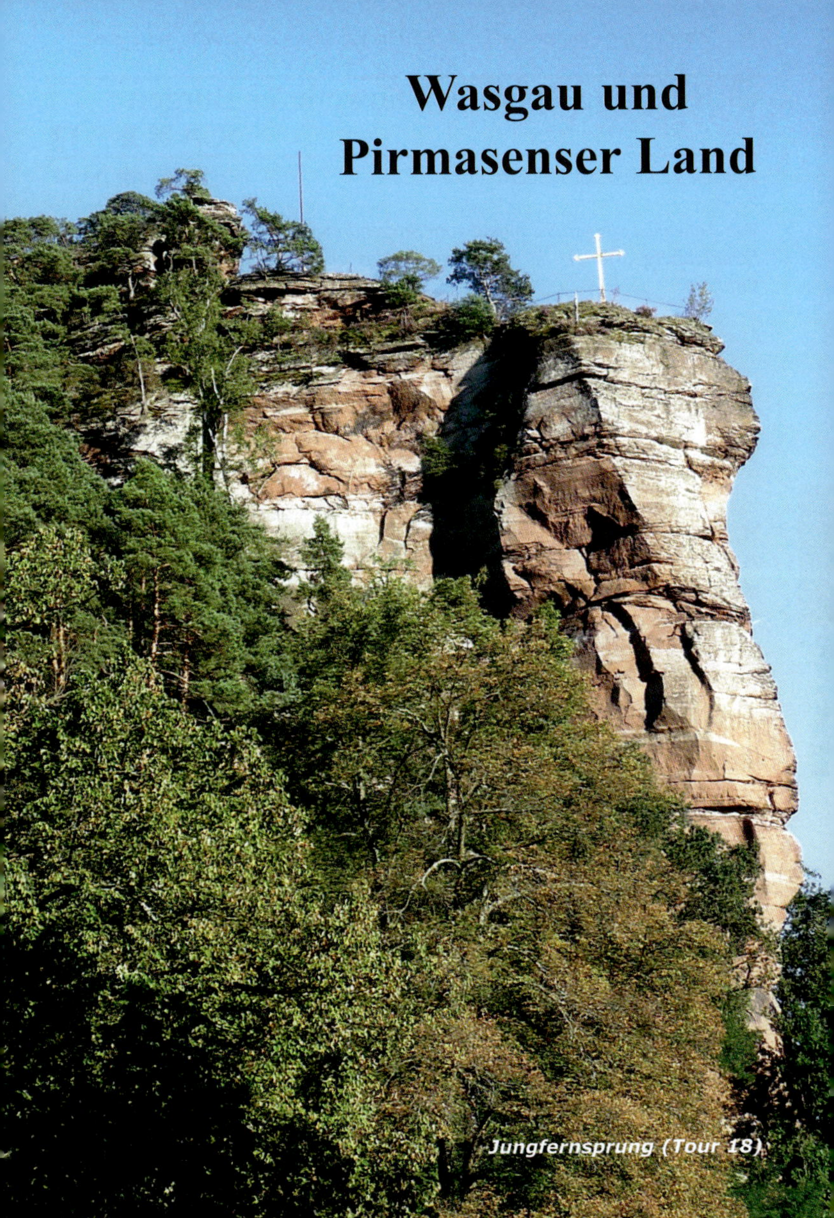

Jungfernsprung (Tour 18)

⑮ Rundtour über die Annweilerer Burgen

Tour für Familien mit Kindern

Von Annweiler steigen Sie hinauf zum Burgendreigestirn Burg Trifels, Anebos und Scharfenberg (Münz), die auf einem in das Queichtal vorstoßenden Felsenriff thronen.

- Start/Ziel: Wanderparkplatz zu Beginn der Kuranlagen in Annweiler, GPS N 49°12.015' E 007°58.100'
- 7,5 km
- 2 Std. 30 Min.
- ca. 450 m/450 m
- 202-494 m
- grünes Logo mit Burganlage (Annweilerer Burgenweg), rot-weiße Welle (Weinsteig)
- Annweiler, Restaurant Barbarossa am Parkplatz von Burg Trifels (km 1,9)
- Windhof (km 5,6)
- Für Kinder gibt es viel zu entdecken und zu sehen.
- Für Hunde ist der Weg gut geeignet, außer am Parkplatz unter Burg Trifels gibt es keinen Autoverkehr.
- P Wanderparkplatz am Kurpark, Anfahrt: über die B 10 nach Annweiler und durch die Burgstraße nach Süden Richtung Bindersbach zum Parkplatz, Navi: Bindersbachstraße, 76855 Annweiler
- Bf. Annweiler an der Queichtalstrecke Landau – Pirmasens, Stundentakt. Vom Bahnhof geht es zu Fuß durch die Burgstraße nach Süden Richtung Bindersbach zum Startpunkt.

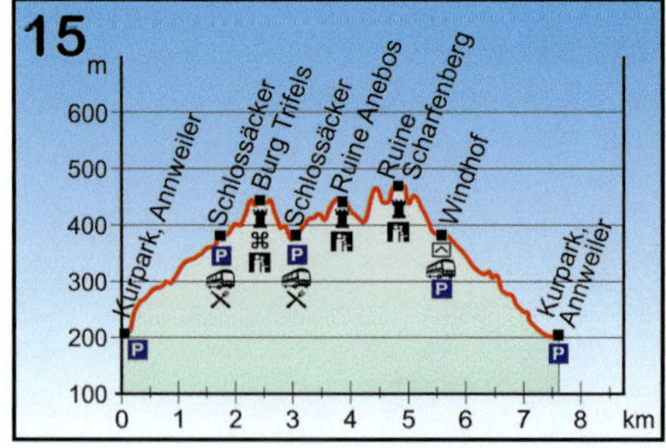

Vom **Wanderparkplatz** am Kurpark laufen Sie zunächst in Gegenrichtung auf dem Annweilerer Burgenweg. Da dieser nur in einer Richtung markiert ist, findet sich sein Logo nur links am Weg. Orientieren Sie sich deshalb zunächst besser an der rot-weißen Welle des Weinsteigs, die Sie

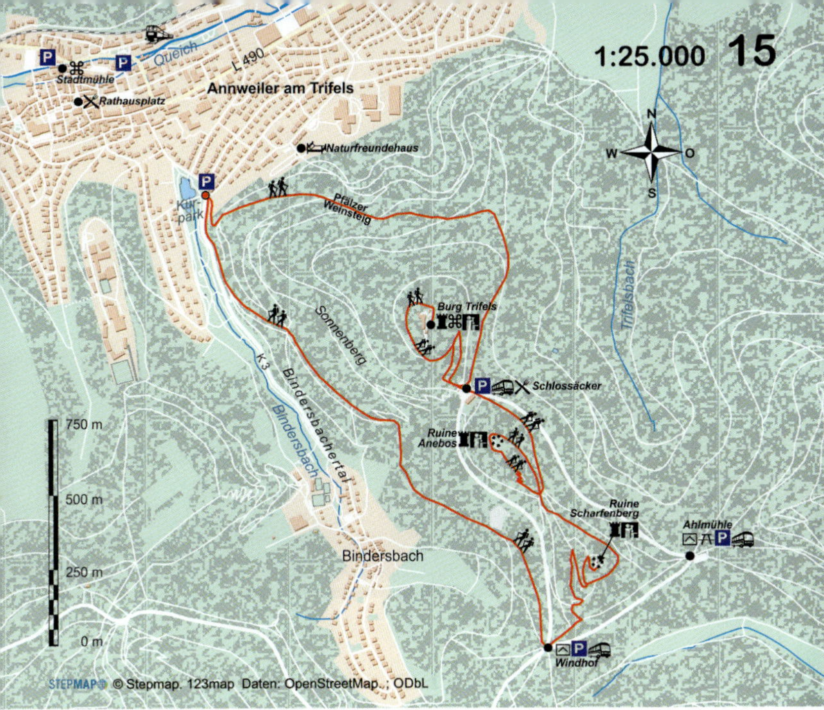

sogleich links aufwärts führt. Nach fast 2 km sind der gebührenpflichtige P Parkplatz und das ✕ Restaurant Barbarossa auf den Schlossäckern (⇧ 377 m, P 🚌) erreicht.

✕ Restaurant Barbarossa, ☏ 063 46/84 79, 💻 www.barbarossa-trifels.de, täglich ab 10:00

Für den Aufstieg zur ♜ ⌘ **Burg Trifels** (⇧ 494 m,) benötigen Sie 15-20 Min. Für eine Besichtigung sollten ca. 60 Min. eingeplant werden.

Burg Trifels war unter den staufischen Kaisern die bedeutendste und sicherste Reichsburg, weshalb im 12. und 13. Jh. hier die Reichskleinodien aufbewahrt wurden (heute Kopien, Originale in Wien). König Richard I. „Löwenherz" wurde hier 1193 bei seiner Rückkehr vom Dritten Kreuzzug als Geisel gefangen gehalten. Mit dem Lösegeld von 23 Tonnen Silber finanzierte Kaiser Heinrich VI. die

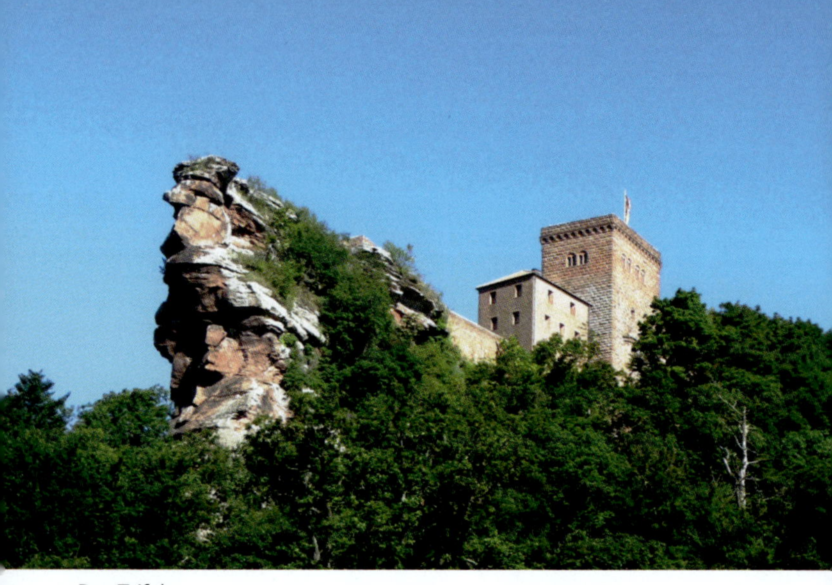

Der Trifels

Eroberung des Normannenreiches in Süditalien. Der sagenhafte Normannenschatz wurde mit 150 Saumtieren auf den Trifels gebracht. Die Nationalsozialisten haben die halb verfallene Burg im monumentalen Stil teilweise wieder aufgebaut. Auf den beiden übrigen Felsköpfen wurden im 12. Jh. die Burgen **Anebos** und **Scharfenberg** (Münz) zum Schutz der Burg Trifels errichtet. Diese Burgen waren Sitz von Reichsministerialen.

♜ Burg Trifels, ☎ 063 46/84 70, 💻 www.burgen-rlp.de, 🚪 1. Jan.-31. März und 1. Okt.-30. Nov. 9:00-17:00, 1. April-30. Sept. 9:00-18:00, Dez. geschlossen

Zurück am Parkplatz steigen Sie links vom Restaurant zu einem Joch zwischen den Felsen auf und umrunden rechts auf schmalem Pfad entgegen dem Uhrzeigersinn den Felsen der **Ruine Anebos**. Außer vom Kernfelsen ist von der Burg kaum etwas übrig geblieben, der Blick auf die nahe Burg Trifels ist jedoch überwältigend.

Sie beenden die Runde zurück zum Joch. Nun laufen Sie – der Markierung des Burgenwegs folgend – unter einer gewaltigen Felswand entlang und erobern **Burg Scharfenberg** von Süden auf einem kurzen Stichweg, zuletzt über eine Felsentreppe.

Burg Scharfenberg (⇧ 488 m) wurde 1525 im Bauernkrieg zerstört. Das Burgplateau gewährt einen Rundblick auf die Burgen Ramburg, Meistersel und Neuscharfeneck sowie den Orensfelsen am nördlichen Horizont, davor das Queichtal und Burg Trifels. Im Südosten sehen Sie den Oberrheingraben mit Leinsweiler und der Burgruine Neukastell, im Südwesten den Rehbergturm und den Kleinen Hahnstein, im Westen den Asselstein. Der erhaltene Bergfried kann leider nicht bestiegen, aber umrundet werden.

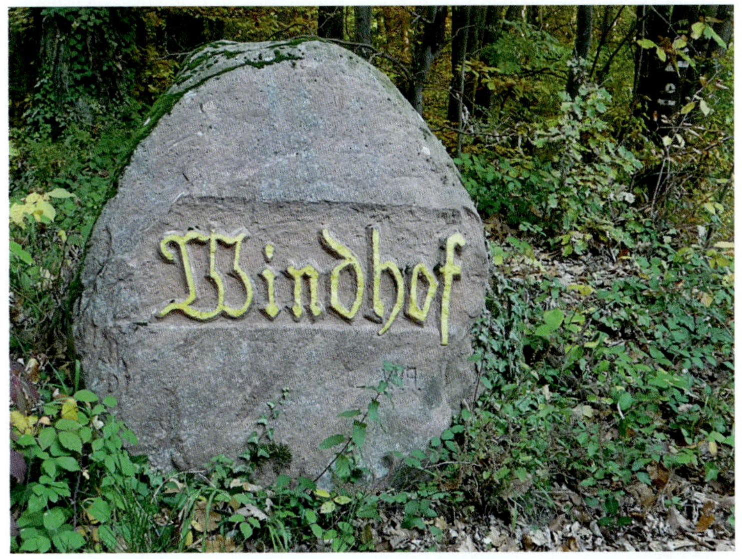

Gedenkstein an die Wüstung Windhof

Sie steigen an einem Ausblick vorbei in Kehren nach Süden zur Wüstung **Windhof** ab (km 5,6, RP 6813-475). Von dort folgen Sie dem Logo des Burgenwegs bzw. dem gelben Strich im Westhang des Sonnenberges allmählich hinab in das Bindersbachertal zum Ausgangspunkt der Wanderung. Sofern Ihnen ausreichend Zeit bleibt, sollten Sie einen Spaziergang durch den idyllischen Stadtkern von Annweiler mit dem ehemaligen Gerberviertel und der Stadtmühle an der Queich nicht versäumen.

16 Auf den Spuren von Richard Löwenherz

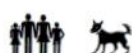

Tour für kultur- und landschaftsinteressierte Wanderer

Vom malerischen Stadtkern Annweilers wandern Sie mit einigen Auf- und Abstiegen zu Felsen und Aussichtspunkten. Der Wanderweg ist dem englischen König Richard Löwenherz gewidmet, der 1193 bei seiner Rückreise vom Dritten Kreuzzug als Geisel auf dem Trifels gefangen gehalten wurde (☞ Tour 15).

- Start/Ziel: Messplatz in der Altstadt von Annweiler, GPS N 49°12.243' E 007°57.870'
- 12,5 km
- 4 Std.
- ca. 530 m/530 m
- 177-576 m
- drei gelbe Löwen auf rotem Ritterschild
- Annweiler, Klettererhütte am Asselstein (km 5,6)
- Willy-Achtermann-Hütte (km 3,2), Wasgaublick (km 3,8), Rastplatz am Aufstieg zum Rehberg (km 6,8), Rehbergquelle (km 8,5)
- Wegen der Länge und der Anstiege ist die Tour für Kinder nur bedingt geeignet. Zu empfehlen ist eine kürzere Rundtour ab der Klettererhütte P zum Rehbergturm.
- Nehmen Sie Wasser mit.
- P: Parkplätze P3 und P5, Anfahrt: von der B 10, Abfahrt Annweiler-Ost oder -West, Navi: Messplatz, 76855 Annweiler

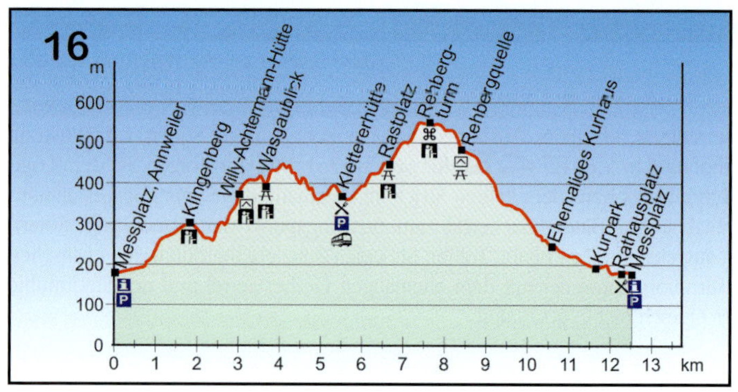

Bf. Annweiler an der Strecke Landau–Pirmasens, Stundentakt. Durch die Bahnhofstraße geht es zum Messplatz.

Vom **Messplatz** im Zentrum von **Annweiler** i P laufen Sie durch die idyllische Szenerie des ehemaligen Gerberviertels an der Queich aufwärts. Am Schipkapass (niemand weiß, weshalb dieser Ort den gleichen Namen trägt wie der

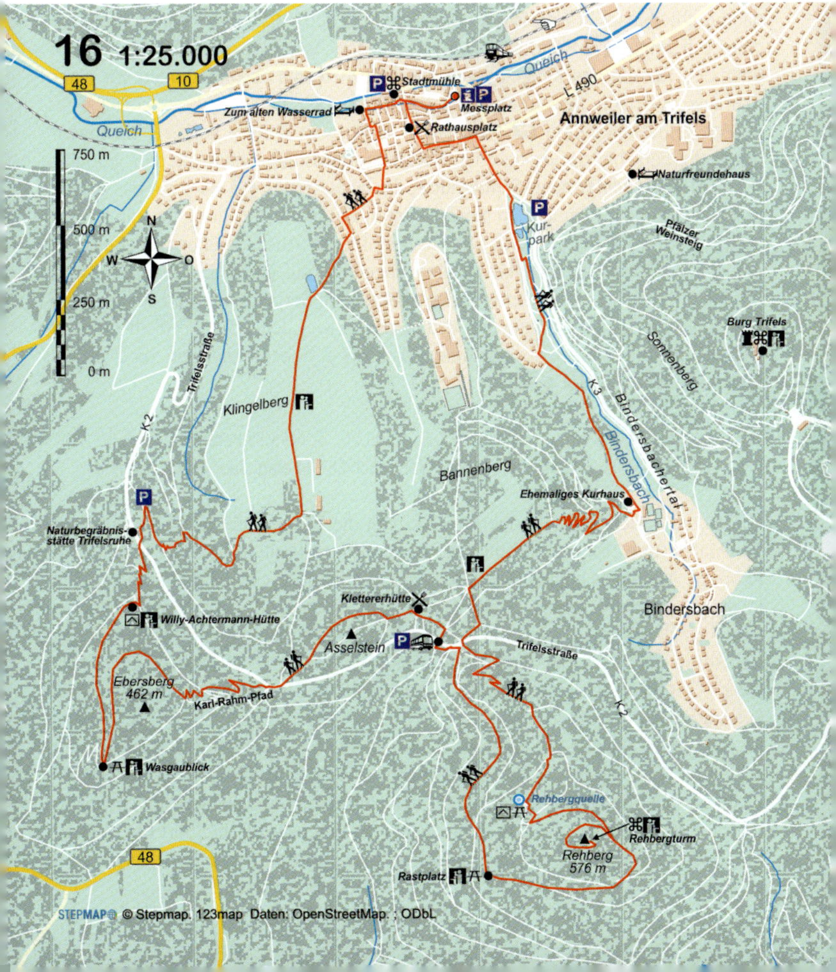

16 1:25.000

Karpatenpass) schlüpfen Sie durch die ehemalige Stadtmauer, passieren das besuchenswerte ⌘ Museum unterm Trifels, ein Wasserkraftwerk, ein Wasserrad und schöne Fachwerkhäuser.

Am Hotel Zum alten Wasserrad werden Sie – nun bereits begleitet von der Markierung „Ritterschild mit drei Löwen" – nach links durch Storchentor und Spitalstraße geleitet. Ein Fußweg durch die Reste der Stadtmauer, über Brunnenring und Honigsack schließt sich an. Letztere Straße verlassen Sie nach ca. 80 m nach rechts hinauf in eine Wiese. Auf Teer und durch Pferdekoppeln geht es mit einer prächtigen Rundumsicht u. a. auf den Asselstein und die drei Burgen über den Rücken des **Klingelberges**. Sie biegen rechts ab und steigen vor einer Schranke auf einem Serpentinenpfad zur Trifelsstraße auf.

Am Ende des ersten P Parkplatzes geht es in Kehren aufwärts (Brunnen) durch die parkähnliche Anlage der **Naturbegräbnisstätte Trifelsruhe** zur gemütlichen **Willi-Achtermann-Schutzhütte,** die einen weiten Blick auf das untere Queichtal und die Ramburg im Norden bietet. Ein breiter Waldweg führt in sanfter Steigung zum **Wasgaublick** (zwei Bänke) mit Aussicht über den südlichen Pfälzerwald. Danach umlaufen Sie den Ebersberg auf einem Erd- und Grasweg nördlich und steigen vor einem kleinen Felsentor in Serpentinen (Karl-Rahm-Pfad) zur Trifelsstraße ab, die gequert wird. Ein Waldweg leitet Sie nördlich um den ausschließlich Kletterern vorbehaltenen, fast 60 m hohen Asselstein zur **Klettererhütte** (km 5,6, P).

Klettererhütte am Asselstein, ☏ 063 46/88 25, www.klettererhütte.de,
10:00-19:00, Mo Ruhetag, Nov.-März auch Di Ruhetag, Jan. geschlossen

Nach der Klettererhütte queren Sie erneut die Trifelsstraße P und folgen der Markierung „Ritterschild mit drei Löwen" einen breiten Waldweg hinauf zum Rehberg. Nochmals können Sie von einem Rastplatz einen Ausblick in den Wasgau genießen, bevor sich ein schmaler Weg zum Gipfel des **Rehbergs** (km 7,8, ⇧ 576 m) windet, auf dessen Buntsandsteinfels 1862 der älteste Aussichtsturm der Pfalz, der **Rehbergturm,** aufgesetzt wurde. Nach 58 Stufen Aufstieg (sehr eng) bietet sich Ihnen eine komplette 360°-Panoramasicht bis zum Schwarzwald.

Sie gehen danach auf dem Pfad zurück bis zum vom Aufstieg bekannten schmalen Waldweg und folgen ihm im spitzen Winkel nach links. Ein großer Rastplatz mit Pavillon an der **Rehbergquelle** und Felsen werden passiert, bevor es weiter in Kehren zur Trifelsstraße hinabgeht. Jenseits der Straße führt die Markierung zu einer Wiese mit Trifelsblick, anschließend in weiten Kehren zum imposanten ehemaligen **Kurhaus** hinab (Blick auf die drei Burgen).

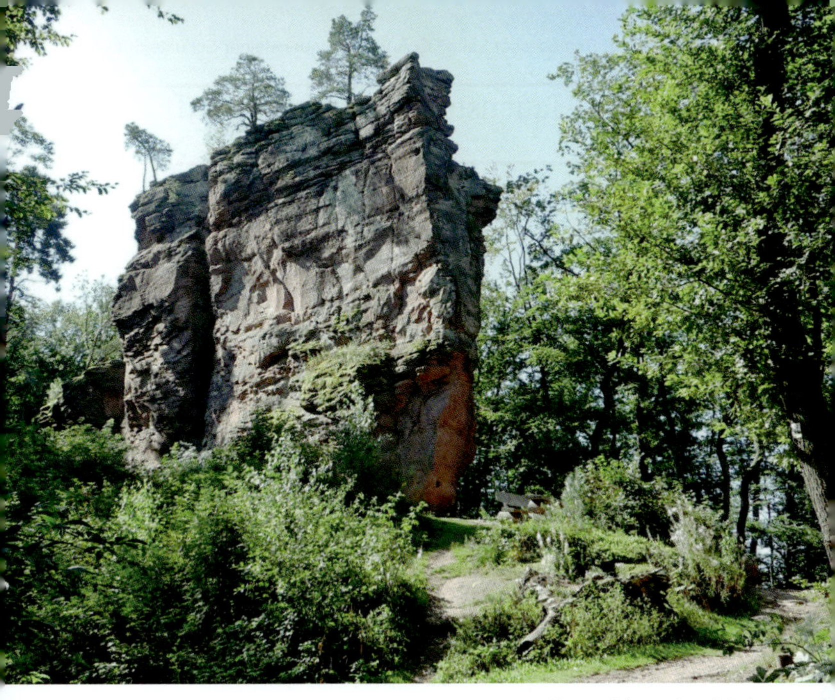

Kletterfelsen Asselstein

Dann geht es das Bindersbachtal abwärts, wobei zuletzt die Wege durch den Kurpark der Straße vorzuziehen sind. Durch die Burgstraße und die Hauptstraße nach links erreichen Sie den **Rathausplatz** und von dort die Queich unweit des Messplatzes.

Annweiler bietet einige Einkehrmöglichkeiten, z. B. die Alte Gerberei mit einer Gaststube aus rustikalen Sandsteinmauern, Terrasse über der Queich, Biergarten und guter Küche.

✕ Zur Alten Gerberei, Prangertshof 11, 76855 Annweiler, ☎ 063 46/35 66, 💻 www.gerberei.de, 📧 boehly@gerberei.de, 🚪 täglich ab 17:00, Sa, So, Fei zusätzlich 11:30-14:30

17 Auf dem Hauensteiner Schusterpfad

Tour für ausdauernde Wanderer, die Wald, Felsen und Ausblicke lieben

Felspfade führen in der ersten Hälfte des Weges über eine Reihe von Felsen mit grandiosen Ausblicken. Die zweite Hälfte verläuft weniger ereignisreich und dürfte für Kinder langweilig werden. Ab Wanderheim Dicke Eiche wird deshalb eine Abkürzung vorgeschlagen.

- Start/Ziel: Felsdurchbruch der L 495/Pirmasenser Straße in Hauenstein, GPS N 49°11.767' E 007°50.369; alternativer Startpunkt für Bahnreisende: Bahnhof Hauenstein-Mitte, GPS N 49°11.872' E 007°50.974'
- 16 km
- 5 Std.
- 550 m/550 m
- 228-456 m
- Schuh auf gelbem Grund
- PWV-Wanderheim Dicke Eiche (km 9,4, mitunter lange Wartezeiten, evtl. alternativ Picknick einpacken), Fabrikcafé in der Gläsernen Schuhfabrik (ca. 150 m vom Weg nahe dem Start/Ziel), Paddelweiher-Hütte (Abkürzung)
- Backelstein (km 5,8), Weimersborn (km 6,7), Winterkirchel (km 10,9), Trifelsblick (km 12,9), Vier Buchen (km 13,7)
- Nur für ausdauernde Kinder geeignet, die aber Freude an den vielen Felsen haben werden.
- Nehmen Sie Wasser für Ihren Hund mit!

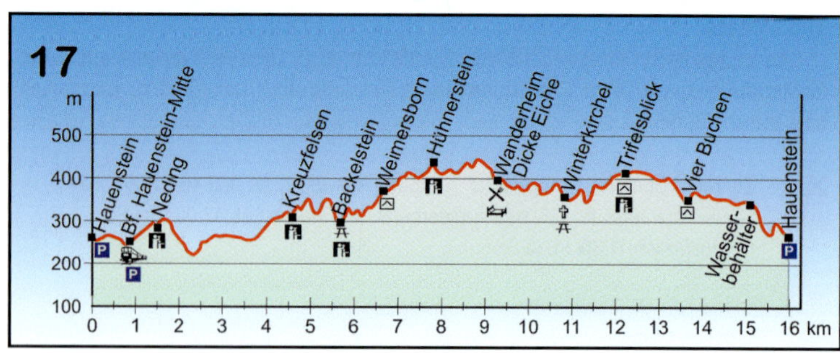

P Parkplatz am Penny-Markt (noch gebührenfrei) vor dem Felsdurchbruch in Hauenstein, Anfahrt: B 10 Landau – Pirmasens, Abfahrt Hauenstein, Navi: Pirmasenser Str. 1, 76846 Hauenstein

Bf. Hauenstein-Mitte an der Bahnstrecke Landau – Pirmasens, Stundentakt, 150 m zum Einstieg in den Weg

Am **Penny-Markt** **P** wenden Sie sich zum Felsdurchbruch und steigen der Markierung „Schuh auf gelbem Grund" folgend am linken Felsen auf. Auf schönem Pfad geht es im Südhang durch lichten Kiefernwald oberhalb des Ortes zum **Bahnhaltepunkt Hauenstein-Mitte**, wo Bahnreisende in die Tour einsteigen können.

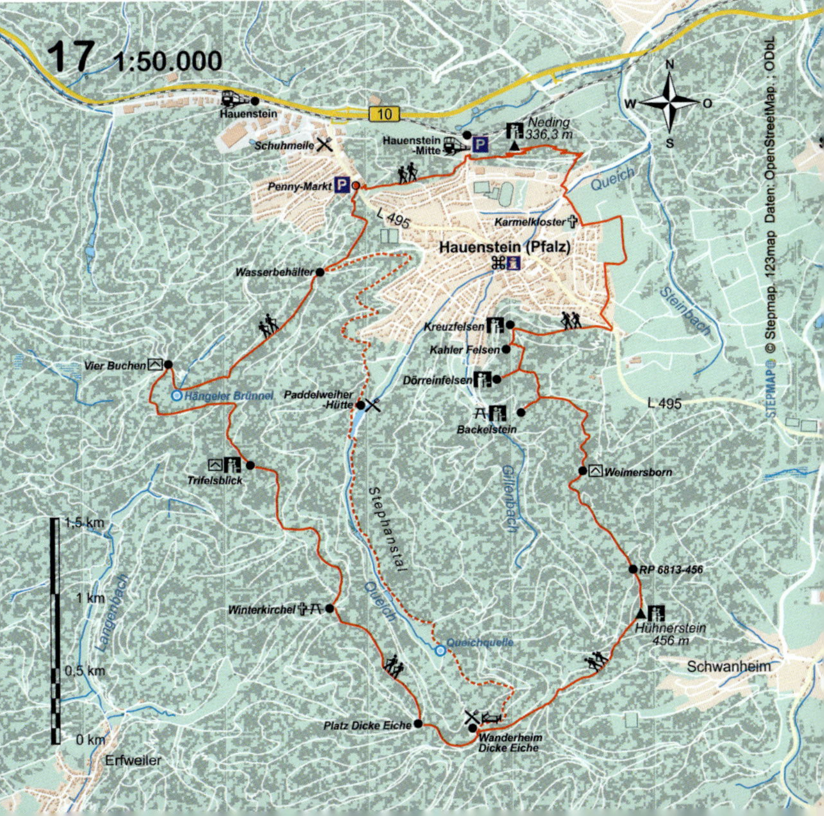

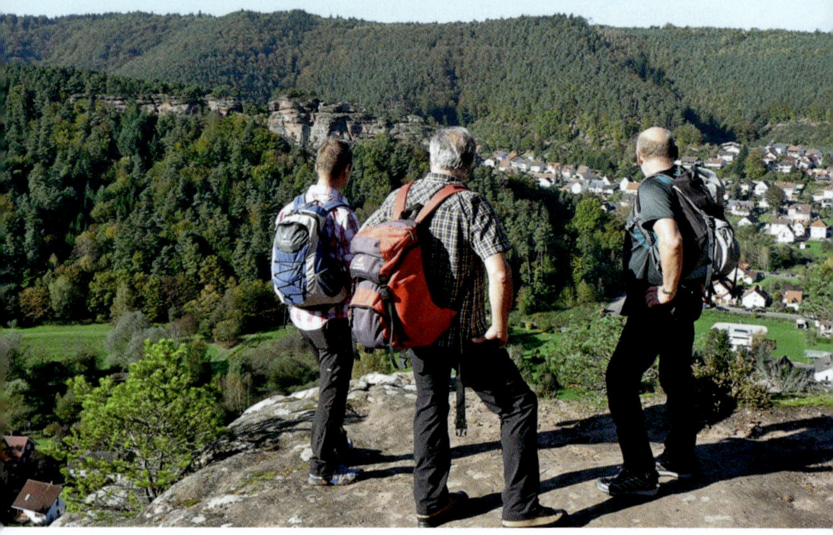

Blick vom Backelstein

Als Nächstes läuft der Pfad an einem kleinen Felsentor vorbei über den **Neding** (km 1,6, ⇧ 336 m). Der Felsgipfel liegt etwas links zurück. Steil geht es wieder hinab. Nun wandern Sie östlich durch Obstwiesen und Felder und vorbei am Karmelkloster um den Ort herum. Nach Queren der Landesstraße geht es hinauf in die Wald- und Felslandschaft. Stichpfade führen zu vier Aussichtsfelsen: **Kreuzfelsen**, Kahler Felsen, Dörreinfelsen und **Backelstein** (km 5,8,). Am Backelstein können Sie zu einer ehemaligen Fliehburg absteigen.

Sie wandern am **Weimersborn** (km 6,7) und der gleichnamigen Schutzhütte vorbei auf breitem Weg bis zum Rettungspunkt 6813-456. Hier führt ein schmaler Weg zum **Hühnerstein** (km 7,9, ⇧ 456 m,), den Sie über eine Leiter erklettern. Nun sind es noch 1,4 km zum ✕ **Wanderheim Dicke Eiche** (km 9,4, ⇧ 406 m,), das an schönen Sommerwochenenden stark frequentiert ist. Mit langen Wartezeiten an der Essen- und Getränkeausgabe ist dann zu rechnen.

✕ PWV-Wanderheim Dicke Eiche, ☏ 063 92/35 96 (Hüttentelefon), pw.pfaelzerwaldverein-hauenstein.de/wanderheim, Mai-Okt. Mi, Sa und So 9:00-18:00, Nov.-April Sa und So 10:00-18:00

↳ Ab dem Wanderheim Dicke Eiche kann die Wanderung um 1 km verkürzt werden. Sie steigen mit der grün-weißen Welle des Waldpfades zur Queichquelle ab. Von dort erreichen Sie auf bequemem Weg nach ca. 2 km den Paddelweiher und die gleichnamige Hütte, in der Sie einkehren können, falls Sie das Wanderheim Dicke Eiche hungrig verlassen mussten.

Am Paddelweiher

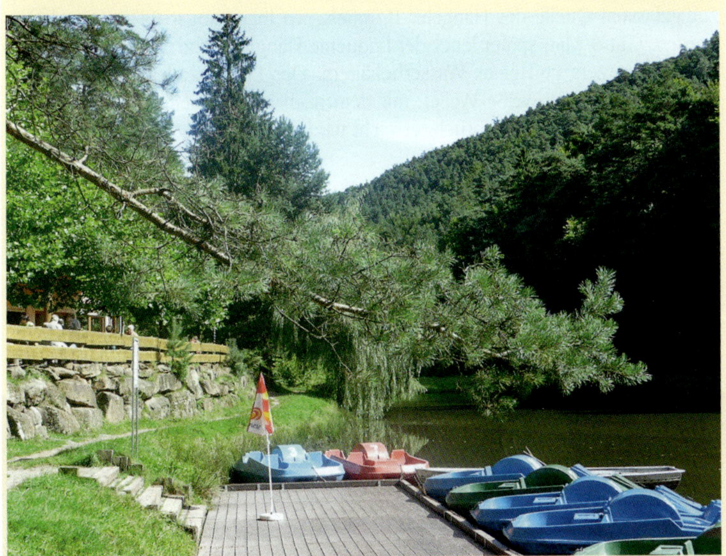

✕ Paddelweiher-Hütte, ☏ 063 92/99 45 18, April-Okt. tägl. 10:30-19:00, Nov.-März Sa und So ab 11:00

Die grün-weiße Welle leitet Sie weiter über einen schönen Waldpfad oberhalb von Hauenstein zum Ausgangspunkt am Felsdurchbruch.

Die zweite Hälfte des Schusterpfades besteht überwiegend aus breiten Wegen mit einzelnen Pfadpassagen. Nach 500 m kommen Sie zum Platz **Dicke Eiche**, auf dem Sie ein mickriges Bäumchen entdecken. Die 300 Jahre alte Dicke Eiche mit einem Stammumfang von 5 m wurde 1994 von Unbekannten angesägt und ihres Lebenssaftes beraubt. Sie musste 2010 aus Sicherheitsgründen gefällt werden. Nach einem weiteren Kilometer treffen Sie auf das ✞ **Winterkirchel** ⛩, an dem jeder Besucher die Glocke läuten darf. Hier kreuzt der ehemalige Weg der Schuhfabrikarbeiter von Erfweiler nach Hauenstein.

Der Schusterpfad leitet Sie über einen Pfad und über Waldwege zur Schutzhütte Jungwald am **Trifelsblick** (km 12,3, ⌂, Relaxliege), die Burg Trifels ist allerdings kaum erkennbar. Der inzwischen einsame Weg führt durch Mischwald zur 1,5 km entfernten Wegspinne **Vier Buchen** ⌂. Sie gehen rechts auf breitem Weg zur gefassten Quelle des Hängeler Brünnels, wo Ihnen sogar Gläser angeboten werden. Gut 5 Min. später leitet der bequeme Hängeler Pfad Sie bis in die Nähe eines Umsetzers und eines **Wasserbehälters**. Der Pfad geradeaus trifft auf den Waldpfad (✎ grün-weiße Welle), mit dem nach links gemeinsam das Ziel, der **Penny-Markt** am Felsdurchbruch, erreicht wird.

✕ Fabrikcafé in der Gläsernen Schuhfabrik, Waldenburgerstr. 1, ☎ 063 92/99 41 52, Mo-Sa 11:00-22:00, So ab 12:00

Wer mit der Bahn gekommen ist, setzt seine Wanderung über den zu Beginn beschriebenen schönen Pfad bis zum Bahnhaltepunkt Hauenstein-Mitte fort.

Wanderschuh auf dem Schusterpfad

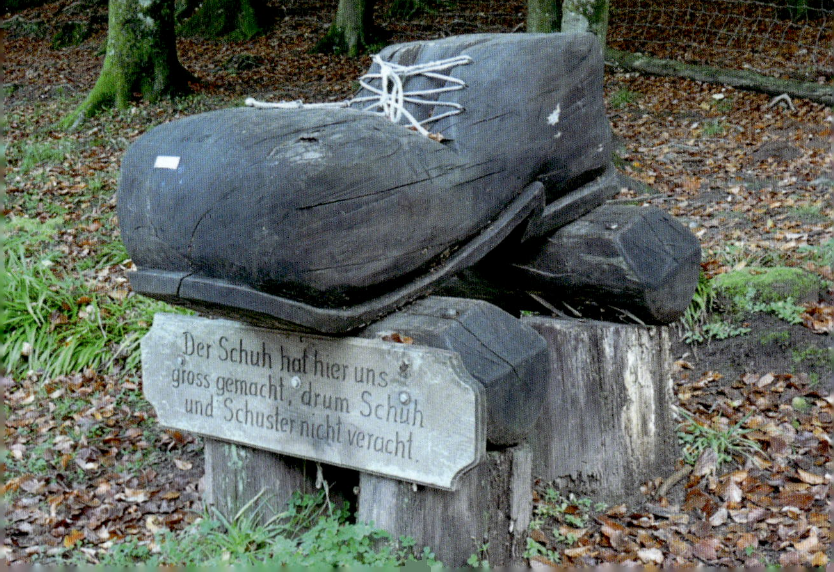

18 Rund um Dahn

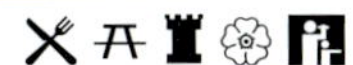

Tour für Liebhaber von Burgen, Felsen und weiten Ausblicke

Die Felsumrahmung von Dahn wird auf Wegen und schmalen Pfaden umwandert. Höhepunkte sind die Dahner Burgen und der Jungfernsprung.

Start/Ziel: Haus des Gastes in Dahn, GPS N 49°08.905' E 007°46.943'

9 km

3 Std.

ca. 400 m/400 m

210-345 m

über weite Strecken grüner Tannenbaum und grün-weiße Welle des Waldpfades

Haus des Gastes am Start/Ziel, Kiosk Burgschänke auf Alt-Dahn (km 2,8), Cafés und Eisdielen im Zentrum von Dahn (km 8,5)

Kapelle St. Michael (km 0,9), Dahner Burgen (km 2,8), Grenzplätzl (km 4,2), Jungfernsprung (km 7,3)

Für Kinder geht es abwechslungsreich zu Burgen und Felsen.

Unterwegs gibt es kein Wasser!

Parkplatz am Haus des Gastes, Anfahrt: B 427, Kreisel am südlichen Ortsausgang, Navi: Weißenburger Straße, 66994 Dahn

Haltestelle Haus des Gastes, Buslinie 250 von Pirmasens Hbf., Stundentakt, oder Buslinie 545 von Bad Bergzabern Bf., Mo-Fr, in den Schulferien nur wenige Verbindungen, So Stundentakt, Sa keine Bedienung

Von Anfang Mai bis Mitte Okt. fahren Mi, Sa und So die Ausflugszüge „Bundenthaler" und „Felsenland-Express" von Landau, teilweise von Karlsruhe und Neustadt, bis zum Bf. Dahn-Süd. www.wieslauterbahn.info

Haus des Gastes, 063 91/34 14, www.haus-des-gastes.com, 11:00-22:00, Mi bis 17:00, Di Ruhetag

Folgen Sie der Markierung „grün-weiße Welle" des Waldpfades, die vom Verkehrskreisel der B 427 am südlichen Stadtrand von Dahn vorbei am **Haus des Gastes** (212 m) nach Osten in den Elwetritsche-Lehrpfad weist, um von dort zum Ehrenfriedhof und zur **Kapelle St. Michael** unter dem Hochstein aufzusteigen. Dies ist ein Ort des Innehaltens.

Sie steigen weiter Richtung **Hochstein**. Der Gipfel wird rechts über einen Stichweg erreicht. Danach geht es allmählich am Haferfelsen vorbei bis zum Parkplatz unter den Dahner Burgen hinab und auf Teer zu den **Dahner Burgen** hinauf (km 2,8, ⇧ 323 m, Kiosk). Für die Besichtigung der Burgruinen sollten mindestens 30 Min. eingeplant werden.

Die Dahner Burgen bestehen aus den Burgen Altdahn, Grafendahn und Tannstein. Lehnsherr der Burgen und des Ortes Dahn war der Fürstbischof von Speyer, Lehnsleute die Herren von Dahn. Die Burg Altdahn als älteste der Burgen entstand um 1100 n. Chr. Bereits im 16. Jh. begann der Zerfall der Burgen.

☎ 063 91/36 50, April-Okt. 9:00-18:00, Nov.-März 9:00-17:00

Kiosk Burgschänke, ab Karfreitag 10:00-18:00, ab Okt. 11:00-17:00, Mi Ruhetag

Unter dem Hochstein

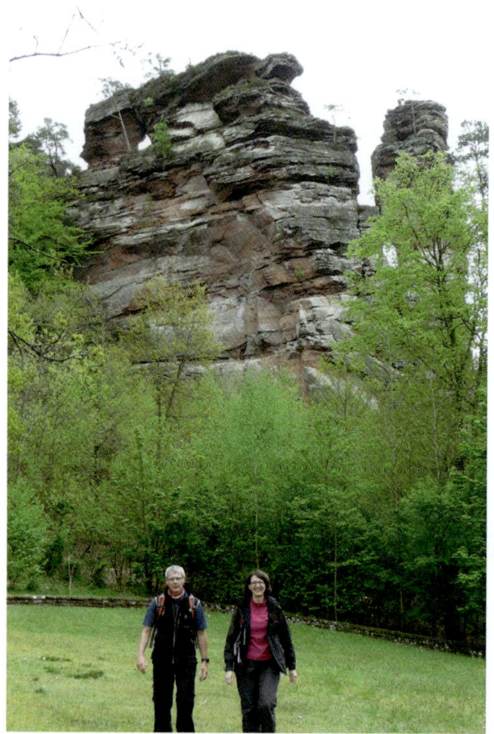

Danach folgen Sie der grün-weißen Welle hinab zur K 39 vor Erfweiler, queren sie und verlassen den Waldpfad. Noch mit der Markierung „Tannenbaum" laufen Sie links auf dem Radweg zum **Grenzplätzl** (km 4,2, Wanderkarte, Pfälzer Wetterstation) und weiter mit dem Tannenbaum geradewegs gegen den Wald hinauf.

Der mit dem Tannenbaum markierte Weg zweigt ab, um eine Schleife über den Römerfels zu ziehen (ca. 2 km länger). Sobald der Waldpfad (✎ grün-weiße Welle) quert, folgen Sie ihm nach links bis in ein **Joch** und steigen auf Serpentinenpfaden zum **Lachberg** auf (⇧ 324 m, Lachbergblick, Blick auf die Dahner Burgen).

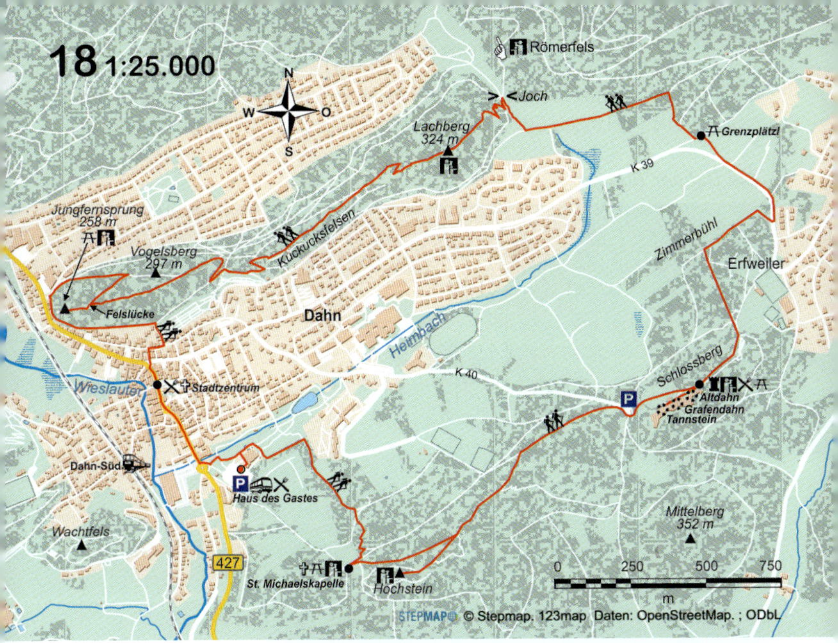

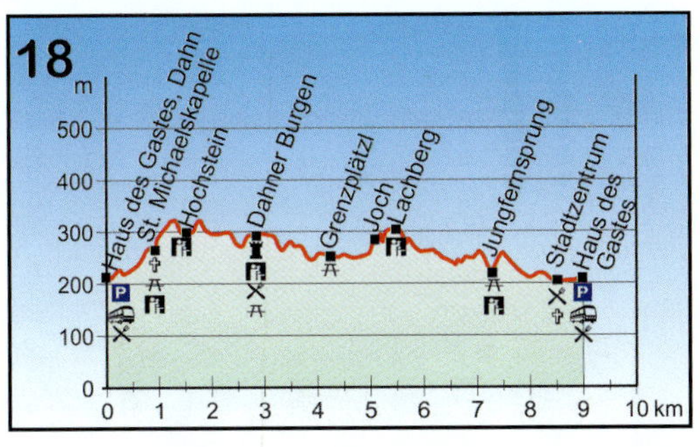

Sie folgen weiter der grün-weißen Welle über den Bergrücken und auf sehr schmalem Pfad an der Nordseite der Kuckucksfelsen entlang. Schließlich leitet Sie die Markierung über den Vogelsberg zu einer Felslücke. Von dort kraxeln Sie auf einem Stichpfad über eine Treppe und durch eine enge Felsspalte zum Kreuz auf dem **Jungfernsprung** (km 7,3, ⇧ 258 m, ⛫ ⛩), dessen markanter Felspfeiler 65 m senkrecht abstürzt (📷 Seite 77).

Nach der Rückkehr in die Felslücke steigen Sie im Nordhang fast bis zur B 427 ab (☕ Eisdiele). Anstatt an der Bundesstraße entlangzulaufen, folgen Sie weiter dem Pfad oberhalb der Häuser. Der Rentnerpfad führt Sie bis vor den Friedhof, wo Sie auf Treppen und Gehwegen absteigen, wobei Ihnen die Kirche die Richtung vorgibt. Vom Zentrum in Dahn mit seinen Einkehr- und Einkaufsmöglichkeiten gelangen Sie entlang der B 427 zurück zum **Haus des Gastes**.

Die Dahner Burgen

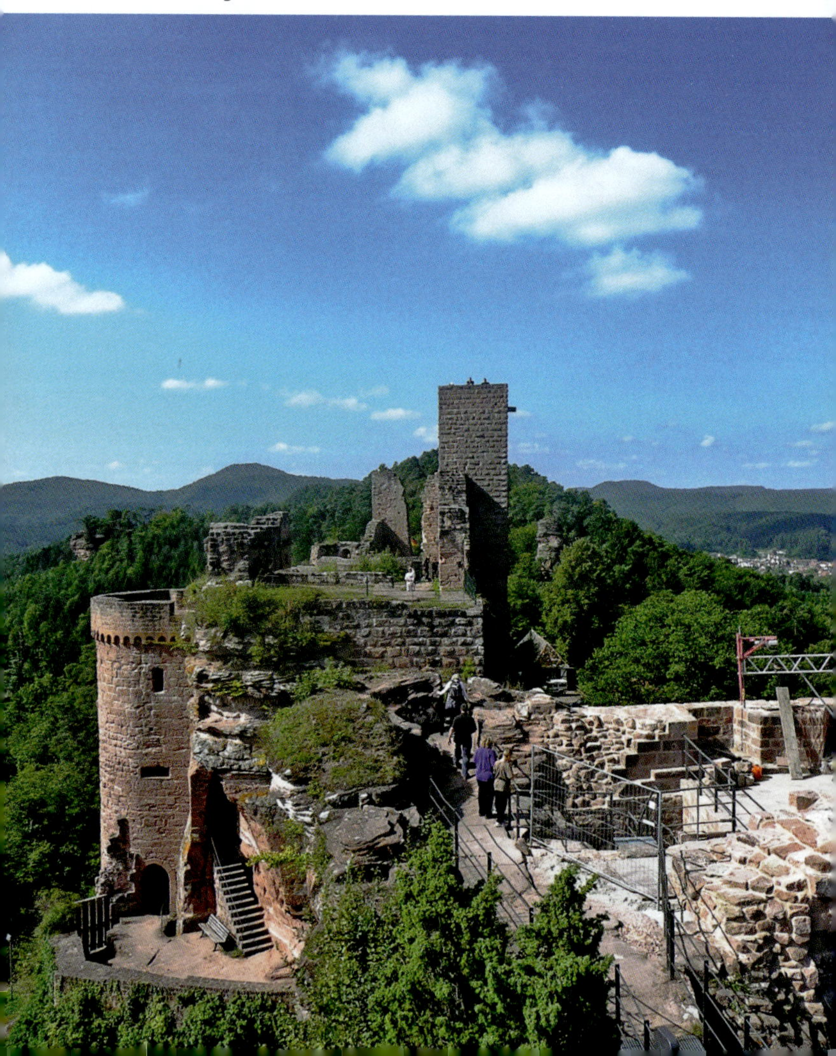

⑲ Auf dem Dahner Felsenpfad

Tour für Wanderer, die Freude an Felsen und am Kraxeln und Interesse für Geologie haben

Schmale Pfade erschließen ein Labyrinth von Felsriegeln, Felswänden, Felsabbrüchen und kleinen Tälern. Die Fußpfade führen an den Felsenwänden entlang und auf die Felsen hinauf, mit spektakulären Ausblicken auf den Dahner Felsenkessel. Trotz der überschaubaren Länge ist dies eine Ganztagestour, die aufgrund der vielen Felsenpfade im Auf- und Abstieg eine gute Kondition erfordern.

- Start/Ziel: FelsenGraf-Hütte, GPS N 49°08.725' E 007°46.233'
- 12,8 km
- 5 Std.
- ca. 480 m/480 m
- 202-318 m
- schwarzer Fels auf orangefarbenem Grund
- FelsenGraf-Hütte am Start/Ziel, PWV-Hütte Dahn (km 8,3)
- Albert-Eisel-Bank (km 2,5), Bank am Ende der Lämmerfelsen (km 2,6), Rothsteigbrunnen (km 5,5), Mooskopf (km 7,3), Elwetritschefels (km 8,8), Felsenarena (km 10,6), Schwalbenfelsen (km 10,9), Pfaffenfelsen (km 12)
- Die Wanderung ist für konditionsstarke Kinder geeignet, alle anderen sollten nur Teile des Weges begehen! Unterwegs motivieren Felsenklettereien und Entdeckungen.
- Auf längeren Strecken gibt es kein Wasser!
- P Parkplatz P 7, Anfahrt: B 427 Bad Bergzabern – Hinterweidenthal (B 10), in Dahn Richtung Felsenland Badeparadies, Navi: Hasenbergstraße, 66994 Dahn
- Haltestelle Dahn Stadtmitte, Buslinie 250 von Pirmasens Hbf., Stundentakt, oder Buslinie 545 von Bad Bergzabern Bf., Mo-Fr, in den Schulferien nur wenige Verbindungen, So Stundentakt, Sa keine Bedienung
- Von Anfang Mai bis Mitte Okt. fahren Mi, Sa und So die Ausflugszüge „Bundenthaler" und „Felsenland-Express" von Landau, teilweise von Karlsruhe und Neustadt, bis zum Bf. Dahn-Süd. Von dort geht es zu Fuß durch die Hasenbergstraße zum Startpunkt. www.wieslauterbahn.info

Der Felsenpfad mäandert durch die Felsenlandschaft westlich von Dahn. Der Rundweg wird im Uhrzeigersinn beschrieben, denn dann haben Sie bei der wohlverdienten Einkehr in der Dahner Hütte bereits über die Hälfte der Strecke zurückgelegt. Angesichts der hervorragenden Markierung mit weithin leuchtendem Orange muss die Wegbeschreibung nicht so detailliert ausfallen.

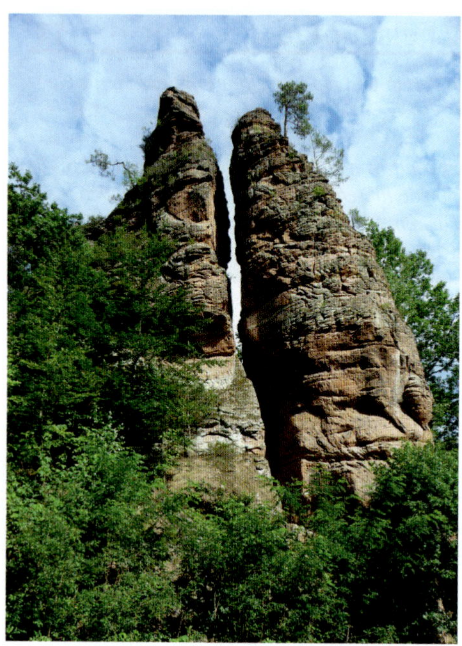
Braut und Bräutigam

Am Beginn der Wanderung steht das Felsenpaar **Braut und Bräutigam**. Hier sind aufgrund des günstigen Zugangs häufig Kletterer zu beobachten. Sogleich danach führt der Pfad über den Parkplatz der Jugendherberge zum **Wachtfelsen** (km 0,5,), dessen Aussichtsplattform über eine Metalltreppe erstiegen sein will. Von dort oben überblicken Sie den Dahner Talkessel.

Nach dem Abstieg erfolgt der „Transfer" zur 700 m langen Felsmauer der Lämmerfelsen über der Entspannung dienende breite Wege. Dann geht es steil zur Scharte zwischen Lämmchen und **Lämmerfelsen** (km 2,1) hinauf, die Kletterrouten aller Schwierigkeitsgrade bieten. Der schmale Weg, von dem hin und wieder Pfade nach oben zu den Einstiegsstellen der Kletterrouten abzweigen, verläuft unterhalb der Nordwand.

Fast am Ende der Wand weist die Markierung aufwärts. Dem Hinweis auf die **Albert-Eisel-Bank**, die sich hinter einem Felskopf verbirgt, sollten Sie unbedingt folgen. Es bietet sich eine unvergleichliche Aussicht: rechts der Hochstein, geradeaus der Jungfernsprung mit dem Kreuz, davor links und rechts der weißen Hauswände der Jugendherberge Braut und Bräutigam bzw. der Wachtfelsen. Im Vordergrund steht der mächtige Büttelfels.

Am Ende der Felsen, vor dem Abstieg, führt nochmals ein 30 m langer Stichweg zu Bank und Panoramablick. Durch Mischwald wechseln Sie zum **Büttelfels**, der sich durch kleine Felstürme ankündigt. Durch einen mannsbreiten Spalt in der Wand geht es auf die Nordseite. Hier steigt eine Leiter in ein großes **Felsenfenster** (km 3,3,) hinauf, wo sich der Blick auf die Lämmerfelsen öffnet.

Nach dem Abstieg folgt ein langer Abschnitt über Waldwege. Abwechslung bietet der erste **Ungeheuerfelsen** (km 4,9), ein idealer Spielplatz für Kinder. Weitere Felsen folgen, durch die Sie sich erneut zwängen müssen. Der **Rothsteigbrunnen** (km 5,5, ⇧ 256 m) bietet Erfrischung und einen angenehmem ⩚ Rastplatz unter Fichten.

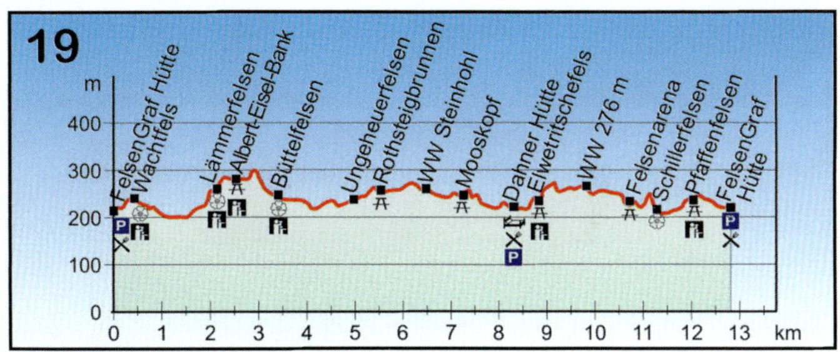

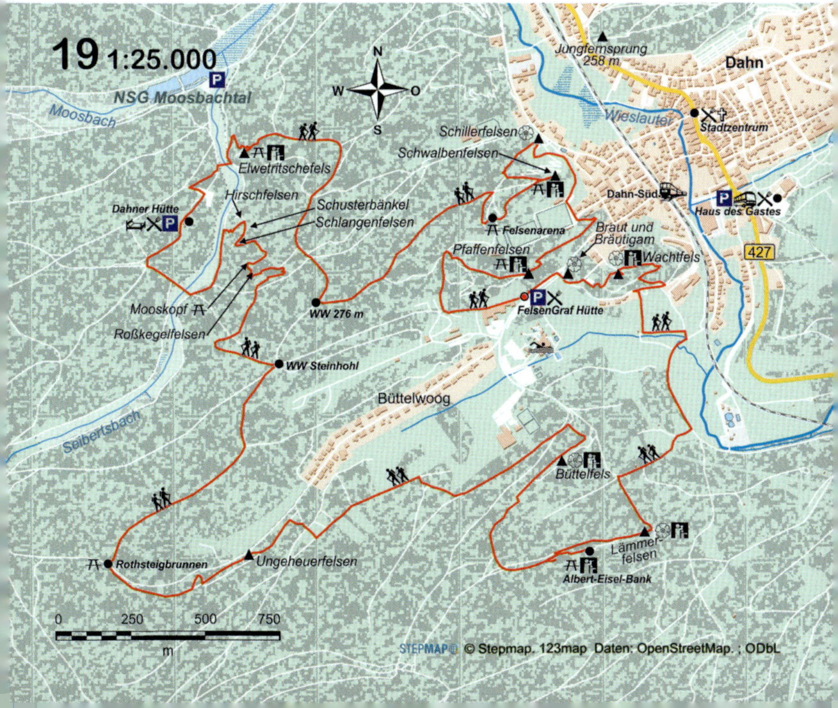

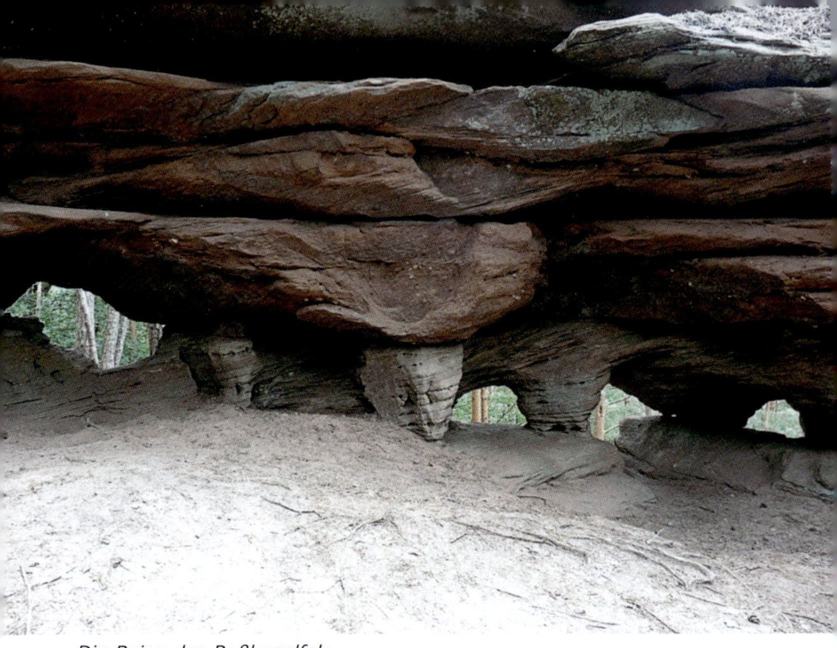

Die Beine des Roßkegelfels

Am Wegweiser Steinhohl wenden Sie sich nach links. Wer großen Hunger verspürt, kann am Wegweiser östl. Moosbachtal zur Dahner Hütte abkürzen. Er würde jedoch eindrucksvolle Felspartien versäumen, die jetzt rechts abbiegend teilweise über Treppen und versicherte Pfade erreicht werden: **Roßkegelfelsen**, **Mooskopf** (⛼ einladende Bank und leichtes Kletterdorado für Kinder), **Schlangenfelsen**, **Schusterbänkel** und **Hirschfelsen**. Danach erst geht es in einem Bogen durch das grüne Moosbachtal zur ✕ **Dahner Hütte** (km 8,3, ⇧ 223 m, 🛏 🅿) und zur ersehnten Einkehr.

✕ PWV-Hütte Dahn, ☏ 063 91/17 93, April bis Okt. Mi-So und Fei 10:00-18:00, im Winter Mi, Sa, So und Fei 10:00-18:00

Gleich nach der Hütte machen Sie einen winzigen Schlenker über den sehr kurzen Infopfad zum NSG Moosbachtal, überqueren den Parkplatz nach links und das Tal nach rechts und steigen zum **Elwetritschefels** (km 8,8) auf. Oben führt ein kurzer Stichweg zur ⛼ Aussichtskanzel. Dann folgen Sie über mehr als 1,5 km breiten Wegen, wobei Sie am Wegweiser 276 m links abbiegen. Vom

Wegweiser nördl. Felsenarena ⛩ führt ein Pfad hinab in die Arena und von dort auf Stufen zum kleinen Felskopf des **Schwalbenfelsens** (km 10,9, ⛩) mit Blick auf Jungfernsprung, Dahn, die Dahner Burgen, Hochstein, Büttelfels und Lämmerfelsen.

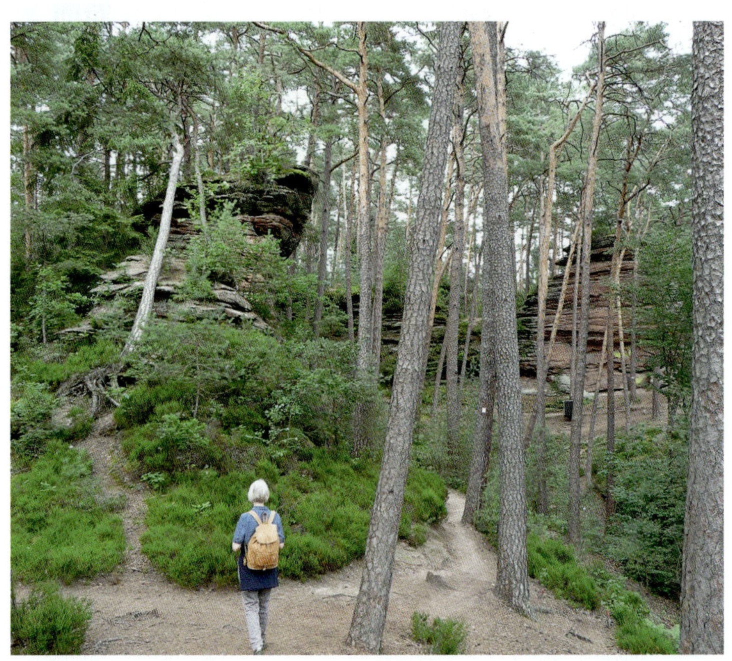

In der Felsenarena

Am nahen **Schillerfelsen** zwängen Sie sich erneut durch einen Felsspalt und steigen zu seinem spektakulären Sporn ab. Der Fels steht auf zwei Beinen, zwischen denen Klemmblöcke stecken. Um die Runde zu vollenden, folgen Sie dem Hinweis zum Büttelwoog und wandern am Sportheim vorbei hinauf zum **Pfaffenfelsen** (km 12, ⇧ 285 m, ⛩) mit Blick auf Büttel- und Lämmerfelsen. Von dort werden Sie in einem weiten Bogen zurück ins Tal zur ✕ FelsenGraf-Hütte (täglich) und zum Parkplatz geführt.

20 Rund um den Teufelstisch, Wahrzeichen des Pfälzerwaldes

Tour für Familien mit Kindern

Diese relativ kurze und abwechslungsreiche Tour verläuft auf angenehmen Waldwegen und schmalen Waldpfaden. Höhepunkt ist die Felsformation des Teufelstisches, Wahrzeichen des Pfälzerwaldes. Kinder können am Ende mit einem Aufenthalt im Erlebnispark belohnt werden.

Start/Ziel: Erlebnispark Teufelstisch in Hinterweidenthal, GPS N 49°11.724' E 007°44.772'

10,5 km

3 Std.

ca. 350 m/350 m

222-325 m

stilisierter Teufelstisch (Wackelfelsen)

Landgasthof Teufelstisch und Café am Spielpark am Start/Ziel

Salzwoog (km 4,4), Schwammbornquelle (km 5,8), Relaxbank (km 6,5), Schöne Aussicht (km 8,4)

Es warten attraktive Spielmöglichkeiten im Erlebnispark Teufelstisch und auf dem Spielplatz in Salzwoog, Wasser am Schwammborn und unterwegs kleinere Kletterfelsen.

Die Variante am Salzbach entlang ist für Hunde besser geeignet.

P Parkplatz Erlebnispark (gebührenpflichtig) oder Parkplatz Bf. Hinterweidenthal-Ort (5 Gehminuten länger, zeitlich unbegrenzt, gebührenfrei), Anfahrt: B 10 Landau – Pirmasens, Abfahrt Hinterweidenthal – B 427 in den Ort und Hinweis „Teufelstisch“ folgen, Navi: Im Handschuhteich bzw. Bahnhofstraße, 66999 Hinterweidenthal

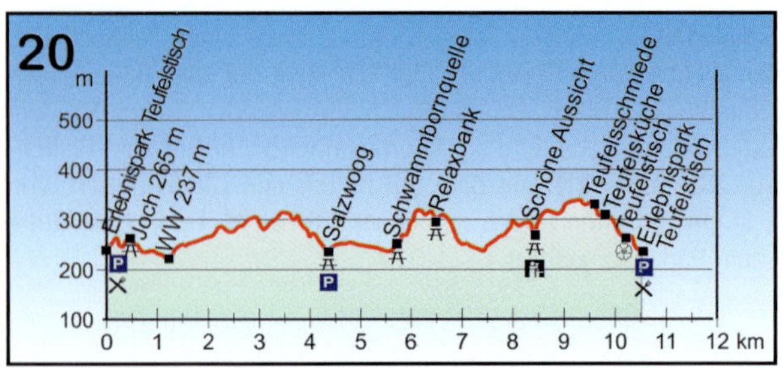

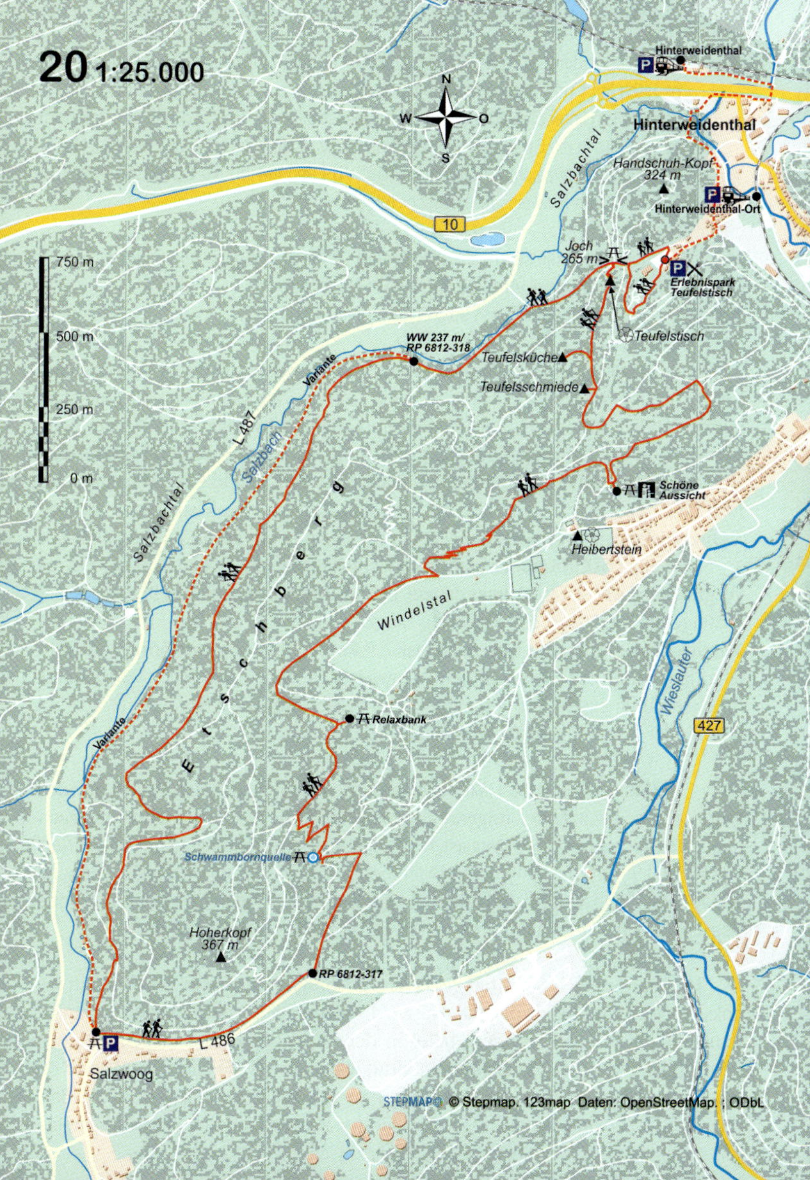
20 1:25.000
N
W
O
S
750 m
500 m
250 m
0 m
Hinterweidenthal
Hinterweidenthal
Handschuh-Kopf
324 m
Hinterweidenthal-Ort
10
Salzbachtal
Joch
265 m
Erlebnispark
Teufelstisch
Teufelstisch
WW 237 m/
RP 6812-318
Teufelsküche
Teufelsschmiede
Variante
L 487
Salzbach
Salzbachtal
Etschberg
Schöne
Aussicht
Heibertstein
Windelstal
Wieslauter
427
Relaxbank
Variante
Schwammbornquelle
Hoherkopf
367 m
RP 6812-317
L 486
Salzwoog
STEPMAP© © Stepmap. 123map Daten: OpenStreetMap. ; ODbL

 Bf. Hinterweidenthal an der Queichtalbahn Landau – Pirmasens. Vom Bahnhof geht es nach links und unter der B 10 hindurch, rechts zur B 427 und geradeaus bis zur Tankstelle. Hinter dieser laufen Sie auf schönem Pfad mit rotem Strich das Salzbachtal querend in die Straße Im Handschuhteich. Von Mitte Juni bis zur zweiten Oktoberhälfte fährt zusätzlich der „Bundenthaler“ ab Landau-Hbf. bis Bf. Hinterweidenthal-Ort. Dort dem Hinweis „Teufelstisch“ folgen.

✕ Landgasthof Teufelstisch, ☏ 063 96/369, April-Sept. tägl. ab 10:30, im Juni Mo Ruhetag, Nov.-April ab 11:00, Mi und Do Ruhetage

♦ Café am Spielpark ☏ 063 96/371, tägl. ab 11:00

Vom Eingang zum **Spielpark** steigen Sie während der Öffnungszeiten (10:00-18:00) auf dem Hauptweg auf und meiden damit den rechter Hand markierten Schotterweg. ☺ Es besteht die Gefahr, dass begleitende Kinder lieber hier (kostenfrei) spielen als wandern möchten. Planen Sie dafür gegebenenfalls Zeit ein! Sie überqueren die Rutschbahn auf einer Brücke und erreichen ein kleines **Joch** (WW 265 m) mit einer beschuhten Bank. Um zum Teufelstisch am Ende der Tour zu gelangen, folgen Sie der Markierung hinab in das grüne Tal des Salzbachs.

Nach etwa 500 m im Tal und nach dem Rettungspunkt 6812-318 weist ein **Wegweiser** (WW 237 m) links hinauf in die Westflanke des Etschberges. Sanft ansteigend leitet Sie ein Waldweg angenehm durch Buchen-Eichen-Kiefern-Mischwald. Bevor dieser Weg nach fast 2,5 km wegen des gleichförmigen Waldes allzu langweilig wird, führt ab dem Wegweiser Etschberg ein Pfad – kurz unterbrochen durch einen Weg – hinunter zum Weiler **Salzwoog** (km 4,4, ⇧ 235 m), den Sie an einem Spielplatz erreichen.

↳ **Variante:** Anstatt ab Wegweiser 237 m aufzusteigen, können Sie dem grün-gelben Strich weiter folgend auch am Rand der naturbelassenen Salzbachaue entlangwandern. Der Weg ist landschaftlich abwechslungsreicher. Der Bach wurde im 19. Jh. zum Triften von Brennholz genutzt, worauf die Auskleidung mit behauenen Sandsteinen und die noch erkennbaren Wehre hinweisen. Hunde, begrenzt auch Kinder, finden einen Wasserspielplatz entlang des Bachs.

Nach nur wenigen Schritten geht es an einem großen, schattigen ⛼ Rastplatz links in einen Waldpfad, der parallel zur L 486 verläuft, und bis zum Rettungspunkt 6812-317. Sie wandern tiefer in den Wald hinein und biegen an einem Fernleitungsmast links zur **Schwammbornquelle** (km 5,8, ⛼) ab. Das Wasser der Quelle ergießt sich über mehrere Stufen zu Tal. Wählen Sie zur Rast die Bank über der Quelle und sammeln Sie Kraft für den Aufstieg auf dem Serpentinenpfad.

Am Ende des Pfades steht eine Bank zum Atemholen. Auf dem leicht abfallenden, breiten Waldweg erreichen Sie nach ca. 400 m in einer Linkskurve rechts abseits eine ⾭ **Relaxbank** (km 6,5) mit Blick in den Wald.

In Höhe einer Kuhweide im Windelstal verlassen Sie den breiten Weg (WW 236 m, verfallener ⾭ Rastplatz) und steigen in Kehren auf. Nachdem Sie auf einem Waldweg eine Stromleitung unterquert haben, führt ein Pfad ✋ etwas abrupt nach links zur **Schönen Aussicht** (km 8,4, ⾭ ℹ).

Wieder auf einem Weg, dürfen Sie in einer Rechtskurve ✋ den links abzweigenden Pfad nicht übersehen. Schließlich leitet Sie die Markierung zum kleinen Felsen der **Teufelsschmiede** (km 9,7, ⇧ 325 m). Nun wandern Sie über einen Felsrücken – wobei der größere Felsen der **Teufelsküche** über einen Stichpfad nach 150 m erreicht werden kann – hinab bis zum beeindruckenden, 14 m hohen ❀ **Teufelstisch** (km 10,1, ⇧ 274 m). Man fragt sich, wie lange die stark erodierte Basis aus einem „Schienbeinknochen" und einem „Wadenbeinknochen" die 3 m dicke Felsplatte noch tragen wird. Und wie die Kletterer, deren Sicherungshaken sichtbar sind, da wohl hinaufkommen?

Über viele steile Stufen geht es anschließend hinab zum bekannten kleinen Joch (WW 265 m) und weiter abwärts zum **Erlebnispark**.

Erlebnispark Teufelstisch

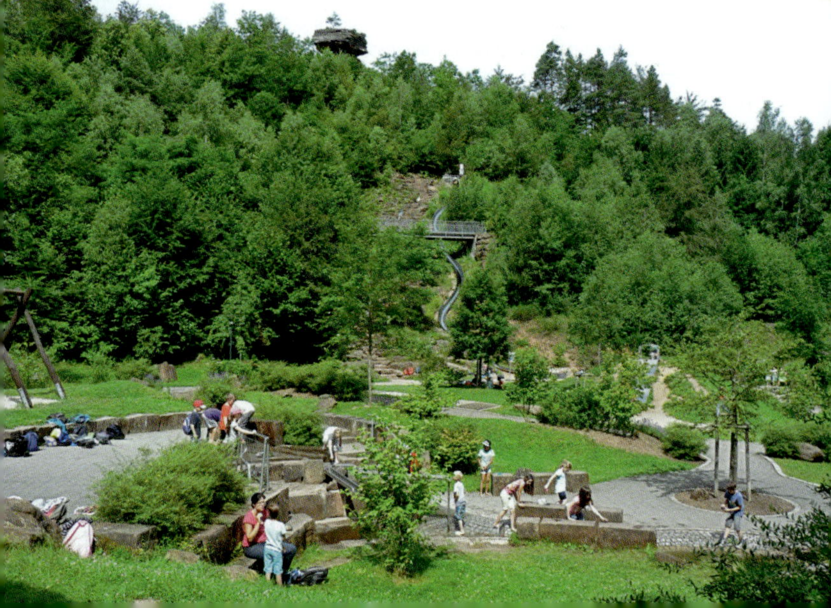

21 Felsenreiche Wanderung um die Burgruine Drachenfels

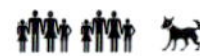

Tour für ausdauernde Berggeher

Die anstrengende Wanderung verläuft über Felskämme, entlang von Felswänden mit steilen An- und Abstiegen und dazwischen zur Erholung durch feucht-grüne Täler. Die große Runde kann in einen östlichen Abschnitt mit Besuch der Burg Berwartstein und eine westliche Variante über Jüngstberg und Geiersteine geteilt werden. Den Höhepunkt bildet die ehemalige Felsenburg Drachenfels.

Drachenfelshütte des PWV, GPS N 49°07.272' E 007°49.963'

16,5 km (östlicher Bogen über Berwartstein sowie westlicher über Jüngstberg jeweils gut 11 km)

5 Std.

ca. 550 m/550 m

205-491 m

Busenberger Holzschuhpfad (schwarzer Holzschuh auf weißem Fünfeck), Pfälzer Waldpfad (grün-weiße Welle), Bärensteig (weißer Bär auf orangefarbenem Spiegel), Felsenland Sagenweg (Gespenst auf hellblauem Grund)

Drachenfelshütte am Start/Ziel, Weißensteiner Hof (km 2,5, 200 m abseits), Burg Berwartstein (km 6)

Drachenfelshütte, Waldparkplatz (km 2,5), Jagdhütte (km 9,6), Rastplatz nordöstlich vom Jüngstberg (km 11,5), Rastplatz westlich der Geiersteine (km 13,5)

Hinter Burg Berwartstein ist ein Abstecher zum Badestrand des Seehofweihers möglich.

Für Kinder und Hunde sind wegen der Länge der Gesamtrunde nur die Teiltouren geeignet.

P Parkplatz an der Drachenfelshütte, Anfahrt: B 427 Bad Bergzabern – Dahn, ca. 500 m östlich von Dahn abbiegen und der Beschilderung „Drachenfelshütte, Weißensteiner Hof" folgen

Buslinie 545 Bad Bergzabern – Dahn bis Haltestelle Busenberg Ortsmitte, etwa zweistündlich, Sa nur vom 1. Mai bis zum 31. Okt., So keine Verbindung. Zu Fuß ist es von dort auf dem Waldpfad (grün-weiße Welle) noch ca. 1 km zur Drachenfelshütte.

Drachenfelshütte, 063 91/38 77, Mi und Sa 11:00-19:00, So und Fei 9:00-19:00

Sie beginnen Ihre Wanderung am Parkplatz östlich der ✕ **Drachenfelshütte** (✕, ⇧ 295 m) und folgen der Markierung des Busenberger Holzschuhpfads. Vom Spielplatz leitet Sie ein kurzer, schöner Pfad hinauf zu einem Waldweg, der in Richtung **Buchkammer** führt. Ein Zickzackpfad steigt unter der Felswand auf. Oben erwartet Sie eine einsame Bank, die einen Blick auf den Drachenfels und auf das Dorf Busenberg erlaubt, aber – solange die Aussicht nicht freigeschlagen ist – leider nicht auf die Dahner Burgen. Weiter geht es über den Felsrücken, der teilweise eingestürzt ist und sich in ein Felsenmeer verwandelt hat. Zwei kleine Felstürmchen stehen noch.

Als Nächstes kommen Sie zum Aussichtspunkt **Schlüsselfels** (km 1,7, ⇧ 419 m) mit Blick auf Burg Berwartstein, den südlichen Pfälzerwald und die

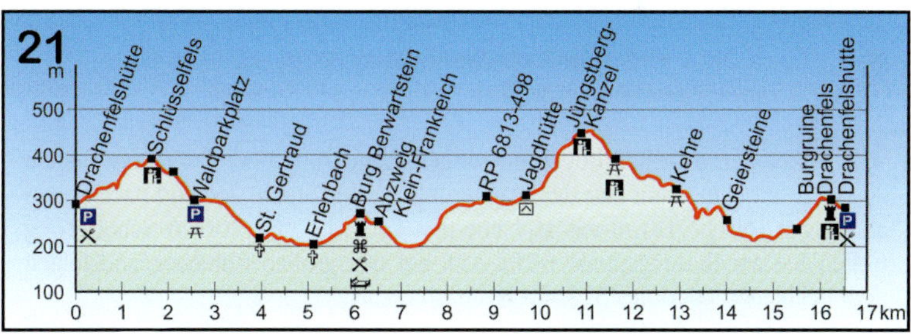

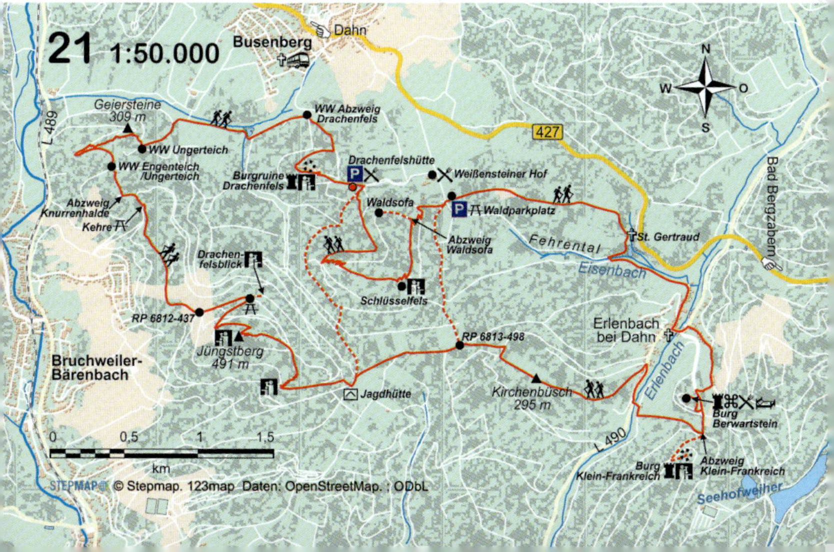

Nordvogesen. Der Abstieg erfolgt zunächst auf einem langen Pfad mit minimalem Gefälle, bis Sie dann doch steil absteigen müssen.

↳ An dieser Stelle weist Sie ein Schild darauf hin, dass Sie weiter auf dem Pfad gehend zum **Waldsofa** kommen. Mehr wird hier nicht verraten, als dass dieser Abstecher (ca. 250 m) überaus lohnend ist. Lassen Sie sich überraschen!

Beim Abstieg auf dem Holzschuhpfad treffen Sie nochmals auf einen Felsturm, den **Heidenturm**, bevor Sie an dem großen Wegweiser an der Forstpiste dieser nach rechts folgen. Vorbei an einer gesprengten Bunkeranlage erreichen Sie einen **Waldparkplatz** (km 2,5, ⇧ 306 m, ⩫) südlich des Weißensteiner Hofs.

✗ (↳ ca. 200 m nördlich der Route) Weißensteiner Hof, ☏ 063 91/35 59, www.weissensteinerhof.de, ab 11:00, Mo und Fr Ruhetage

↳ Wer den östlichen Bogen der langen Wanderung über Burg Berwartstein auslassen möchte, kann hier der Markierung „gelber Strich“ folgend nach Süden abzweigen. Nach 700 m auf asphaltiertem Forstweg und 200 m Schotterweg treffen Sie am Rettungspunkt 6813-498 auf den großen Rundweg und folgen dem hellblauen Logo des Sagenweges nach rechts.

Die große Runde setzt sich mit den Markierungen von Holzschuhpfad, Sagenweg und Waldpfad über den Parkplatz fort. Durch Wald und Wiesen gelangen Sie zur **Kapelle St. Gertraud** (km 3,9, hier verlässt Sie der Holzschuhpfad). Durch das Fehrental gelangen Sie auf Asphalt in das Dörfchen **Erlenbach** (km 5, ⇧ 205 m).

An der Kirche orientieren Sie sich ein wenig nach Norden. Die Markierungen „grün-weiße Welle“ und „hellblaues Gespenst“ führen Sie am Waldrand entlang, durch Koppeln und Wald. Sie passieren einen kleinen Friedhof der Herren von Berwartstein, bevor auf der Straße eine Bushaltestelle und der Zugangsweg zur ♜ ⌘ **Burg Berwartstein** (km 6, ✗ 🛏) erreicht werden.

Burg Berwartstein ist fast die einzige bewohnte Burg in der Pfalz. Sie war ursprünglich eine Reichsburg. Wie im Mittelalter üblich, wechselte der Besitz häufig, so u. a. zum Bistum Speyer und zum Kloster Weißenburg. Später erhielt sie der Ritter Hans von Trotha zu Lehen. Er baute die Burg aus und das Vorwerk Klein-Frankreich. Er staute aber auch die Wieslauter auf und grub damit der Stadt Weißenburg das Wasser ab. Nach Intervention des Kaisers riss er den Staudamm ein und setzte damit die Stadt unter Wasser. Dies brachte ihm den päpstlichen

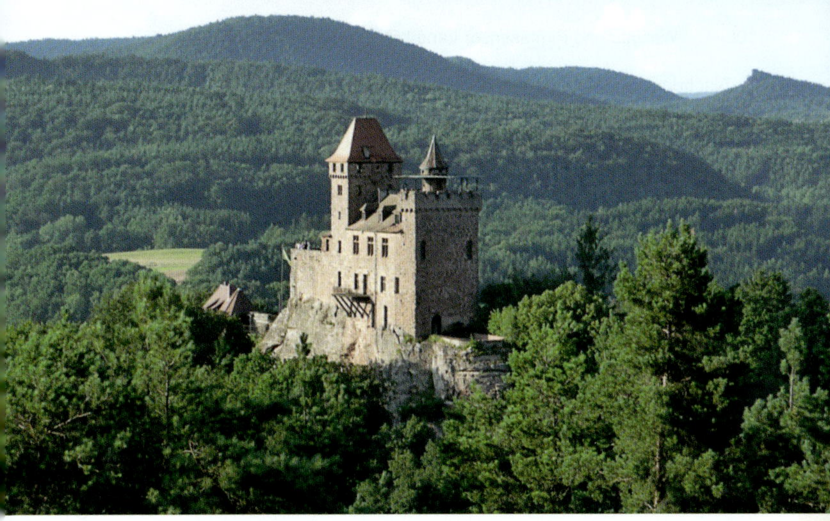

Burg Berwartstein

Bann und die Reichsacht ein. Aufgrund seiner „Heldentaten" ging er als Ritter Hans Trapp in die pfälzische Geschichte ein. Nachdem die Burg 1591 nach Blitzschlag abgebrannt war, wurde sie Ende des 19. Jh. von privater Hand wieder aufgebaut und beherbergt heute eine Gaststätte und ein kleines Hotel. Einkehr, Besichtigung mit Führung und der Ausblick vom Turm lohnen sich.

☏ 063 98/210, www.burgberwartstein.de, März-Okt. täglich, Nov.-Febr. Sa und So

Nach dem Besuch der Burg setzen Sie Ihre Wanderung nach Süden fort.

Wer im Sommer ein kühles Bad nehmen möchte, folgt der grün-weißen Welle des Waldsteigs über etwa 600 m bis zum Badestrand des Seehofweihers (Kiosk, im Sommer ab 11:00).

Andernfalls folgen Sie dem blauen Gespenst des Sagenweges bis vor den Wald. Wo der Weg sehr bald nach rechts abknickt, können Sie steil zur 500 m entfernten Ruine Klein-Frankreich aufsteigen.

Die Burg Klein-Frankreich wurde 1484 vom Ritter Hans Trapp als Vorwerk der Hauptburg errichtet. Erhalten ist der Stumpf des Batterieturms mit einer Mauerstärke von 3,20 m. Sie haben einen direkten Blick auf Burg Berwartstein.

Nachdem Sie sich an den Wegweisern, dem Gespenst folgend, nach rechts gewandt haben, stoßen Sie nach 500 m auf die L 490 und werden an ihr entlang – nicht unangenehm – ca. 250 m in Richtung Ortsmitte geleitet. Hier queren Sie die Straße und steigen mit dem Gespenst auf einem Pfad über den Rücken des Kirchenbüsch. An der Wegkreuzung mit dem Rettungspunkt 6813-498 (km 8,8) treffen Sie die Wanderer wieder, die nur den westlichen Teil der großen Wanderung gegangen sind. Als Nächstes erreichen Sie durch Wald und Wiesen die Schutzhütte **Jagdhütte** (km 9,6, ⇧ 312 m).

➯ Wer sich mit dem östlichen Ast der großen Wanderung begnügt, biegt weniger als 100 m vor der Hütte rechts nach Norden auf die in Gehrichtung rechte Seite des Tales ab und folgt dem Bärensteig (✎ weißer Bär auf orangefarbenem Grund) sowie dem Holzschuhpfad zunächst in das Tal und dann aufsteigend zurück zur Drachenfelshütte.

Gegebenenfalls nach einer verdienten Rast nehmen Sie nun den anstrengenderen Teil der Wanderung in Angriff. Von der Schutzhütte folgen Sie dem weißen Bären auf orangefarbenem Spiegel nach Westen auf einem leicht ansteigenden Waldweg bis zu einem **Aussichtspunkt** (km 10,1, WW, Bank) mit Blick auf Bruchweiler-Bärenbach und den westlichen Pfälzerwald. ✋ Hier zweigt ein auf wenigen Metern sehr steiler, Trittsicherheit verlangender Pfad ab. Sehr bald „normal“ werdend, erreicht er den Felskamm, der den **Jüngstberg** krönt, und am Ende eine **Felskanzel** (km 10,8, ⇧ 491 m,), die über eine Metalltreppe erstiegen wird. Der Pfad führt in wenigen Kehren vom Gipfel hinab zu einem **Rastplatz** (km 11,5) an einer Wegkreuzung. Den dortigen Hinweis auf den kurzen Stichweg zum Drachenfelsblick sollten Sie nicht ignorieren!

Der Weiterweg führt vom Rastplatz scharf links bis zum Rettungspunkt 6812-437. Dort folgen Sie rechts weiter dem weißen Bären, bis dieser in einer scharfen Kehre mit einer roten Bank Richtung Tal verschwindet. ✋ In der **Kehre** (km 12,9) gehen Sie ohne Markierung geradeaus, an der nächsten Wegverzweigung links. Etwa 400 m nach der Kehre und 15 m vor einem Hochsitz (Abzweig Knurrenhalde) biegen Sie rechts in einen undeutlichen Pfad ein. Es wird etwas abenteuerlich, aber nur Mut! Den ca. 30 m langen, steil von der Knurrenhalde abfallenden „Knieschnackler“ werden Sie heil überstehen und anschließend vielleicht überrascht sein, am **Wegweiser Engenteich/Ungerteich** wieder auf das Logo des Bärensteigs zu treffen. (Rechts abseits liegt eine Lourdes-Grotte mit winziger Quelle, kaum lohnend.)

Der weiße Bär leitet Sie vom Wegweiser durch lichten, von moosbesetzten Felsen durchsetzten Kiefernwald aufwärts. Ein Rastplatz findet sich geschützt unter einem Felsen, den Sie umrunden. Etwa 50 m danach ☝ wird der Weg nach rechts zugunsten eines Pfades verlassen, der auf den Felsrücken aufsteigt und dort eben weiterläuft. Beim anschließenden Abstieg unter den Wänden der **Geiersteine**, wo Sie bei guten Wetterbedingungen Kletterer beobachten können, ist Ihre volle Konzentration gefordert.

Am **Wegweiser Ungerteich** (km 14,1, ⇧ 234 m) müssen Sie sich entscheiden: Der Bärensteig vollführt einen weiten Bogen nach Süden, bis er nach weiteren 4 km den Drachenfels und kurz danach die Drachenfelshütte mit Parkplatz erreicht. Sie aber folgen dem Busenberger Holzschuhpfad nach links bis zu dem Asphaltweg, über den auch ein Radweg führt, und wandern auf diesem nach rechts durch ein schönes, feucht-grünes Tal, bis Sie am Wegweiser Abzweig Drachenfels (km 15,4) rechts zum **Drachenfels** und zur Drachenfelshütte hinauf geleitet werden.

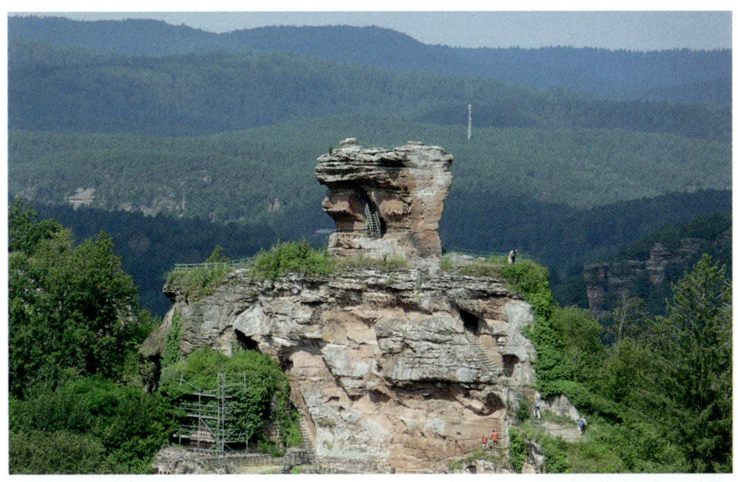

Burg Drachenfels

Die Felsenburg Drachenfels liegt auf einem 150 m langen Buntsandsteinfelsen und stammt vermutlich aus dem frühen 12. Jh. Sie war – wie viele Burgen – im Mittelalter Ganerbenburg, d. h., es gab mehrere anteilige Besitzer, deren Rechte und Pflichten in Verträgen geregelt waren. Als der rebellische Reichsritter Franz von Sickingen in den Besitz eines Ganerbenanteils gelangte und sich mit mehreren Fürsten anlegte, wurde die Burg von den Siegern geschleift. Danach diente sie als Steinbruch und wurde auf die Felsen reduziert.

㉒ Über sieben Burgen musst du gehen!

Tages- oder Zweitagestour für leistungsstarke Wanderer, die Wälder, Burgruinen und gute Küche schätzen

Vom Mittelalter bis in die Neuzeit befand sich im heutigen deutsch-französischen Grenzgebiet eine unvergleichlich große Anzahl von Felsenburgen. Sie werden sieben von ihnen über Treppen und Leitern ersteigen. Dabei gewinnen Sie weite Ausblicke über den Wasgau und zu den jeweils benachbarten Burgen. Die Route kann von Schönau aus an einem Tag oder in zwei Etappen bewältigt werden. Der Zeitbedarf für den Aufenthalt in den Burgruinen sollte bei der Planung berücksichtigt werden! Teilstrecken sind auch von leistungsstarken Kindern und Hunden zu bewältigen.

Start/Ziel: Gienanth-Haus im Zentrum von Schönau, GPS N 49°03.617‘ E 007°44. 795‘.

Gesamtrunde/Tagestour: 25,1 km; Zweitagestour mit Übernachtung in Schönau: 1. Etappe/Variante 1: 19,5 km, 1. Etappe/Variante 2: 19,4 km, 2. Etappe: 11,7 km

Gesamtrunde/Tagestour: 7 Std. 30 Min.; Zweitagestour: 1. Etappe/Var. 1: 5 Std., 1. Etappe/Var. 2: 5 Std. 30 Min., 2. Etappe: 4 Std. (Zeitangaben ohne Besichtigungen!)

Gesamtrunde/Tagestour: 840 m/840 m; Zweitagestour: 1. Etappe/Var. 1: 600 m/ 600 m, 1. Etappe/Var. 2: 640 m/640 m, 2. Etappe: 490 m/490 m

201-571 m

schwarzer Torturm auf weißem Grund (Deutsch-französischer Burgenweg)

Landhaus Mischler und Hotel zur Wegelnburg am Start/Ziel, Bistro an der Burg Fleckenstein (km 8,8), Au Wasigenstein in Wengelsbach (2 km vor dem Ziel an der 2. Etappe, 600 m abseits)

Schutzhütte am Schlüsselfels (km 3,7), Schutzhütte am Kaiser-Wilhelm-Stein (km 6,5), mehrere an Burg Fleckenstein (km 8,8), La Sauer (km 10,3), Wengelsbacher Hals (km 22,5)

Hotel Zur Wegelnburg in Schönau

Bademöglichkeit am Étang de Fleckenstein (vom Weg aus am jenseitigen Ufer)

Der Weg ist nur für wandergeübte und konditionsstarke Kinder geeignet. Nehmen Sie eine leistungsfähige Taschenlampe für die Burgverliese mit!

Nehmen Sie Wasser mit!

P Parkplatz gegenüber Gienanth-Haus, Navi: Gebüger Str. 11, 66996 Schönau

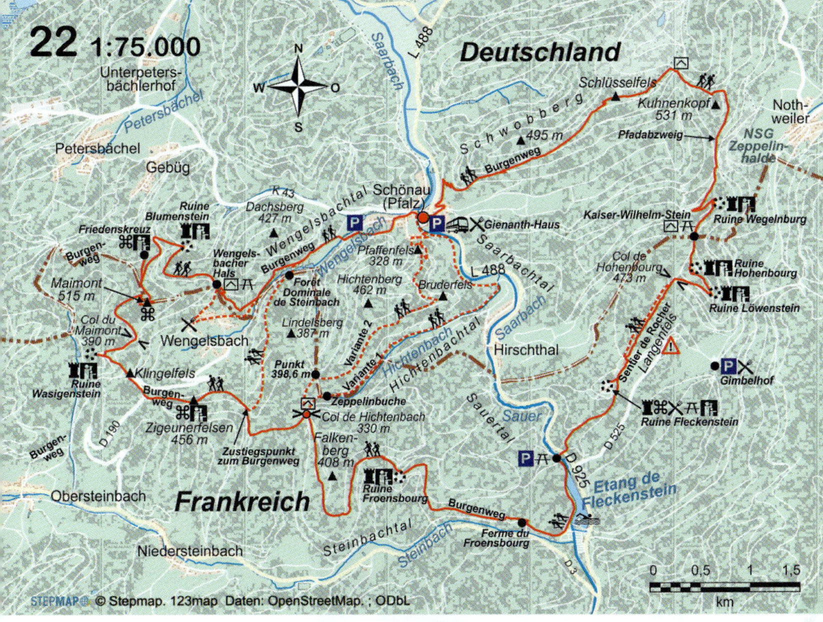

Haltestelle Gebüger Straße, Linie 251 von/nach Dahn, Mo-Fr ungefähr im 2-Std.-Rhythmus. Von Anfang Mai bis Mitte Okt. gibt es Mi, So und Fei wenige Anbindungen an die Ausflugszüge „Bundenthaler" und „Felsenland-Express" am Bf. Bundenthal-Rumbach nach Landau und weiter nach Karlsruhe bzw. Neustadt und Mannheim.
www.wieslauterbahn.info

Start zur Gesamttour und 1. Etappe

An die industrielle Vergangenheit des Dörfchens **Schönau**, das bis 1883 von der Pfälzer Industriellenfamilie Gienanth betriebene Eisenwerk, erinnert heute nur noch das Gienanth-Haus, jetzt ein Gemeinschaftszentrum des Ortes.

Sie starten am Gienanth-Haus in **Schönau** und folgen der Markierung „schwarzer Torturm auf weißem Grund" des Deutsch-französischen Burgenwegs nach Osten. Die Wegelnburger Straße und die Straße Am Köpfel führen Sie in den Wald, wo nach ca. 200 m ein Zickzackaufstieg bewältigt werden will, der sich anschließend moderater durch den Südhang des Schwobberges hinauf zum imposanten **Schlüsselfels** mit seinen ausladenden Felsendächern zieht (ca. km 2,7).

Nach dem Abstieg über einen abfallenden Bergrücken erreichen Sie die **Schutzhütte am Schlüsselfels** (km 3,7, ⇧ 425 m). Danach wird der Kuhnenkopf halb umrundet. In Höhe eines kleinen Felsens (rechts) verlassen Sie den Forstweg bei km 4,7 nach links zu einem Pfad, der an einer Felswand entlangführt. An einem Felsdurchlass (km 5,1) wechseln Sie die Seite und gelangen schließlich hinauf zur Ruine **Wegelnburg** mit 360°-Rundblick (km 6, ⇧ 571 m).

Auf der Wegelnburg

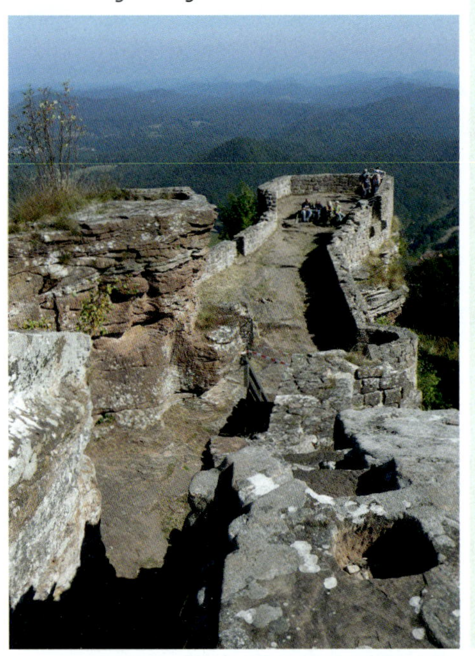

Die Wegelnburg wurde als Reichsburg auf einem 90 m langen Felsenriff erbaut und ist mit 571 m ü NN die höchstgelegene Burg der Pfalz. Wegen Landfriedensbruchs des Reichsvogtes wurde die Burg 1282 von Straßburger Truppen eingenommen. Sie war lange im Besitz der Herzöge von Pfalz-Zweibrücken. Im Dreißigjährigen Krieg eroberten kaiserliche Truppen die Burg. Nach dem Frieden von Nimwegen, der den Holländischen Krieg beendete und bei dem u. a. Elsass-Lothringen an Frankreich fiel, wurde die Burg 1679 von den Truppen des Sonnenkönigs geschleift. Über Felsentreppen kann die Oberburg erstiegen werden.

In wenigen Minuten ist der **Kaiser-Wilhelm-Stein** (km 6,5, ⇧ 502 m, alte Grenzsteine) erreicht, der die Grenze zu Frankreich markiert. Vorbei am Maidenbrunnen führt der kurze Weg hinauf zur Ruine **Hohenbourg** (km 6,9, ⇧ 551 m,). Die Felsköpfe der Felsenburg sind durch eine Brücke verbunden. Über steile Treppen kann der Turm bestiegen werden. Eine Windrose erleichtert die Orientierung. In direkter Nachbarschaft liegt die Burgruine **Löwenstein** (km 7,2, ⇧ 550 m,).

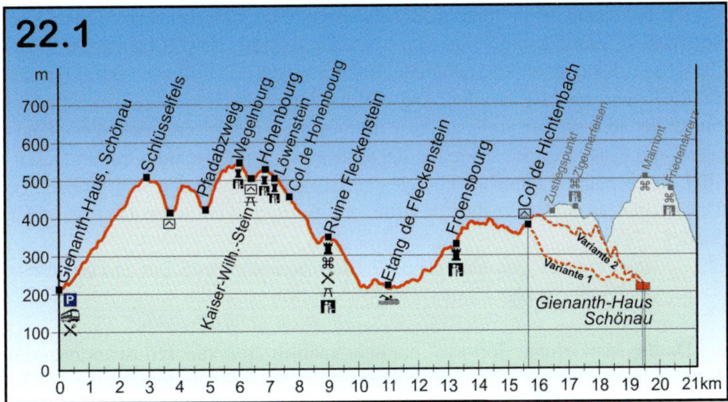

Die Konzentration von Burgen in diesem Teil des Wasgaus dürfte darauf zurückzuführen sein, dass hier eine Straße verlief, die die Kaiserpfalzen in Hagenau und Kaiserslautern verband. Die Verwaltung der Burgen unterstand ursprünglich Reichsministerialen oder Lehnsherren des Kaisers.

Die **Hohenbourg** wurde vermutlich im frühen 13. Jh. gegründet, 1523 geschleift und 1542 von den Sickingern im Renaissancestil wieder aufgebaut. Im Dreißigjährigen Krieg von den Schweden beschädigt, wurde die Burg 1680 von den Franzosen unter Montclar endgültig zerstört.

Die erstmals 1174 erwähnte Burg **Löwenstein** wurde bereits 1386 wegen Raubrittertums zerstört. Reste eines Treppenturms und Felsentreppen sind noch erhalten.

In weniger als 10 Min. Abstieg erreichen Sie eine Wegspinne am **Col de Hohenbourg** (⇧ 473 m). Die Premiumwege mit den Markierungen „Torturm" und „blaues Gespenst" führen am Langenfels entlang über den **Sentier de Rocher**.

Bei Nässe ist von diesem Weg dringend abzuraten, denn der Wegbelag besteht dann aus einem geschlossenen Geflecht glatter Wurzeln, die auch sehr trittsichere Wanderer zu einem Eiertanz veranlassen. Es besteht hohe Sturzgefahr.

Folgen Sie dann der – allerdings weit weniger attraktiven – Umleitungsempfehlung über den roten Strich hinab zur Burgruine **Fleckenstein** (km 9, ⇧ 370 m).

Die auf einem 30 m hohen Felsen aufsitzende Burg Fleckenstein wurde 1674 von Vauban erobert und 1680 von Montclar zerstört. Seit 2002 ist die Ruine didaktisch-dokumentarisch aufbereitet und kann gegen Eintritt auch auf geführten Rundgängen besichtigt werden. Die „Erforschung" der Burgruine ist besonders für Kinder sehr spannend. Es gilt u. a. Turmreste, in die Felsen geschlagene Kammern und Felsentreppen sowie die Rekonstruktion eines Tretrades zu entdecken. (Taschenlampe mitnehmen!) Auf dem Vorgelände befinden sich großzügige Picknickplätze, ein Informationszentrum, ein Bistro und ein Mitmachmuseum für Kinder.

täglich tagsüber, Jan.-März nur So, 2. Dezemberwoche bis 25. Dez. und bei Schnee und Eis geschlossen

Da die Markierung „Torturm" nur sehr spärlich zu entdecken ist, orientieren Sie sich beim Abstieg in das Sauertal besser am roten Strich. Jenseits der Straße und der Sauer P geht es links weiter zum **Étang de Fleckenstein** (Bademöglichkeit am jenseitigen Ufer). Der Weg führt am Westufer entlang ins Steinbachtal zur Ferme du Froensbourg, die leicht rechts umgangen wird, und zuletzt über Pfade hinauf zur Ruine **Froensbourg** (km 13,4, ⇧ 310 m,).

Ruine Froensbourg

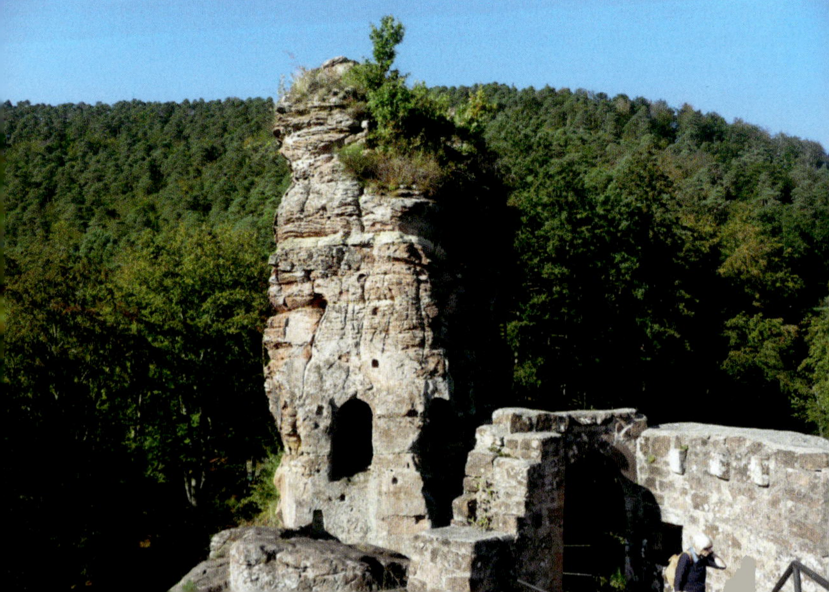

Die Froensbourg wurde 1269 erstmals erwähnt und bereits 1359 zerstört, bis 1481 aber wieder aufgebaut. Von den Franzosen im Holländischen Krieg geschleift, weist sie heute noch einen Felsenkeller, einen Felsenraum und einen sechseckigen Turm auf.

Vom roten Strich sicher geleitet umrunden Sie den Falkenberg überwiegend auf ebenen Pfaden und erreichen den **Col de Hichtenbach** (km 15,7, ⇧ 330 m, ⌂, Grenze). Hier ist Ihre Entscheidung gefragt: Wollen Sie den Sieben-Burgen-Weg in einem Rutsch erwandern? Dann folgen Sie dem schwarzen Torturm links über den Forstweg. Oder wollen Sie nach Schönau absteigen?

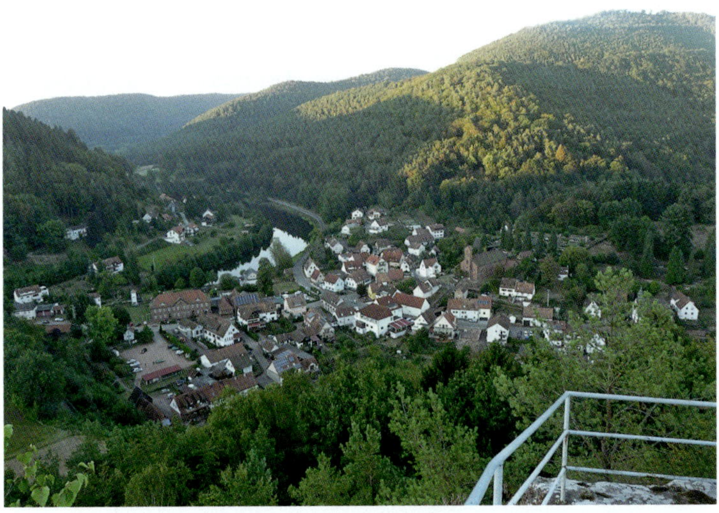

Blick vom Pfaffenfels auf Schönau

Abstieg nach Schönau (↳ zwei Varianten)

Sie können zwischen zwei Routen wählen:

(1) Vor der Schutzhütte stehend folgen Sie rechts (Nordosten) der Markierung des Graf-Zeppelin-Weges hinab in das Hichtenbachtal, zunächst 200 m steil zur unscheinbaren Zeppelinbuche (links), dann zunehmend bequemer auf einem Waldweg und an Koppeln entlang durch das Bachtal und zuletzt im Saarbachtal über den Radweg nach **Schönau**. (➲ 3,8 km, ⌛ 1 Std.)

(2) Sie wandern links neben der Hütte den ansteigenden Forstweg (fehlende Markierung) ca. 350 m aufwärts bis zur Wegspinne (**Punkt 398,6 m**). Dort folgen Sie rechts dem anderen Ast des Graf-Zeppelin-Weges bis Schönau. Der Schotterweg wandelt sich bald zum Waldweg. Nach mehr als 1 km von der Wegspinne werden Sie nach links auf einen Pfad im Hang geleitet, der bald den **Bruderfels** erreicht. Kurz vor dem Ende der Variante wartet noch ein Highlight auf Sie, das Sie nicht versäumen sollten: Der beeindruckende Tiefblick auf Schönau vom **Pfaffenfels** (⇧ 328 m), den Sie über einen kurzen Stichpfad und eine lange Metallleiter ersteigen. Innerhalb von 10 Min. laufen Sie nach **Schönau** hinunter.
(➲ 3,7 km, ⧗ 1 Std. 30 Min.)

Hotel zur Wegelnburg, Hauptstraße 8, 66996 Schönau, ☏ 063 93/921 20, hotelwegelnburg@aol.com, DZ € 80-90, Restaurant: Mo und Di 18:00-20:00, eingeschränkte Küche (Flammkuchen)

Landhaus Mischler, Gebüger Str. 2, 66996 Schönau, ☏ 063 93/14 25, www.landhaus-mischler.de, Mi-So ab 11:30, Mo und Di Ruhetage. Die Gastro-Institution in der Südwest-Pfalz, unbedingt reservieren!

Wiederaufstieg von Schönau zur 2. Etappe

Vom Gienanth-Haus folgen Sie der Markierung „schwarzer Torturm" durch die Gebüger und Wengelsbacher Straße und links durch den Birkenweg in den Wald hinauf. Dann geht es wieder hinab bis zum Wanderparkplatz am Sträßchen zwischen Schönau und Wengelsbach. Nach einem kurzen Pfad parallel zur Straße

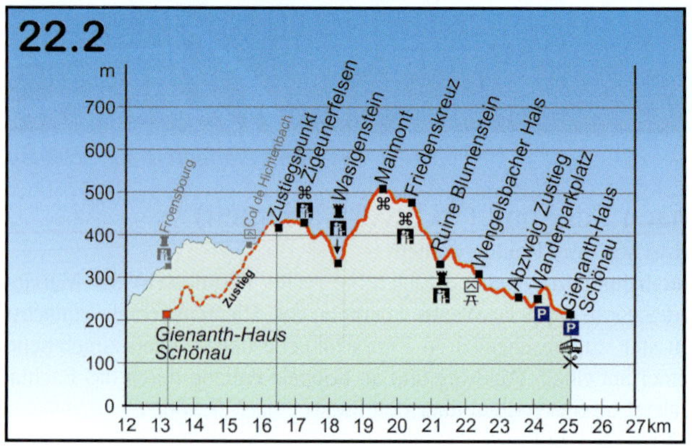

wechseln Sie die Talseite. Es geht jenseits des **Wengelsbachs** in den Wald. Circa 700 m ab Parkplatz, nach dem zweiten Teich, verlassen Sie den Burgenweg und queren über den Damm des dritten Teiches zur Straße nach Wengelsbach. (Falls Sie eine offene Schranke passieren, sind Sie zu weit gelaufen und müssen 20 m zurückgehen!) Am Holzschild „Forêt Dominale de Steinbach" folgen Sie dem rechten Ast des Circuit du Lindelsberg (Rundweg um den Lindelsberg), der mit einem dunkelblauen Ring markiert ist. Nach ca. 1,5 km Aufstieg auf Pfaden und Wegen zum Bergrücken (der Circuit biegt dort links ab) führt Sie das rote Dreieck, das Sie bereits seit einiger Zeit begleitet hat, wenige Meter nach rechts zu einer Wegspinne, wo Sie auf den Burgenweg treffen.

Fortsetzung des Burgenweges

Nach rechts wird Ihnen der Weg (Burgenweg und roter Strich) zum **Zigeunerfelsen** mit 15 Min. angezeigt. Nach 5 Min. wechseln Sie auf einen Pfad. Den Zigeunerfelsen, Rocher des Tziganes, (km 17,4, ⇧ 456 m) ersteigen Sie (ohne Rucksack!) auf einer sehr engen Felstreppe und einer wackligen Leiter. Oben angekommen, sehen Sie nichts anderes als ein wogendes Meer aus Bäumen.

Aufstieg zum Zigeunerfelsen

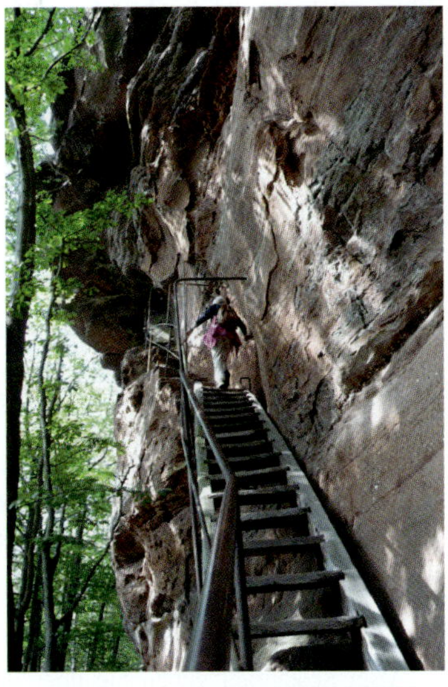

Der rote Strich führt weiter über einen Parkplatz und über einen Pfad parallel zur Straße zum Klingelfels und weiter zum geheimnisumwitterten **Wasigenstein** (km 18,5, ⇧ 340 m,).

Die ehemalige Reichsburg **Wasigenstein** wurde häufig belagert und im Pfälzischen Erbfolgekrieg zerstört. Sie besteht aus zwei Burgen, Groß- und Klein-Wasigenstein, die durch einen Felsspalt getrennt sind. Erhaltene Felsentreppen erlauben es, sie zu besteigen. Die Burg ist Gegenstand des Waltharliedes, der Sage von Walther von Aquitanien und Hildegunde. Im Wasgenwald soll ein Gefecht zwischen Nibelungenkönig Gunther und Hagen stattgefunden haben. Auch Victor von Scheffel hat dem Wasigenstein ein Gedicht gewidmet.

Hier verlassen Sie den Burgenweg, der weit nach Westen ausholt. (Wer diesen Abschnitt begehen will, muss mit ca. 8 km und vielen Höhenmetern zusätzlich rechnen.)

Sie wandern nun entlang der Markierung „rot-weiß-rot" über den Col du Maimont zum Bergrücken des **Maimont** (km 19,9, ⇧ 515 m) hinauf. An diesem Berg kam es am 13. Mai 1940 zu blutigen Kämpfen. Am Gipfel finden Sie eine keltische Opferschale, einen alten Grenzstein mit der Aufschrift F/B (Frankreich/Bayern) und eine Gedenkplatte für die französischen Soldaten, die hier gekämpft haben.

Der Abstieg erfolgt zunächst auf der Grenzlinie, wo Sie auf einen deutschen Wegweiser des Ihnen nun entgegenkommenden Burgenweges treffen. Hier wird Ihnen ein kurzer Abstecher zum **Friedenskreuz** (⇧ 492,9 m, , jeweils 10 Min. hin und zurück) angeboten. Das Kreuz auf dem Aussichtsfelsen wurde 1950 als Mahnmal für Frieden und Freundschaft aufgestellt.

Zurück am deutschen Wegweiser sind es noch 0,9 km zur Burgruine **Blumenstein** (km 21,5, ⇧ 361 m,).

Burg Blumenstein wurde wohl im 13. Jh. erbaut und vermutlich 1525 im Bauernkrieg zerstört. Besitzer waren lange Zeit die Herren von Dahn und die Grafen von Zweibrücken. Die oberen Teile der Burgruine liegen auf schmalem Felsen und sind über eine Felsentreppe zu erreichen.

Sie folgen den zahlreichen Markierungen hinab zum **Wengelsbacher Hals** (km 22,5, ⇧ 309,5 m, , RP 6912-620). Von dort geht es weiter abwärts in das wasserreiche Wengelsbachtal mit seinen Fischteichen. Falls die Zeit reicht, sollten Sie sich 600 m Umweg gönnen und vom Wengelsbacher Hals mit der Markierung „rotes Kreuz" nach **Wengelsbach** absteigen und die französische Küche genießen.

Restaurant Au Wasigenstein, Hameau de Wengelsbach, 67510 Niedersteinbach, Frankreich, ☏ 00 33/(0)3 88 09 50 54, www.restaurantwasigenstein.com, Mo und Di Ruhetage, gemütliche Stuben und Biergarten, an Wochenenden empfiehlt es sich zu reservieren

Vom Restaurant gehen Sie über die Dorfstraße nach Osten und treffen im Wald wieder auf den Burgenweg, der Sie vorbei an den Fischteichen schließlich nach **Schönau** bringt.

㉓ Die Seen- und Teichlandschaft im südlichen Wasgau

Leichte Tour auch für Familien

Die stille, ebene Bruchlandschaft im südlichen Pfälzerwald bildet einen Kontrast zu den wilden Felsformationen und den Felsenburgen des Wasgaus. Das Biosphärenhaus mit Baumwipfel- und Barfußpfad bietet zusätzlich Attraktionen und Aktivitäten nicht nur für Kinder.

Start/Ziel: Biosphärenhaus in Fischbach, GPS N 49°05.224' E 007°43.414'

17,1 km

5 Std.

ca. 260 m/260 m

220-343 m

überwiegend Logo der Wasgau SeenTour (Fisch auf gelbem Grund), rot-gelbe Markierung

Café-Bistro im Biosphärenhaus am Start/Ziel, Kiosk im Freizeitpark Birkenfeld (km 11,9), Landgasthof Zwickmühle (km 13)

Unter der Weißen Madonna (km 1,9), Pfälzerwoog (km 3,6), Rösselsweiher (km 8,3), Rösselquelle (km 8,9), Sägmühlweiher (km 10,4), Barfußpfad (km 11,2)

Biosphärenhaus mit Spielplatz, Baumwipfelpfad, Erlebnisweg, Falknerei, unterwegs viel Wasser und Mitmachstationen am Wasser-Erlebnis-Weg, Barfußpfad in Ludwigswinkel

Es gibt viele Wasserstellen. In den Naturschutzgebieten sind Hunde anzuleinen.

Parkplatz am Biosphärenhaus, Navi: Am Königsbruch 1, 66996 Fischbach

Haltestelle Biosphärenhaus, Linie 251 von/nach Dahn, Mo-Fr ungefähr im 2-Std.-Rhythmus. Von Anfang Mai bis Mitte Okt. gibt es Mi, So und Fei wenige Anbindungen an die Ausflugszüge „Bundenthaler“ und „Felsenland-Express“ am Bf. Bundenthal-Rumbach nach Landau und weiter nach Karlsruhe bzw. Neustadt und Mannheim. www.wieslauterbahn.info

Café-Bistro im Biosphärenhaus, ☏ 063 93/993 32 19, 11:00-18:00, außerhalb der Ferien in Rheinland-Pfalz Mo Ruhetag

Durch Sedimentation und Verlandung entstand insbesondere an der elsässischen Grenze im Raum Fischbach/Ludwigswinkel eine Bruchlandschaft (Sumpflandschaft) mit vergleichsweise weiten, flachen Tälern. Die Seen und Teiche, hier

Wooge genannt, sind künstlich durch das Aufstauen der Bäche entstanden. Auch der größte Bruch, der Königsbruch östlich von Fischbach, sollte in einen See, den Wasgausee, umgewandelt werden. Seine Freizeitnutzung sollte Arbeitsplätze in dieser entlegenen Region schaffen. In einer Zeit des Umdenkens, in der man sich stärker darum bemühte, die verbliebene Natur zu bewahren, wurden diese Pläne im Jahr 1987 aufgegeben und der Königsbruch unter Naturschutz gestellt. Mit der allmählichen Entwicklung des Biosphärenhauses und seiner Nebeneinrichtungen wurde ebenso dem Ziel, Arbeitsplätze zu schaffen, Rechnung getragen.

Heute ist das Biosphärenhaus einschließlich seiner Ergänzungen das umweltpädagogische Zentrum des Biosphärenreservats Pfälzerwald/Nordvogesen. Eine Multimediashow, ein Naturerlebniszentrum mit interaktivem Rundweg, ein Baumwipfelpfad, ein Biosphärenerlebnisweg, der Spielplatz Keltenwiese, eine Falknerei und ein Naturladen bieten jedem von Klein bis Groß etwas.

i ☏ 063 93/92 100, www.biosphaerenhaus.de, täglich 9:30-18:00.

Der 2 km lange und mit 14 Stationen ausgestattete Wassererlebnisweg entlang des Saarbachs ist Teil dieser Rundwanderung.

Am Pfälzerwoog

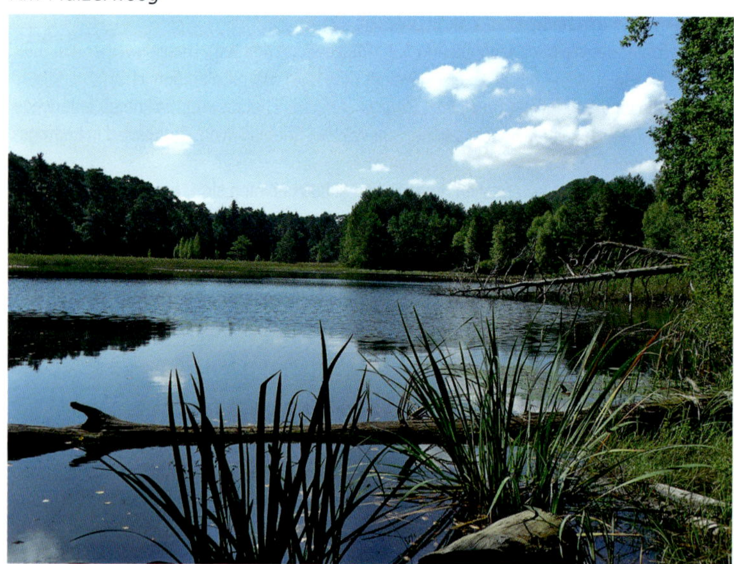

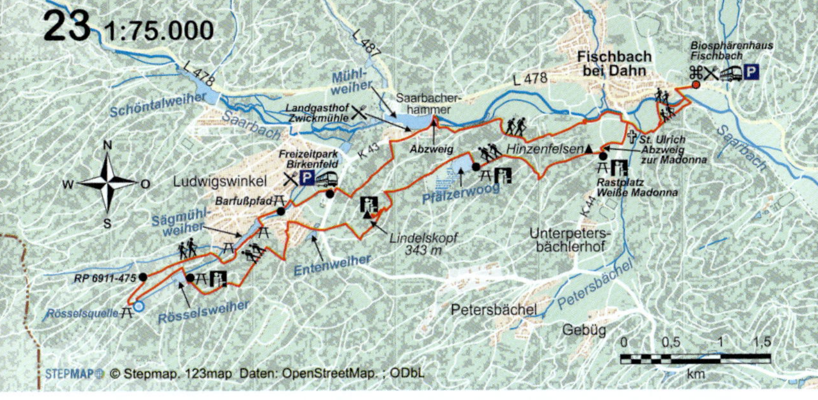

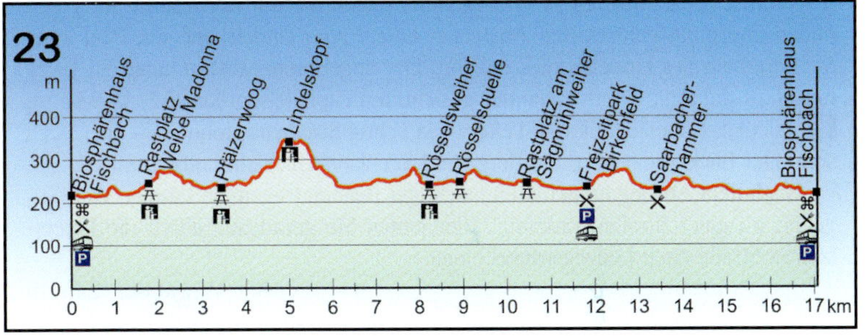

Vom Wegweiser auf der gegenüberliegenden Straßenseite des **Biosphärenhauses** folgen Sie der Markierung „Fisch auf gelbem Grund" (Wasgau SeenTour) in Richtung der Ortslage von Fischbach auf dem Gehweg entlang der L 428. Vor der Tankstelle gehen Sie links in den Betonweg und nach Überquerung des Saarbachs rechts in den **Wasser-Erlebnis-Weg** (Holzskulptur Biber mit Fisch, Station Nr. 4, Blick zurück auf das Biosphärenhaus über dem Königsbruch). Der Grasweg verläuft zunächst direkt am **Saarbach**. Die Informationen zum Thema Wasser sind zum Teil als Mitmachstationen ausgestaltet. An einem Holzsteg über einen Seitenarm werden Sie nach links geleitet, tauchen kurz in den Wald ein und erreichen danach über einen Steg die K 44. Hier verlassen Sie die Wasgau SeenTour für einige Zeit und passieren nach links auf dem Gehweg **St. Ulrich** und den Friedhof. Am Ortsausgangsschild folgen Sie der rot-gelben Markierung rechts in den Wald. Etwa 50 m nachdem von rechts ein Grasweg aus den Saarbachwiesen heraufgekommen ist, entdecken Sie links im Wald eine Bank. Hier steigen Sie auf einem unscheinbaren kurzen Zickzackpfad zu einem ⛩ Rastplatz (km 1,9, ⇧ 245 m)

auf einer Lichtung auf. Unter Ihnen liegt ein Wildgehege, über Ihnen der Große Hinzenfelsen, von dem die **Weiße Madonna** auf Sie herabblickt.

Rechts unterhalb des Felsens verläuft ein Waldpfad allmählich abwärts zu dem Weg mit der rot-gelben Markierung, dem Sie sich bis zur Wegkreuzung (WW 253 m, km 2,7) anvertrauen. Ab dort begleitet Sie das Gespenst auf hellblauem Grund und ab Wegweiser 247 m auch wieder – über den längsten Teil der restlichen Strecke bis Saarbacherhammer – die Markierung der Wasgau SeenTour.

Der **Pfälzerwoog** (km 3,6, ⛼ ℹ) empfängt Sie mit einem ⛼ Rastplatz – leider ohne Blick auf den See. Deshalb ist es schöner, sich 200 m weiter auf einer Bank niederzulassen, auf den See mit seiner Decke aus Seerosen zu blicken und dem Flug der Libellen zuzusehen. Ein Platz zum Innehalten!

Überwiegend Eichen, Gräser und Farne begleiten den Sand-Gras-Weg entlang der Nordseite des Teiches. Vorübergehend haben Sie nur noch Sand unter den Füßen und dann geht es den Abstecher hinauf zum **Lindelskopf**. Ein Pfad leitet Sie unterhalb des Lindelskopfes entlang. Der angebotene 200 m lange Stichweg hinauf zu dem mit einem Geländer gesicherten Gipfelfelsen (km 5,2, ⇧ 343 m, ℹ) – zuletzt über eine kurze Leiter – ist schweißtreibend, lohnt sich aber auch sehr. Der Blick streift über die Berg- und Seenlandschaft um Ludwigswinkel.

Nach dem Abstieg im Schatten mächtiger Buchen tragen Sie sandige Waldwege bis zu einer Straßenkreuzung. Hier laufen Sie geradeaus durch die Petersbächer Straße nach **Ludwigswinkel** hinein.

Am Rösselsweiher

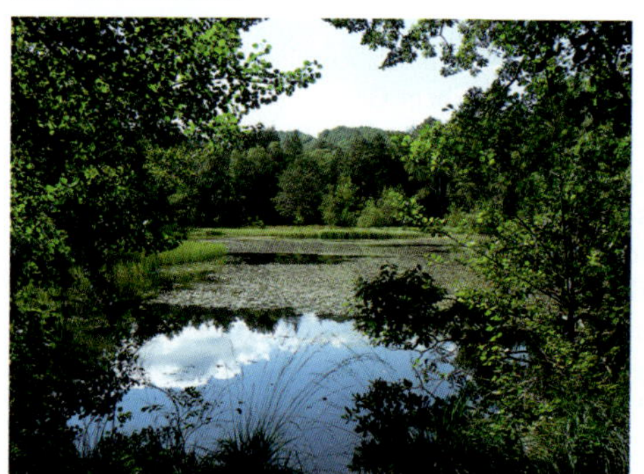

Am Wegweiser 235 m (km 6,6) wählen Sie links den Pfad und wandern anschließend durch die Fabrikstraße (fehlende Markierung) links bis zum Waldrand (Insektenhotel). An der Wegkreuzung (WW 238 m) geht es nach rechts. Ein Teersträßchen wird gekreuzt und Sie folgen dem Rundweg „Gucken-Bühl". Über einen Buckel kommen Sie zum **Rösselsweiher** (km 8,3, ⛼ ℹ). Über den Staudamm führt ein Pfad zu einer Bank und einem liegenden Baumstamm mit eingeschnittenen Sitzplätzen. Der Blick schweift über den See Richtung französische Grenze.

An der Nordseite des Weihers wandern Sie durch eine Graslandschaft, dann kurz nach links zur ergiebigen **Rösselsquelle** mit ihrem klaren Wasser, das Abkühlung bietet. Eine Bank lädt zur Rast ein. Über eine feuchte Wiese erreichen Sie an einem Teerweg den Wegweiser 249 m und den **Wendepunkt** der Wanderung. Auf Rittersteine zur Rösselsquelle und zur Wüstung Rösselsbrunner Hof sowie eine sehenswert verzweigte Fichte sei hingewiesen.

Am Rettungspunkt 6911-475 dürfen Sie den Teerweg nach rechts zugunsten eines Waldweges verlassen. Am querenden breiten Kiesweg stoßen Sie durch einen grünen Dschungel und erreichen nach links einen idealen Waldweg, der parallel zum Forstweg verläuft. Sobald Sie links jenseits des Forstweges einen großen Rastplatz wahrnehmen, steuern Sie ihn an und laufen auf einem Pfad am Ufer des **Sägmühlweihers** weiter. Bis zum Ende des Sees müssen Sie doch noch kurz den breiten Kiesweg benutzen. Ein weiterer Rastplatz und ein Gedenkstein für die Gründung von Ludwigswinkel durch Landgraf Ludwig IX. von Hessen-Darmstadt im Jahr 1783 erwarten Sie.

Sie wenden sich nach links zum Abfluss des Sägmühlweihers, einem idyllischen Platz, und folgen dem Schild „Barfußpfad". Der Fisch auf gelbem Grund leitet Sie an Bächen und Wassergräben entlang durch das breite Wiesental des Rösselsbachs mit einigen schattigen Sitzgruppen. Gegen eine kleine Gebühr können Sie den **Barfußpfad** in Ihre Wanderung einbauen. Ihre Schuhe müssen Sie allerdings tragen, denn das Schuhdepot befindet sich am anderen Ende des Pfades am **Kiosk im Freizeitpark Birkenfeld** (großer P Parkplatz, , Kinderspielplatz, Minigolfplatz).

Kiosk im Freizeitpark Birkenfeld, ☏ 063 93/217, Biergarten, Barfußpfad (von Ostern bis Okt. ab 10:00)

Etwa 30 m links der Zufahrt zum Kiosk überqueren Sie die Straße in den **Skulpturen-Erlebnispfad** hinein, laufen parallel zur Straße durch den Wald und müssen dann den Radweg entlang der K 43 mitbenutzen, um zum **Saarbacherhammer** zu gelangen.

Landgasthof Zwickmühle, Saarbacherhammer 3, ☏ 063 93/921 30, 11:00-22:00, Mo Ruhetag

Hier verlassen Sie die Wasgau SeenTour, die sich sehr weit nach Norden um Fischbach herumzieht. Es bieten sich Ihnen zwei Möglichkeiten für den Weiterweg: Vor dem **Abfluss des Mühlweihers** schlüpfen Sie durch die Lücke in der Leitplanke der Straße und laufen auf das (private!) Betriebsgelände, dort rechts und an der platzähnlichen Freifläche halb links in den Waldweg hinein (nicht direkt am großen Schuppen entlang!). Oder Sie übersteigen erst nach dem Seeabfluss die Leitplanke und folgen jenseits der Straße dem im spitzen Winkel nach rechts verlaufenden öffentlichen Weg bis zum oben genannten Platz und weiter.

Sie treffen am nächsten Weg auf die Markierung der Lindelskopftour und gehen geradeaus auf dem Erdweg oberhalb der Saarbachaue durch den Wald. Der querende Schotterweg führt Sie nach links zum Wegweiser östl. Pfälzerwoog/südl. Kilpenstein. Von dort werden Sie der Markierung der Wasgau Seen-Tour bis zum Biosphärenhaus folgen.

Ab einem Rastplatz am Waldrand müssen Sie gut 300 m lang einen Teerweg benutzen, biegen dann links ein und schlagen sich vor dem Holzsteg nach rechts durch die Ufervegetation. Die Benutzung dieses Pfades dürfte Ihnen nach stärkeren Regenfällen und höherem Wasserstand nasse Schuhe und Füße einbringen (ggf. können Sie bis zu K 44 auf dem Teerweg bleiben).

Zurück auf dem Teerweg kreuzen Sie die K 44 und wandern auf dem Hinweg durch die Wiese in den Wald. Bei starker Sonneneinstrahlung im Hochsommer empfiehlt es sich, dem Waldweg weiter zu folgen, zu dem sich der Wassererlebnisweg bald hinzugesellt. An dessen Station 14 kommen Sie nach links zur L 478 und zum **Biosphärenhaus** zurück.

Start- und Endpunkt Biosphärenhaus Fischbach

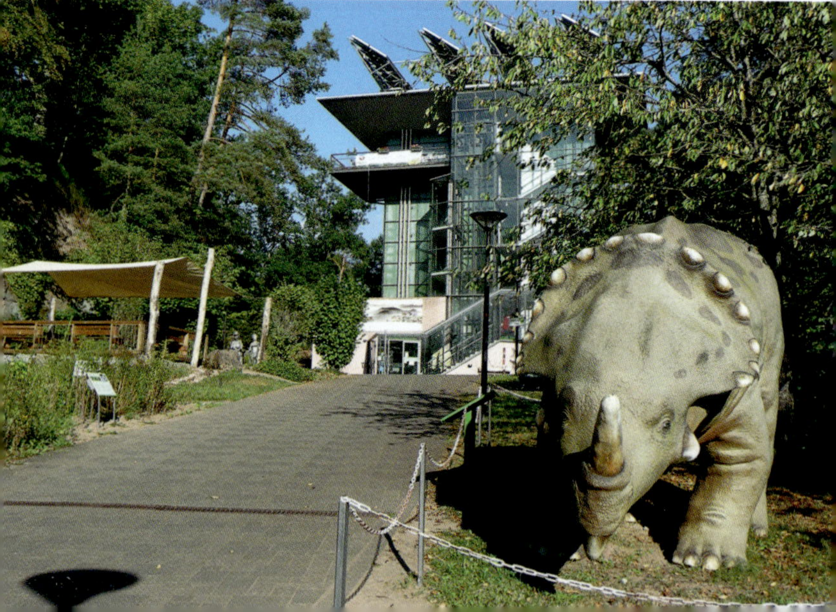

24 Kleine Umrundung der Altschlossfelsen bei Eppenbrunn

Kurzweilige Tour für jedermann, der sich für Naturschönheiten begeistert

Der mehr als 1 km lange Felsriegel der Altschlossfelsen im hintersten und ruhigsten Winkel des Pfälzerwaldes gilt mit seinen bis zu 30 m hohen Felswänden und -türmen, Felsdächern, Felsentoren, Höhlen, Verwitterungsformen, unterschiedlich gefärbten Sandsteinschichten, großflächigen gelben Flechten und den Farbspielen im Sonnenlicht als eine der eindrucksvollsten Felsformationen des Pfälzerwaldes.

Start/Ziel: Eppenbrunn, Himbaumstraße/Neudorfstraße, GPS N 49°06.924' E 007° 33.210'; alternativer Startpunkt (kürzere Variante): Spießweiher, GPS N 49°06.420' E 007°33.635'

10 km (6 km ab/bis Spießweiher)

3 Std. (2 Std. ab/bis Spießweiher)

ca. 180 m/180 m

275-406 m

ab Spießweiher Weg Nr. 3

Eppenbrunn

Spießweiher (km 2,1), Himmelsblick (km 4,7), exponierter Rastplatz nach dem Himmelsblick (km 4,9)

Die Felsen sind ein Abenteuerspielplatz für Kinder, sie sollten aber zu jeder Zeit beaufsichtigt werden!

Nehmen Sie ab Spießweiher ausreichend Wasser mit.

P Parkplatz am Restaurant Waldesruh, Anfahrt: L 484 von Pirmasens oder L 487, L 486, L 485 von B 10 Hinterweidenthal, Navi: Neudorfstraße, 66957 Eppenbrunn; bei Start am Spießweiher: Parkplatz Spießweiher, Anfahrt: L 478 nach Fischbach, ca. 1 km nach Ortsausgang Eppenbrunn rechts, beschildert „Spießweiher"

Linie 255 von Pirmasens Hbf. bis Haltestelle Bürgerhaus, nur Mo-Fr, in den Schulferien sehr wenige, Sa, So und Fei keine Verbindungen; keine Busanbindung zum Spießweiher

Hotel/Restaurant Kupper, Himbaumstr. 22, 66957 Eppenbrunn, 063 35/913-0, www.hotelkupper.de, ab Mitte Jan täglich, Jagdstube und gepflegter Biergarten

Hotel/Restaurant Waldesruh, Neudorfstr. 4, 66957 Eppenbrunn, 063 35/859 96-0, www.hotel-hauswaldesruh.de, Mo und Mi-Sa 17:00-22:00, So ab 8:00

Die meisten Besucher der **Altschlossfelsen** – die diesen Namen tragen, weil auf ihnen möglicherweise im Mittelalter eine Burg stand – starten am Parkplatz Spießweiher. Der Zugang von Eppenbrunn am Eppenbrunner Weiher mit seinen Seerosen und seiner üppigen Vegetation entlang ist jedoch äußerst reizvoll. Vom Parkplatz am **Restaurant Waldesruh** folgen Sie der Markierung des Altschlosspfades nach Osten durch den Freizeitpark, kurz an der Weiherstraße entlang, zur Vita Natura Klinik und gleich danach durch die Lücke in der Leitplanke in den schönen Uferweg. Auch wo der Altschlosspfad sich nach rechts verabschiedet, bleiben Sie bis zum Spießweiher auf dem Talweg.

Vom **Spießweiher** (km 2,1, P ⛼) zu den Altschlossfelsen und zurück folgen Sie immer dem **Weg Nr. 3**. Zunächst wandern Sie auf dem breiten, der Sonne ausgesetzten Helmut-Kohl-Weg, den Sie nach ca. 1,4 km mit dem weißen Kreuz nach links verlassen, um bis vor die ersten Felsen aufsteigen. Hier teilt sich der Weg Nr. 3 (km 3,8): Links verschwindet er mit dem weißen Kreuz durch ein Felsentor (Ihr Rückweg), Sie entscheiden sich hier aber für den rechten Ast. Dieser Weg Nr. 3 verläuft zu Beginn entlang der Nordwestseite der Felsen. Es zweigen nicht markierte Pfade zum Felsrücken ab, die Kinder zu Erkundungstouren verleiten werden. Sie sollten dabei immer unter Aufsicht bleiben, da grundsätzlich

Am Himmelsblick

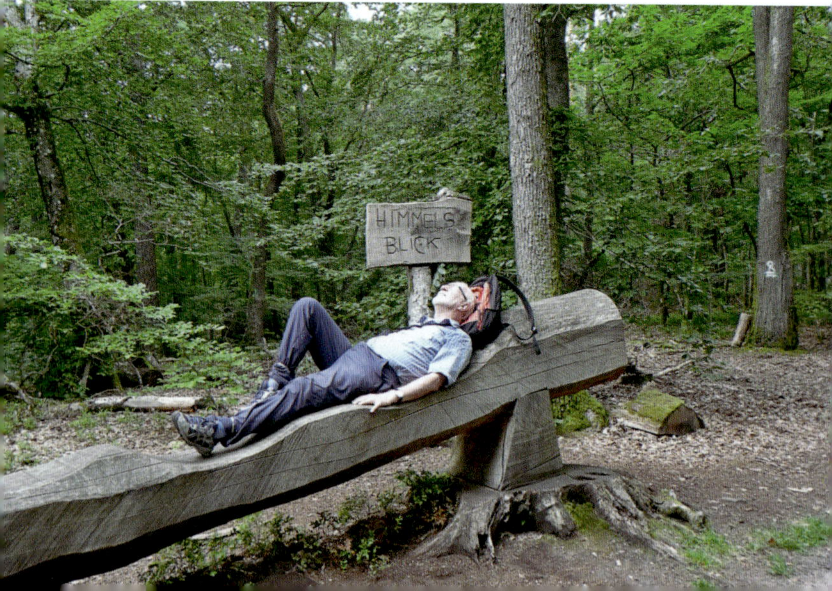

Absturzgefahr besteht. Dann führt der Pfad, der sich zum Waldweg mausert, über den breiter werdenden Rücken des Brechenberges durch erhabenen Laubhochwald. Sie erreichen den Himmelsblick, an dem Sie testen sollten, ob er hält, was sein Name verspricht. Wenige Meter vorher ist ein kurzer Pfad links hinab zum Fuß der Altschlossfelsen gelaufen.

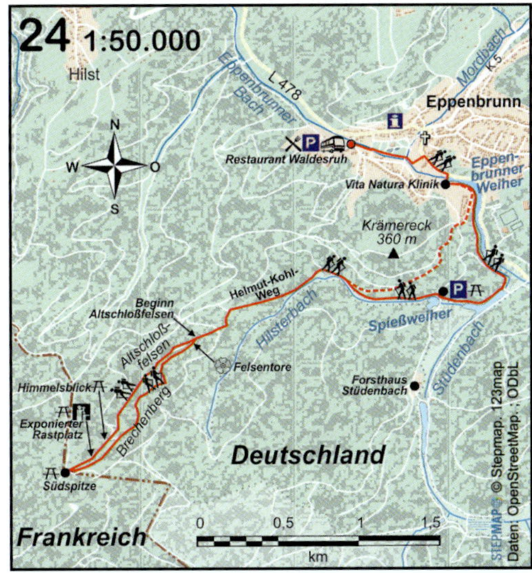

Nur 3 Min. nach dem Himmelsblick kommen Sie zu einem **exponierten Rastplatz** über senkrechter Felswand mit einem Weitblick über den Pfälzerwald und die Nordvogesen. Danach ist das Ende des Felsrückens nah. Vor einer Bank geht es etwa 3 Höhenmeter steil hinab zur **Südspitze** der Altschlossfelsen (Umkehrpunkt, km 5).

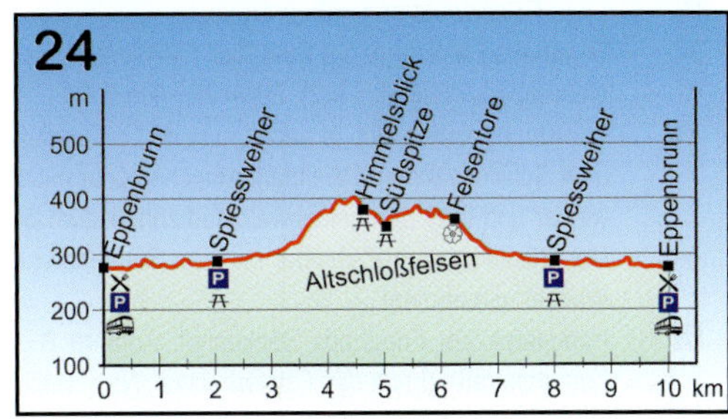

Nun wandern Sie der „3" folgend entlang der Schauseite der Altschlossfelsen zurück und sollten sich Zeit lassen, um die Schönheit der Natur auf sich wirken zu lassen. Am Ende schlüpfen Sie auf der „3" durch die Felsentore hindurch. Auf dem Hinweg geht es zurück zum Spießweiher und nach Eppenbrunn.

Wer sein Auto nicht am Spießweiher geparkt hat, kann auch nach ca. 900 m auf dem Helmut-Kohl-Weg nach links dem mit weißem Kreuz markierten Weg über das Krämereck nach **Eppenbrunn** folgen.

25 Rundwanderung durch den Pirmasenser Felsenwald

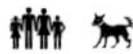

Tour für Naturfreunde

Diese Rundtour bereitet Freunden schmaler Fels- und Waldpfade viel Freude. Über weite Strecken werden Sie von Felsformationen begleitet und treffen auf einige Naturdenkmäler. Das Zentrum des Weges, das Forsthaus Beckenhof, eignet sich als Ausgangspunkt auch für kürzere Runden.

- Start/Ziel: Forsthaus Beckenhof, GPS N 49°11.735' E 007°39.340'; weitere günstige Einstiegspunkte: Eisweiher-Park (P Buslinie 204) an der L 484 am Ostrand von Pirmasens, Bushaltestelle Platte der Linie 201 im Stadtteil Ruhbank, Waldparkplatz an der K 36 zwischen Lemberg und Ruppertsweiler
- 13,5 km
- 4 Std. 15 Min.
- ca. 400 m/400 m
- 300-405 m
- Logo Felsenwald und grünes Dreieck
- Forsthaus Beckenhof am Start/Ziel, PWV-Waldhaus Starkenbrunnen (km 12,7)
- Gebrochener Fels (km 4,2), Eisweiher (km 8,4)
- Für Kinder eignen sich je nach Lust und Leistungfähigkeit ggf. die kürzeren Runden über Schillerwand und Waltharibrünnchen oder mit dem grünen Dreieck bis zum Eisweiher und über den Felsenwaldpfad zurück zum Beckenhof.
- Der Rückweg vom Eisweiher bis zum Starkenbrunnen ist eine lange Durststrecke, Wasser mitnehmen!
- P Parkplätze am Forsthaus Beckenhof, Anfahrt: B 10, Abfahrt Beckenhof, auf der Zufahrtsstraße durch das Finsterbachtal, Navi: Beckenhof, 66976 Rodalben
- Haltestelle Platte im Stadtteil Ruhbank, Buslinie 201 halbstündlich von Pirmasens Exerzierplatz. Die Tour kann auch hier begonnen werden.

Die Wegbeschreibung beginnt mitten im Pirmasenser Felsenwald, an dem bewirtschafteten (ehemaligen) **Forsthaus Beckenhof** (355 m, P) mit seinem einladenden Biergarten.

- Forsthaus Beckenhof, 063 31/472 39, www.beckenhof.de, ab 10:00, So, Fei ab 9:00, im Winter bis Beginn der Osterferien Mo und Di Ruhetage, Biergarten

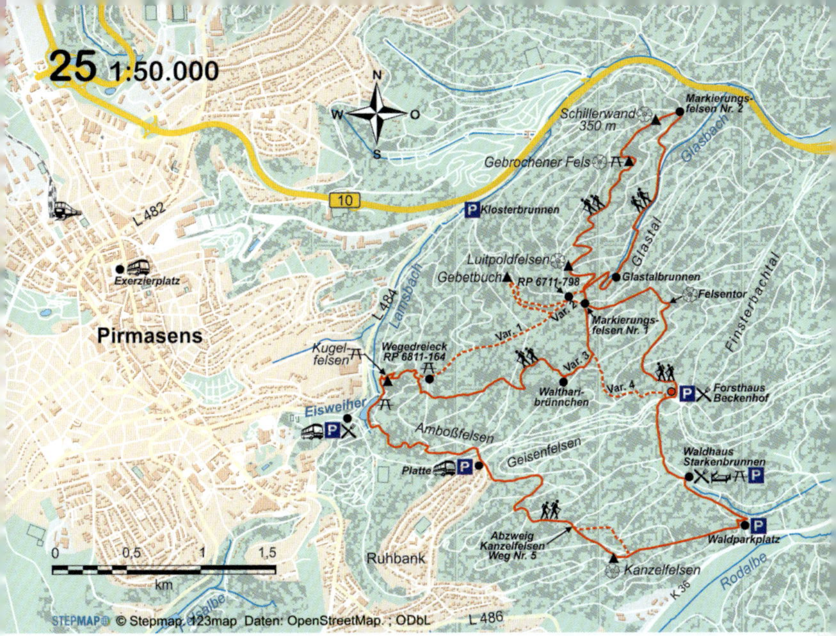

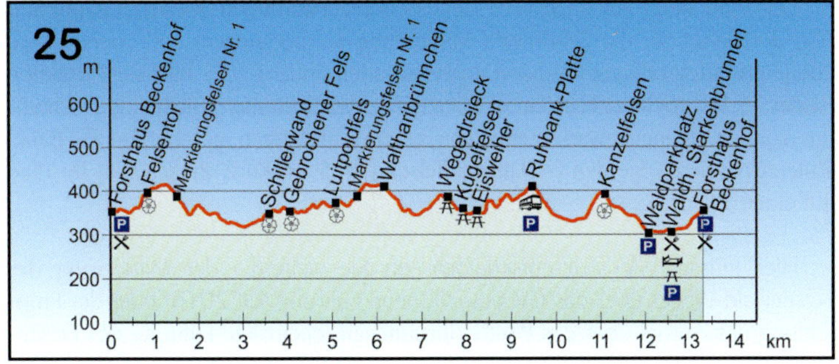

Sie wenden sich zwischen Forsthaus und Biergarten/Spielplatz sogleich nach Norden in einen Pfad mit der Markierung des Felsenwald-Pfades, der wir nun über eine lange Strecke folgen. Sehr bald erreichen Sie auf einem leicht ansteigenden, schmalen Waldweg Felsen, die beeindruckende Felsdächer ausgebildet haben (Informationstafel zur Geologie des Buntsandsteins), und dann schreiten Sie durch das ✿ **Felsentor** (km 0,9).

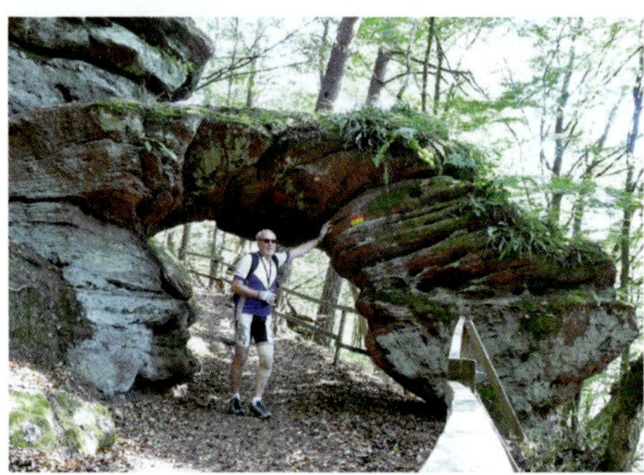
Das Felsentor

Sie steigen dem Felsentor auf das Dach und werden abwärts geführt. Nach etwa 600 m steht an einer Wegspinne ein kleiner **Markierungsfelsen (Nr. 1)** (km 1,5), der das Logo des Felsenwald-Weges trägt. ☝ Diese Stelle sollten Sie sich einprägen! Hier steigen Sie rechts auf einem schmalen Pfad ab und biegen in einem Feld von Brombeersträuchern nochmals rechts zur Sohle des Glastals ab. Scharf rechts bringt Sie ein Grasweg im Linksbogen zum **Glastalbrunnen** und zu einem aufgestauten Teich. Knapp 300 m danach wechselt die Markierung auf die andere Talseite.

Circa 1,2 km (gut 15 Min.) nach dem Teich finden Sie wiederum einen kleinen **Markierungsfelsen (Nr. 2)** (km 3,5) am Weg, der Sie ☝ links in einen kaum erkennbaren Pfad weist.

Der Pfad steigt zur imponierenden ❀ **Schillerwand** (km 3,7, ⇧ 350 m) auf. Von dort leitet Sie die Felsenwald-Markierung auf bequemem und überwiegend ebenem Pfad auf einem Felsband an Felswänden entlang. Die nächste Attraktion ist der ❀ **Gebrochene Fels** (km 4,1), unter dessen Trümmern Sie hindurchschlüpfen können. Danach wartet eine von einem Felsendach geschützte ⩩ Bank. Zuletzt passieren Sie den ❀ **Luitpoldfelsen** (km 5,2). Kurz danach trifft Ihr Pfad auf einen Waldweg.

Hier müssen Sie sich entscheiden, ob Sie weiterhin der Markierung des Felsenwald-Weges über das Gebetbuch (neue Führung seit 2016) oder der Empfehlung des Autors über das Waltharibrünnchen (ehemalige Führung des Felsenwald-Weges) folgen wollen. Es gibt insgesamt vier Varianten:

Variante 1: Schwenk zur Felsformation Gebetbuch und direkter Weg zum Eisweiher (➲ 2,8 km, Markierung Felsenwald-Weg).

Variante 2: vom Abstecher Gebetbuch zurück zum Wegweiserfelsen Nr. 1 vom Hinweg, den Sie sich gemerkt haben, und zur empfohlenen Trasse über den Waltharibrunnen zum Eisweiher (➲ 3,8 km)

Variante 3 **(Hauptroute):** unter Auslassen des Gebetbuchs über den Waltharibrunnen zum Eisweiher (➲ 2,9 km)

Variante 4: vom Wegweiserfelsen Nr. 1 auf dem Weg zum Waltharibrunnen zurück zum Beckenhof (➲ 1,5 km)

Variante 1 über das Gebetbuch: Die Markierung des Felsenwald-Weges führt Sie auf dem oben genannten Waldweg links zum **Rettungspunkt 6711-798**, dort nach links und nach etwa 60 m rechts auf dem winzigen Trampelpfad 7-8 m durch das Gebüsch zum Weg mit der rot-gelben Markierung. Dieser und der Felsenwald-Markierung folgen Sie nach rechts über 500 m, wo Sie links kurz auf einem Pfad zur Felsformation Gebetbuch absteigen. Von dort geht es an Felsen zurück, bis sich der Pfad teilt. Rechts führt die Felsenwald-Markierung hinab und über Pfade, Waldwege und Forstwege ziemlich geradlinig zu Kugelfelsen und Eisweiher. Auf dem links aufsteigenden Pfad kehren Sie (**Variante 2**) zum Ausgangspunkt des Gebetbuch-Abstechers am rot-gelb markierten Weg zurück. Wenige Meter nach rechts kommen Sie zu besagtem kleinen Markierungsfelsen Nr. 1.

Variante 3 (Hauptroute) über Waltharibrunnen, der „Normalweg": Nach dem Luitpoldfelsen überqueren Sie den Weg und laufen auf dem Pfad und durch das vom Hinweg ins Glastal bekannte Brombeerfeld weiter bis zum kleinen **Markierungsfelsen (Nr. 1)**. Direkt am Fuß des Felsens läuft ein schmaler, nicht markierter Pfad in den Wald. Der Pfad mündet in einen Forstweg ein, den Sie auch hätten wählen können. Nach etwa 300 m auf dem Forstweg stoßen Sie auf einen Pfad, der mit einem grünen Dreieck markiert ist. Auf ihm nach links (**Variante 4**) erreichen Sie nach ca. 600 m den Beckenhof. Zu Waltharibrünnchen und Eisweiher geht es rechts! Das **Waltharibrünnchen** (km 6,3) ist wenige Meter abseits des Pfades über Stufen erreichbar. In drei Sequenzen tritt hier das Wasser aus drei sich überlagernden Schichten des Buntsandsteins.

Nach dem kurzen Abstecher zum Brunnen senkt sich der angenehme Pfad mit dem grünen Dreieck auf einer schmalen Felsterrasse leicht abwärts. An einem **Hochsitz** (fehlende Markierung) geht es rechts auf einem Grasweg hinab. Der folgende Pfad endet an einem Waldweg. Hier laufen Sie nach links und nach 200 m rechts in einen Pfad, der auf einen Felsrücken ansteigt, wo ein Waldweg quert.

Hier, wo Sie rechts ein **Wegdreieck** (RP 6811-164) mit einem Rastplatz sehen, folgen Sie dem grünen Dreieck und dem Waldlehrpfad geradeaus und biegen nach 30 m rechts ab. Nach weiteren ca. 50 m verabschiedet sich der Pfad mit dem grünen Dreieck links hinab, Sie aber bleiben oben und kommen geradeaus auf wenig begangenem Pfad zum vom Wegdreieck heranziehenden Schotterweg. Sie gehen nach links und bereits nach 10 m führt Sie die Felsenwald-

Markierung auf einem Pfad zum vierbeinigen **Kugelfelsen** (km 8,1) mit seinen drei Öffnungen unter einer kompakten Felsplatte, die einen Durchblick ermöglichen. Die Felsplatte erlaubt Kindern leichte Klettereien.

Der sehr steile, gewundene Abstieg am Kugelfelsen hinab erfordert die volle Aufmerksamkeit und konzentriertes Gehen.

Im Talgrund angekommen, spazieren Sie am Ostufer des **Eisweihers** entlang, wo einige Bänke zur Rast einladen. (Nach dem Ende des Weihers können Sie nach rechts über einen Holzsteg über den Lamsbach P Parkplätze, die Bushaltestelle der Linie 204 und nach ca. 300 m das Bistro Mordloch erreichen.)

Vom Holzsteg nach links führt die Felsenwald-Markierung kurz, steil und unbequem zu einem angenehmen Pfad hinauf. Nun geht es auf Pfaden und Wegen im Hang entlang, am Ambossfelsen vorbei und durch einen Felsenhohlweg am Mordloch zum Rand des Ortsteils **Ruhbank** (km 9,6, P).

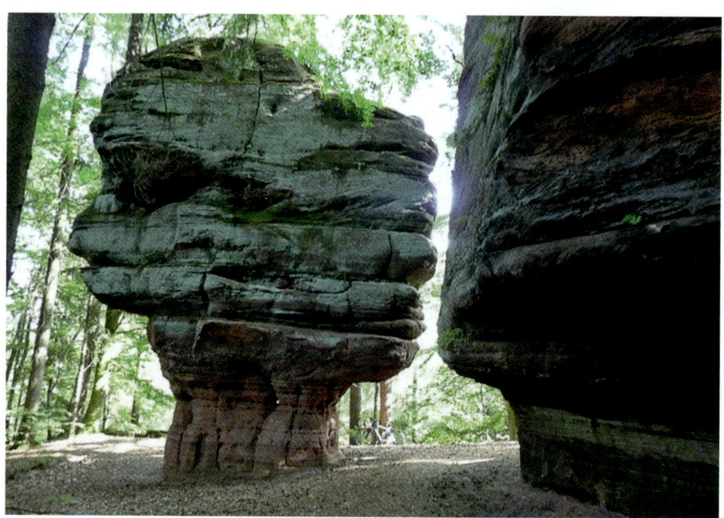

Kanzelfelsen

An der Bushaltestelle Platte der Linie 201 geht es wieder in den Wald. Sie wandern auf einem undeutlichen Pfad auf dem Rücken des **Geisenfelsens** hinab. Danach folgen Sie über längere Strecken Waldwegen. An einer Wegkreuzung, an der der Felsenwald-Weg links abbiegend einem breiten Waldweg folgt, um später auf einem Pfad recht steil zum Kanzelfelsen aufzusteigen, wählen Sie stattdessen geradeaus den **Weg Nr. 5** (km 10,9). Dieser schöne Waldpfad führt direkt zum malerischen **Kanzelfelsen** (km 11,3) hinauf.

Von dort verläuft der Felsenwald-Weg auf angenehmem Waldweg und Pfaden, die allerdings streckenweise zuzuwachsen drohen (lange Hosen sind hier von Vorteil!), hinab zum P **Waldparkplatz** an der K 36. Jenseits der Staubpiste zum Starkenbrunnen bringt Sie ein schmaler Pfad durch die wild wuchernde Vegetation des Bachtals und zuletzt ein Waldweg zum **Waldhaus Starkenbrunnen** des PWV (km 12,7, P). (Die Markierung „grünes Kreuz“ bietet eine kürzere Direktverbindung vom Kanzelfelsen zum Starkenbrunnen.)

PWV-Waldgaststätte Starkenbrunnen, 063 31/465 97, Mi-So und Fei 10:30-20:00, Nov.-März bis 18:00, Biergarten

Der letzte Kilometer Ihrer Rundwanderung ist nun angebrochen. Sie wandern auf dem allmählich steiler werdenden Weg durch das Bachtal, passieren kleine Tümpel des aufgestauten Baches und erreichen das **Forsthaus Beckenhof**.

Am Beckenhof

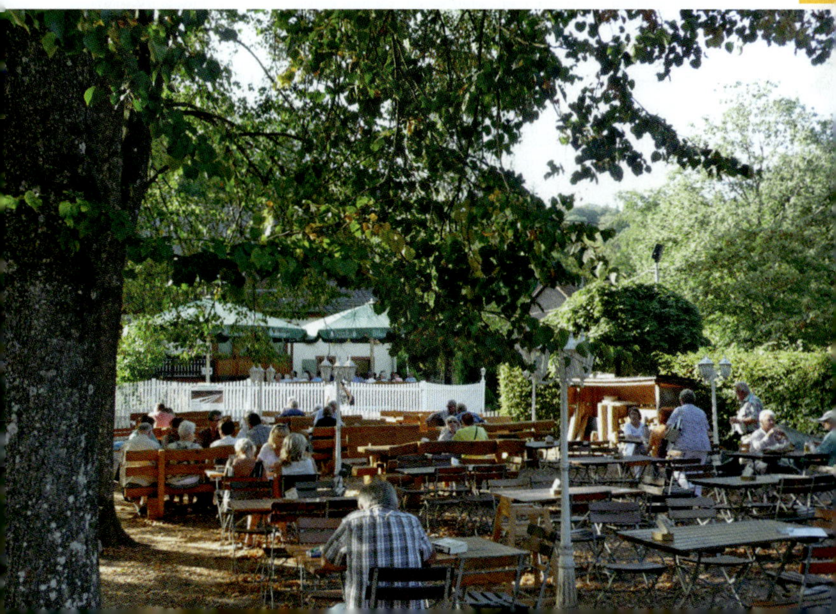

㉖ Drei Tage auf dem Rodalber Felsenwanderweg

Naturtour für Liebhaber der Buntsandsteinfelsen

Die Rundtour führt fast ausschließlich auf Pfaden um die Kleinstadt Rodalben im Rodalbtal herum entlang einer Buntsandsteinformation in erstaunlich gleichbleibender Höhe. Der Weg wird in einen westlichen und östlichen Teil sowie die Umrundung des Clausentals unterteilt, wobei sich das am Weg liegende Hilschberghaus des PWV Rodalben als Übernachtungs- und Ausgangspunkt anbietet.

Start/Ziel: 1. und 2. Tag: Hilschberghaus des PWV, Fichtenstr. 1b, 66978 Rodalben, GPS N 49°14.470' E 007°38.611', 3. Tag: P Parkplatz Hirschbrunnen (alternativer Startpunkt: Hilschberghaus)

Gesamtrunde/Tagestour: 40,7 km (ohne Umrundung der Horbergsiedlung); Mehrtagestour: 1. Tag/Westumrundung: 15,7 km, bis Hilschberghaus: 17 km, 2. Tag/Ostumrundung: Abgang Tag 1 bis P Parkplatz Hirschbrunnen: 15 km, bis Hilschberghaus direkt: 18,5 km, zzgl. Clausental: 26 km, ab/bis Hilschberghaus: 19,8 km, 3. Tag/Clausental-Umrundung ab/bis P Parkplatz Hirschbrunnen: 8 km, zzgl. Weg ab/bis Hilschberghaus: 15 km

Gesamtrunde: 15 Std.; Mehrtagestour: 1. Tag: 5 Std. 30 Min, 2. Tag 6 Std. 30 Min., 3. Tag 3 Std.

Gesamtrunde: ca. 1.350 m/1.350 m; Mehrtagestour: 1. Tag: 590 m/590 m, 2. Tag 630 m/630 m, 3. Tag: 240 m/240 m

248-394 m

„F" im Kreis auf weißem Grund. Die Pfosten 1 bis 101 helfen bei der Orientierung.

Hilschberghaus an Start/Ziel, weitere Einkehrmöglichkeiten in Rodalben. 1. Tag: Jogelhütte (km 3,5, ca. 400 m abseits), Wandertreff Kaninchenzuchtverein (km 12,8, ca. 150 m abseits). Am 2. und 3. Tag gibt es unterwegs keine Einkehrmöglichkeit!

Kanzelfelsen (km 5,6), Osterbrunnen (km 7,8), Alte Burg (km 13,2), Alter Bierkeller (km 15), Bruderfelsen (km 15,8), Bärenhöhle (km 18,2), Dekan-Eling-Hütte (km 22,1), Seibelsbachfelsen (km 22,6), Hungerpfuhlfelsen (km 26,4), Parkplatz am Hirschbrunnen (km 30,8), (Abstieg zum Hilschberghaus: Rappenteichfelsen, Saufelsen), Kuhfelsen (km 34,2), Klausfelsen/Gippelstürmerhütte (km 36,8)

Übernachtungsmöglichkeiten in Rodalben: Hilschberghaus, Garni Villa Bruderfels, Hotel/Restaurant Zum Grünen Kranz, Hotel/Restaurant Zum Schokoladengießer

Kinder werden an den einzelnen Tagestouren viel Freude haben. Unterwegs warten Felsen, Felsdurchbrüche, kleine Höhlen und Quellen.

Hunde haben auf den Felsenpfaden längere Durststrecken zu überstehen, nehmen Sie Wasser mit!

P Parkmöglichkeit am Hilschberghaus, Anfahrt: B 10 Ausfahrt Pirmasens-Husterhöhe, L 482 Rodalben – Clausen, am nördlichen Ortsrand von Rodalben rechts, Navi: Fichtenstraße 1b, 66976 Rodalben

Bf. Rodalben der Queichtalbahn Landau – Pirmasens (Stundentakt). Vom Bahnhof folgen Sie zu Fuß nach Osten der Markierung „grün-gelbe Welle“ und den Hinweisschildern, es geht auf Treppen steil hinauf!

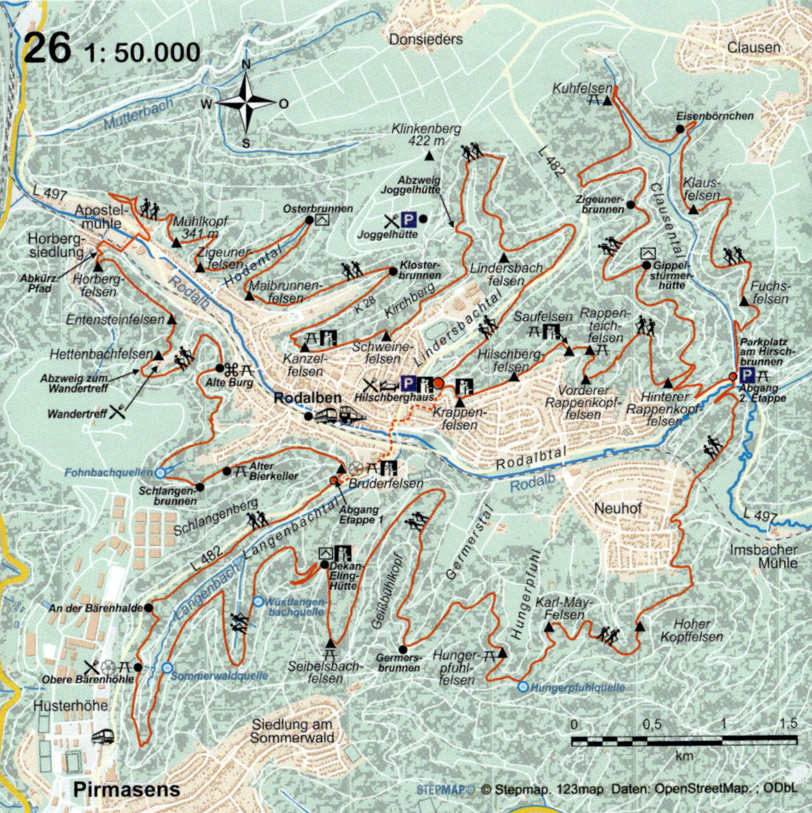

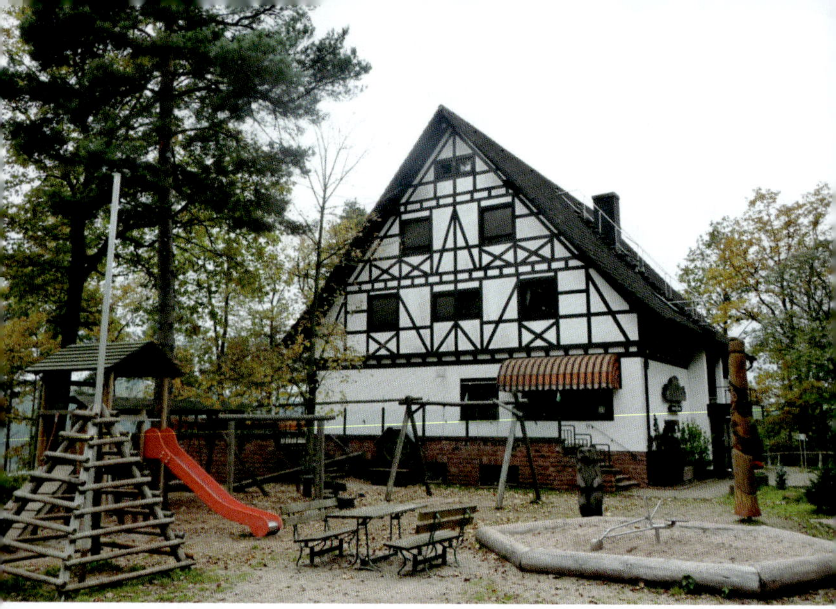

Hilschberghaus

1. Tag: Westumrundung entgegen dem Uhrzeigersinn

🛏 ✕ Hilschberghaus, Fichtenstr. 1b, 66976 Rodalben, ☎ 063 31/180 20, 💻 pwvhilschberghaus.de, 🚪 Mo-Sa ab 12:00, So und Fei ab 10:00, PWV-Hütte, Zweibettzimmer und Lager, DZ € 56, EZ € 30

Vom **Hilschberghaus** leitet Sie die Markierung „F" auf einem ziemlich geraden Pfad über die L 482 hinweg in das **Lindersbachtal** hinein und an den Lindersbachfelsen vorbei um das Tal herum. Nach 3,5 km könnten Sie mit der grün-weißen Welle abbiegen, um bereits jetzt in der Joggelhütte einzukehren.

✕ Joggelhütte auf dem Klinkenberg, ☎ 063 31/219 36 30, 🚪 Mi-So ab 11:00

Am Kirchberg entlang und mit Blicken hinab nähern Sie sich wieder der Stadt. Vor dem **Kanzelfelsen** (km 5,6) bieten sich Ihnen zwei Möglichkeiten: Sie folgen dem Hinweis zum Felsplateau und blicken von der für Sie angelegten metallenen Plattform in das Rodalbtal hinab oder Sie bleiben unten auf dem Weg, erreichen einen ⛼ Rastplatz an einer Felswand und können auch von hier dem Angebot hinauf zur Aussichtskanzel folgen.

Sie überqueren die K 28 und laufen oberhalb des Friedhofs zum Klosterbrunnen und das Seitental wieder hinaus zum **Maibrunnenfelsen** (km 7,1). Dann erkunden Sie das Hodental mit dem Osterbrunnen und einer Schutzhütte am Wendepunkt und dem **Zigeunerfelsen** am Talausgang (km 8,7, ⛼). Nach dem Mühlkopf erreicht der Felsenweg den Ortsteil **Apostelmühle**.

Um die Wanderung auf der Südseite des Rodalbtales fortzusetzen, wird das Tal mit Landstraße, Fluss und Bahntrasse gequert und kurz auf Natur verzichtet. Danach führt der Weg schön, aber nicht so spektakulär um die **Horbergsiedlung** herum. Hier wird deshalb eine um 2 km kürzere Alternative beschrieben: An Kirche und Kindergarten gehen Sie nach links. Wo die Straße Am Horberg rechts abknickt, steigen Sie links einen winzigen Pfad hinauf, wandern kurz rechts auf einem Waldweg und links auf steilem Pfad wieder zum Felsenweg unter dem **Horbergfelsen**, wo es nach links weitergeht.

Unterhalb des Entensteinfelsens vorbei kommen Sie zum **Hettersbachfelsen** (km 12,3). Kurz danach können Sie abbiegen, falls Sie unterhalb im Wandertreff einkehren möchten.

✕ Wandertreff, ☏ 063 31/103 50, Di-Sa ab 14:00, So und Fei ab 10:00

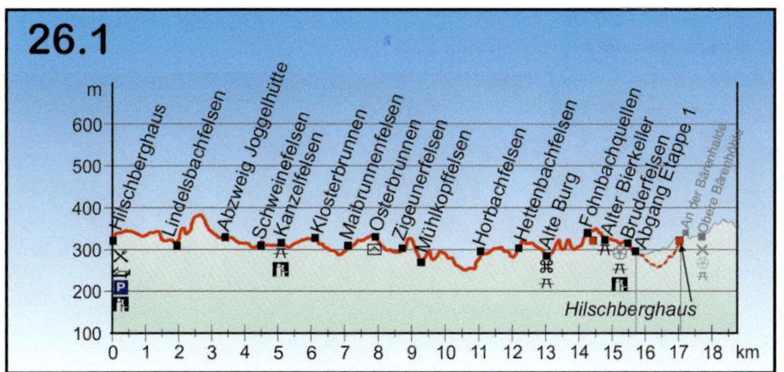

Danach umrunden Sie den Burgberg mit der **Alten Burg**, wo sich eine keltische Fliehburg befand (km 13,2, ⛼). Nach den Fohnbachfelsen und den unterhalb liegenden Drei Quellen sowie dem Schlangenbrunnen können Sie am **Alten Bierkeller** (km 15, ⛼) vorbei zum Bahnhof absteigen, würden damit aber die letzte und schönste Felsgruppe, die Steinsäulen des **Bruderfelsens** (km 15,8, ⛼), versäumen.

Um die erste Etappe zu beenden, steigen Sie ca. 100 m nach dieser schönen Felsgruppe links auf nicht markiertem Pfad und anschließend entlang der Pirmasenser Straße nach Rodalben ab. (☝ Sollten Sie den ↳ Abzweig verpasst haben, laufen Sie nicht an der L 482 mit ihren schnell fahrenden Autos entlang, sondern ein wenig weiter bis zum Boden des Langenbachtales. Von dort leitet Sie die grün-gelbe Welle nach Rodalben und zum Hilschberghaus.)

🛏 ✕ Hilschberghaus, ☞ oben

♦ Hotel/Restaurant Zum Grünen Kranz, Pirmasenser Str. 2, 66976 Rodalben, ☎ 063 31/231 70, 💻 www.boldskranz.de, DZ € 75-88, EZ € 45-55

♦ Hotel/Restaurant Zum Schokoladengießer, Hauptstr. 108, 66976 Rodalben, ☎ 063 31/171 23, 💻 www.schokoladengiesser.de, DZ € 95, EZ € 66,50

🛏 Garni Villa Bruderfels, Baumbuschstr. 58, 66976 Rodalben, ☎ 063 31/233 50, 💻 www.villa-bruderfels.de, DZ ab € 80, EZ ab € 48

2. Tag: Ostumrundung entgegen dem Uhrzeigersinn

Vom Hilschberghaus queren Sie das Rodalbtal in das Langenbachtal hinein, indem Sie sich von der grün-gelben Welle leiten lassen. Durch das Tal, das seinem Namen Ehre macht, erreichen Sie die ✿ **Bärenhöhle**, die als größte Höhle der

Die untere Bärenhöhle

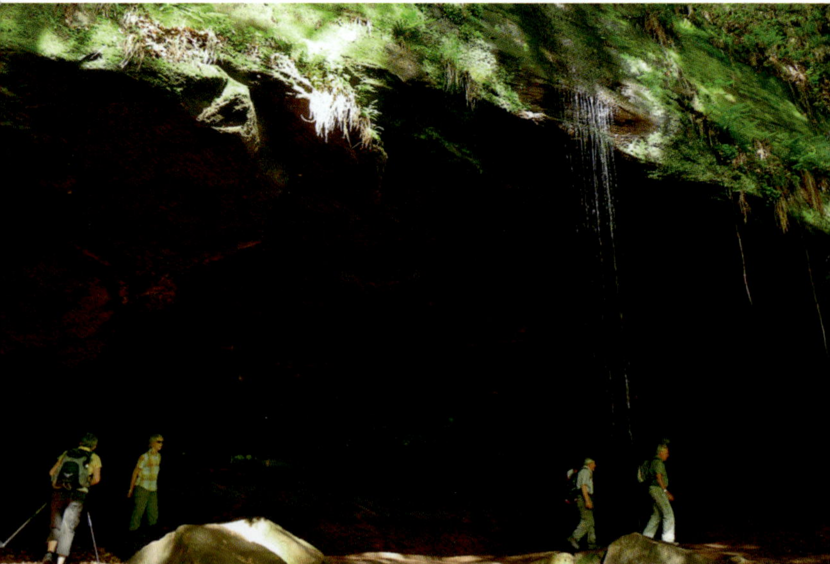

Pfalz gilt. Sie besteht aus zwei übereinander liegenden Höhlen. Die Quelle in der oberen Höhle ergießt ihr Wasser als Wasserfall über die untere. Hier finden Sie eine Bärenskulptur, ein Kneippbecken, einen Rastplatz und eine Relaxliege. Weiter geht es von der oberen Höhle. An der nächsten Pfadverzweigung folgen Sie dem „F" nach links (rechts geht es zur Husterhöhe in Pirmasens und zu einer Bushaltestelle).

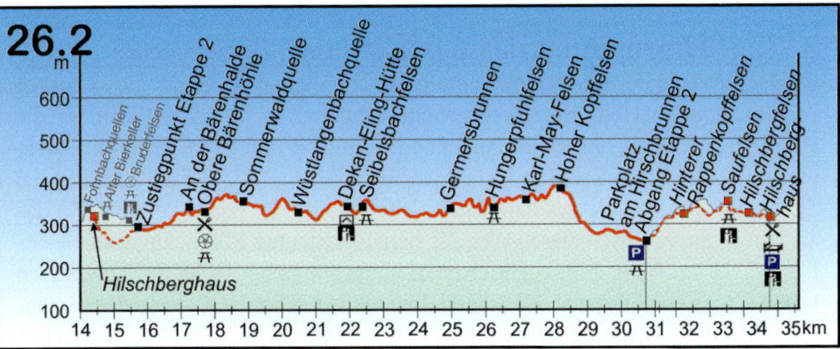

Sie wenden und wandern das Langenbachtal an der Sommerwaldquelle vorbei talauswärts. Der Felsenwanderweg läuft nun in fünf kleine Seitentäler hinein und wieder hinaus. Sie passieren den Wüstlangenbachfelsen, durchlaufen eine Serpentine und können an der **Dekan-Eling-Hütte** (km 22,1) rasten. Vom Seibelsbachfelsen stößt der Geißbühlkopf in das Rodalbtal vor. In den Tiefen der nächsten Tälchen liegen, getrennt durch den Hungerpfuhlfelsen, der Germersbrunnen und die Hungerpfuhlquelle. Dem **Karl-May-Felsen** (km 27,6) gebührt anschließend Ihre ganze Aufmerksamkeit.

Vom Hohem Kopffelsen leitet Sie das „F" hinab zu einem Steg über die Rodalb. Hier ist der **Hirschbrunnen** samt Pfad dorthin zugewachsen. Nun führt der Felsenweg – kleiner Gag – im Bachbett unter der Straße hindurch. Schade, dass vergessen wurde, hier Trittsteine zu legen. So bekommen Sie bereits bei Normalwasserstand nasse Füße oder überqueren dann doch besser die Straße.

Am P **Parkplatz** (km 30,8,) müssen Sie entscheiden, ob Sie heute noch, am Pfosten 52 beginnend, das **Clausental** umlaufen möchten (ca. 7 km länger und nur ausdauernden Gehern zu empfehlen) oder sich mit ca. 3,5 km bis zum Hilschberghaus bescheiden. In letzterem Fall vertrauen Sie sich der Markierung „grün-weiße Welle" des Pfälzer Waldpfades an. Diese bringt Sie nach links auf einem Pfad kurz parallel zur Straße und in Serpentinen wieder auf die Trasse des Felsenweges und Richtung Westen.

Bis zum Hilschberghaus wandern Sie an einer Felswand entlang, wobei mehrere markante Felsen erwähnenswert sind: Hinterer und Vorderer Rappenkopffelsen, dazwischen der Rappenteichfelsen mit felsüberdachtem Rastplatz. Die Wand des Saufelsens kann als Variante bequem überstiegen und auf seinem Dach gerastet werden. Es folgen noch Hilschbergfelsen und unter dem **Hilschberghaus** der Krappenfelsen. Eine Einkehr auf der aussichtsreichen Terrasse des PWV-Hauses haben Sie sich nun verdient.

3. Tag: Umrundung des Clausentals

Die Umrundung des Clausentals vom und bis zum Parkplatz an der L 497 östlich von Rodalben in Höhe des Hirschbrunnens beträgt ca. 8,2 km. Wenn Sie die Wanderung am Hilschberghaus beginnen und auch dorthin zurückkehren wollen, verlängert sich die Strecke um 7 km (Wegbeschreibung ☞ 2. Tag). Vom Pfosten 52 am nördlichen Ende des Parkplatzes leitet das „F“ Sie rechts vom Bach in das Tal hinein. Sie verlassen diesen Weg bereits nach etwa 300 m zugunsten eines Pfades, der im Hang zum Fuchsfelsen aufsteigt. In halber Höhe des bewaldeten Hanges passieren Sie den Klausbergfelsen und durchqueren unter dem Eisenbörnchen ein kleines Tal. Umkehrpunkt ist der **Kuhfelsen**, der einen idyllischen Rastplatz bietet.

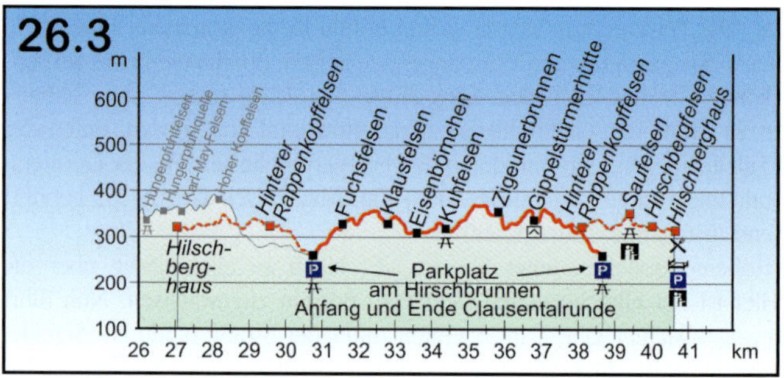

Auf dem Rückweg vollführt der Weg, wie bereits gewöhnt, einige Schleifen, um ungefähr in gleicher Höhe der Buntsandsteinschichtung zu bleiben. Über den Zigeunerbrunnen erreichen Sie die **Gippelstürmerhütte** (hochdeutsch: Gipfelstürmerhütte) unter dem Klausfelsen. Sobald Sie vor dem Hinteren Rappenkopffelsen auf die Markierung „grün-weiße Welle“ treffen, folgen Sie ihr hinab und zurück zum Parkplatz. Oder Sie wandern dem „F“ nach über den lohnend schönen Pfad – wie am Ende der 2. Etappe beschrieben – zum **Hilschberghaus**.

Zentraler und nördlicher Pfälzerwald

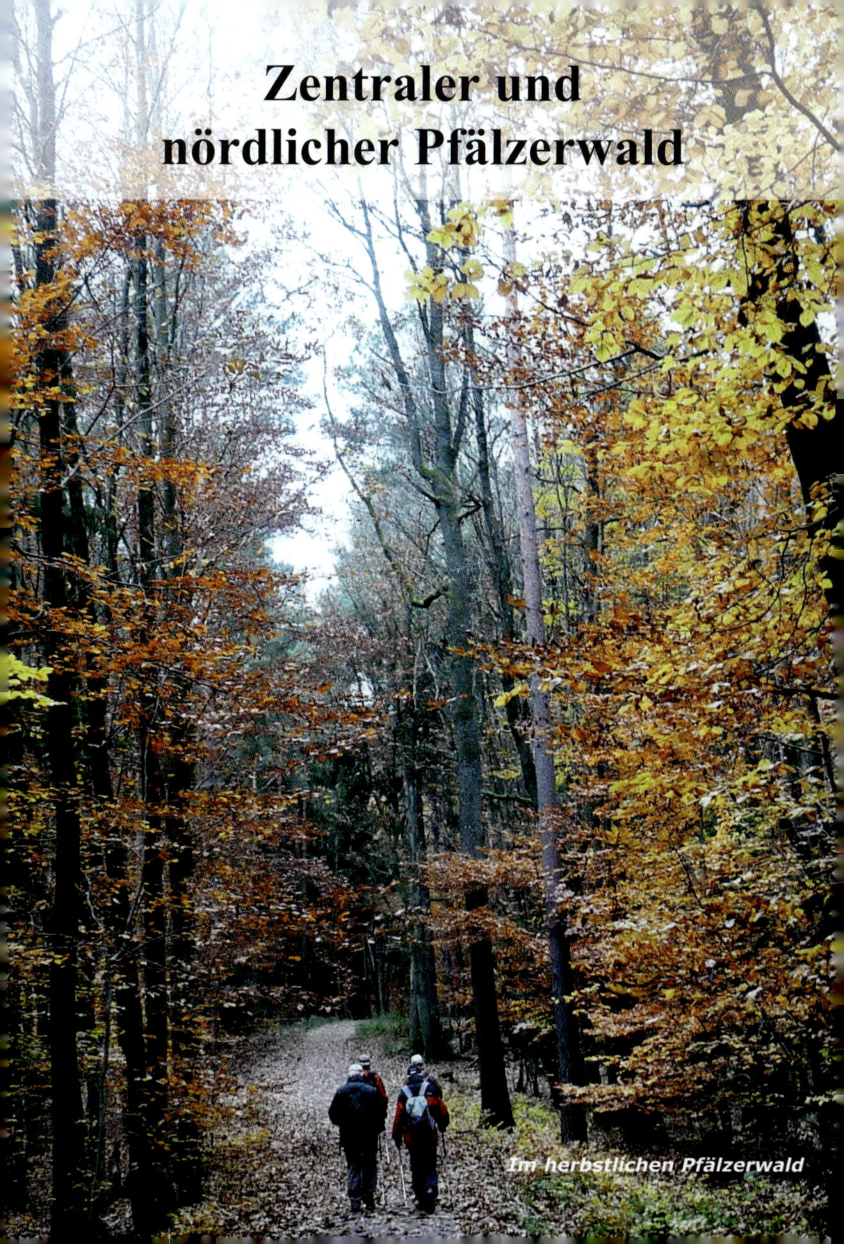

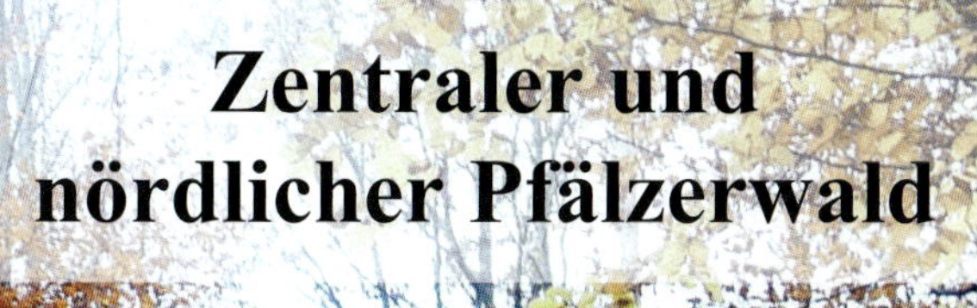

Im herbstlichen Pfälzerwald

27 Rundwanderung Hornesselwiese und Forsthaus Taubensuhl

Tour für Naturfreunde und Genießer

Diese Wanderung führt durch die typische geschlossene Waldlandschaft des zentralen Pfälzerwaldes. Aus Bachtälern geht es überwiegend auf Pfaden hinauf auf ein bewaldetes Buntsandsteinplateau und zu den Resten früherer Rodungsinseln.

Start/Ziel: Waldschenke Hornesselwiese, GPS N 49°19.247' E 007°56.263'; alternativer Startpunkt (bei Anreise aus Richtung Landau): Forsthaus Taubensuhl, GPS N 49°17.053' E 007°54.914'

11,5 km

3 Std. 30 Min.

ca. 300 m/300 m

248-525 m

nicht markiert bis Geiswiese, blauer Strich bis Taubensuhl, gelber Punkt bis Hornesselwiese

Waldschenke Hornesselwiese am Start/Ziel (längere Wartezeiten möglich, besser nach der Wanderung speisen), Forsthaus Taubensuhl (km 6,1)

Hornesselwiese, Geiswiese (km 1,4), Abzweig Geiskopfer Hof (km 2,6), RP 6613-914 (km 3), Unterstand am Beginn des Waldlehrpfads (km 4,5,), Taubensuhl (km 6,1), Rastplatz am Pfadabzweig (km 7,7)

Bademöglichkeit am Geiswiesenweiher (km 1,4)

Attraktionen für Kinder: Gehege mit Alpakas und Eseln an der Waldschenke, Felsen der Windlöcher, Baden und Spielen an der Geiswiese, Waldlehrpfad Taubensuhl, kleiner Spielplatz am Taubensuhl. Die Bäche sind aufgrund ihrer steilen Ufer nicht zum Spielen geeignet!

Freier Auslauf auf der Geiswiese. Die Forellenteiche sind für Hunde tabu.

P Wanderparkplatz Hornesselwiese, Anfahrt: B 39 Neustadt – Kaiserslautern, in Frankeneck L 499 Richtung Elmstein, in Helmbach links K 51 Richtung Iggelbach, am Forsthaus Frechental links K 18 nach Hornesselwiese, Navi: Hornesselwiese, 67471 Elmstein; bei Start am Forsthaus Taubensuhl: Taubensuhl, Anfahrt: B 10 Landau – Pirmasens, Abfahrt Queichhambach, L 505, Navi: Forsthaus 1, 76857 Taubensuhl

keine Busverbindungen zur Waldschenke; bei Start am Forsthaus: Haltestelle Forsthaus Taubensuhl, Buslinie 532 von Mitte Juni bis Ende Okt. So und Fei von Albersweiler Bf. und Annweiler Bf., morgens und nachmittags je 2 Fahrten

Vom **P** Wanderparkplatz **Hornesselwiese** überqueren Sie die Straße in das Stille Tal und folgen dem nicht markierten Waldweg oberhalb der Waldschenke und des Helmbachs vorbei an der kleinen Felsformation der Windlöcher in weniger als 30 Min. bis zur **Geiswiese** (**P**, Biosphärenerlebniscamp: Wiese, Jugendzeltplatz, große Grillhütte, Weiher mit Bademöglichkeit).

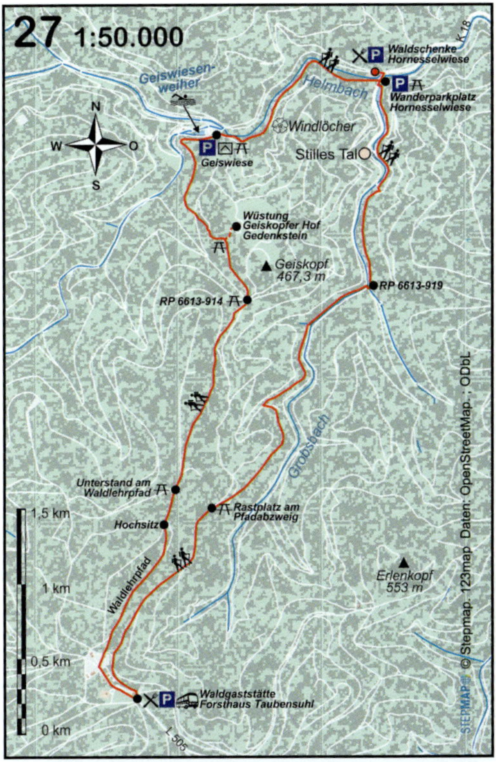

Der mit blauem Balken markierte Pfad leitet Sie danach im Wald bis zum Taubensuhl hinauf. (Vorher können Sie den steilen Sandsteinstufen in den Wald folgen: Sie erwartet ein winziges Plateau und ein Gedenkstein, der an den einst

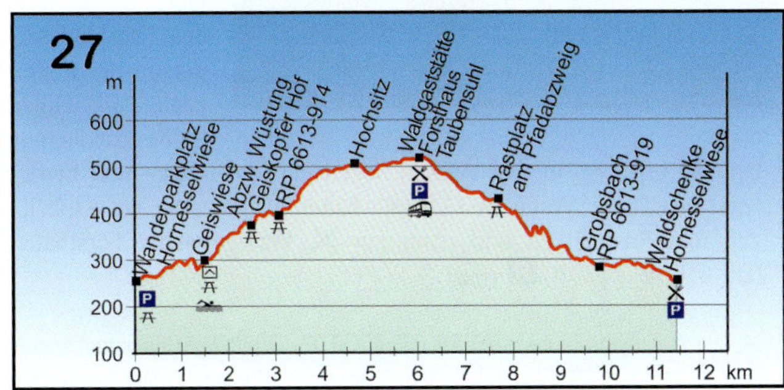

hier stehenden Geiswieser Hof erinnert.) Wenn der Pfad in einen Schotterweg übergegangen ist, führt an einem betagten Rastplatz links ein etwa 150 m langer Stichweg zu einer weiteren **Wüstung**, dem **Geiskopfer Hof**. Die Waldbauernhöfe wurden Mitte des 19. Jh. aufgegeben, weil sie ihre Bewohner nicht mehr ernährten.

Auf dem Weg zum Taubensuhl

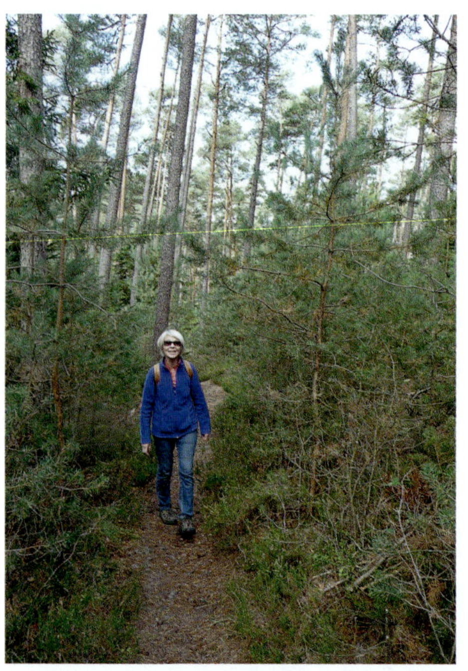

Zurück auf dem grasbewachsenen Schotterweg kommen Sie zu einer Wegspinne mit Rettungspunkt 6613-914 (⇧ 405 m, ⛼). Dann leitet der blaue Strich Sie über einen schmalen Grasweg, später über Eicheln und Bucheckern, sanft aufwärts zu einem **Unterstand** mit ⛼ Sitzbank und zu Turngeräten. Der interaktive **Waldlehrpfad** Taubensuhl ist erreicht.

Der blaue Strich folgt nun bis Taubensuhl fast eben einer Forstpiste. Dieser können Sie streckenweise entgehen, indem Sie dem Waldlehrpfad folgen. Deshalb halten Sie geradeaus auf einen **Hochsitz** (km 4,7, ⇧ 508 m) zu. Hier nach links kommen Sie auf Gras zu einer weiteren Station des Lehrpfades, bereits wieder an der Piste. Etwa 1 km nach dem Hochsitz ist die große Waldlichtung von Taubensuhl erreicht. In den Wiesen liegen ein Jugendheim und Einrichtungen der Forstverwaltung. Wenn Sie sich links halten, kommen Sie auf Asphalt zu Parkplätzen und Rastplätzen und dann zur ✕ **Waldgaststätte Forsthaus Taubensuhl** (km 6,1, ⇧ 517 m, P 🚌).

✕ Forsthaus Taubensuhl, ☏ 063 45/30 07, 💻 http://gasthaus.taubensuhl.de/, Mi-So 11:00-19:00, Sonnenterrasse, Brunnen mit Bänken, kleiner Kinderspielplatz

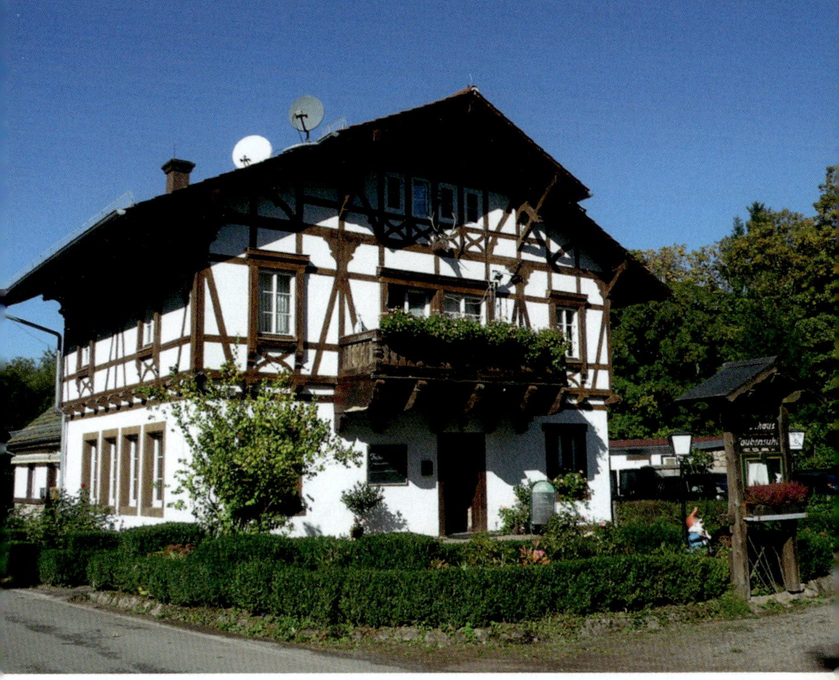

Forsthaus Taubensuhl

Von der Südostseite des Forsthauses leitet der gelbe Punkt Sie zurück zur Hornesselwiese. Es geht ausschließlich abwärts. An einem betagten **Rastplatz** dürfen Sie rechts den schönen abwärtsführenden Pfad nicht verpassen. Am Ende des Pfades müssen Sie im Tal etwa 500 m mit Asphalt vorliebnehmen, bevor Sie am **Rettungspunkt 6613-919** auf die rechte Seite des Grobsbachs und einen Waldweg wechseln. Nach knapp 700 m steigt links ein Pfad zu einem tiefer liegenden Waldweg ab, der Sie zum Wanderparkplatz und zur **Waldschenke Hornesselwiese** (P, Forellenteich) zurückbringt, wo Sie bei frischer Küche den Wandertag Revue passieren lassen können.

Waldschenke Hornesselwiese, 063 28/98 20 10, www.hornesselwiese.eu, Mi-So 11:30 bis 19:00, frische Küche (längere Wartezeiten möglich), geführte Wanderungen mit Alpakas und Eseln

28 Zum verwunschenen Drachenfels

Spannende Tour für Naturliebhaber

Die Wanderung führt durch Laubhochwälder zu einem einsamen Felsplateau und zwei angenehmen Einkehrmöglichkeiten.

- Start/Ziel: Wanderparkplatz Saupferch, GPS N 49°26.355‘ E 008°03.099‘
- 10,5 km
- 3 Std.
- ca. 380 m/380 m
- 240-571 m
- blauer Strich, gelber Strich, blau-rot
- Waldgaststätte Saupferch am Start/Ziel, Waldhaus Lambertskreuz (km 6,4)
- Westfels-Schutzhütte (km 1,5)
- Kinder können am Drachenfels auf Entdeckungstour gehen, Absturzgefahr an den Plateaukanten.
- Der Drachenfels ist Naturschutzgebiet, Hunde sind an der Leine zu führen.
- Parkplatz unterhalb der Waldgaststätte Saupferch, Anfahrt: B 37 von Bad Dürkheim, ca. 6 km nach Ortsteil Hardenburg links Richtung Saupferch, Navi: Jägertal, 67098 Bad Dürkheim
- Linie 485 von Bad Dürkheim, Haltestelle Abzweig Saupferch (geringe Frequenz!). Von dort wandern Sie etwa 2 km auf dem Wanderweg mit den Markierungen „blau-rot“ und „blau-weiß“ nach Süden.
- Für ÖPNV-Nutzer kann es günstiger sein, die Tour als Streckenwanderung zu gestalten und vom Lambertskreuz ausschließlich über Pfade, zunächst mit blau-roter Mar-

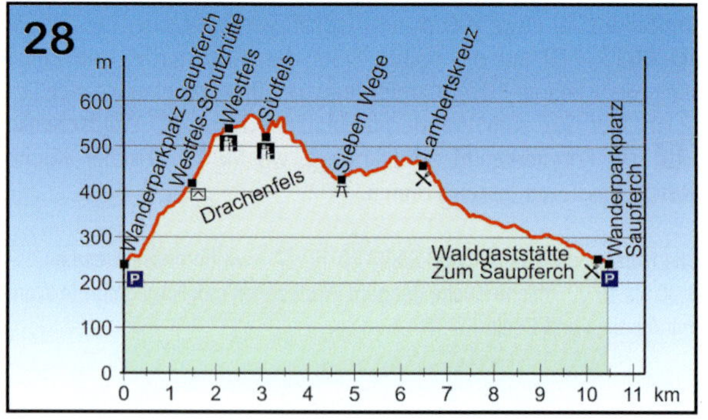

kierung, ab RP 6514-687 mit gelbem Kreuz, zum Bf. Lambrecht abzusteigen. Von dort besteht eine Verbindung im Halbstundentakt mit Umstieg in Neustadt Hbf. zurück nach Bad Dürkheim. Alternativ können Sie ab Lambertskreuz mit grün-weißer Markierung, ab Drei Eichen mit der „Armbanduhr“ über ca. 10 km nach Bad Dürkheim wandern.

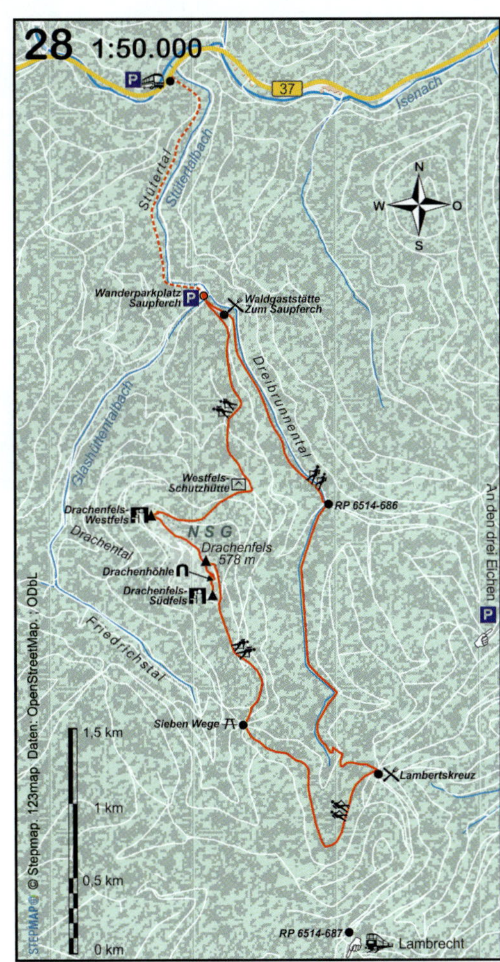

Vom **Parkplatz Saupferch** wenden Sie sich Richtung Waldgaststätte und gehen auf dem oberhalb verlaufenden Weg daran vorbei. Von unten kommt der Wanderweg mit der Markierung „blauer Strich“ herauf. Diesem folgen Sie auf dem rechts hinauf abzweigenden Pfad. Nach gut 1 km Aufstieg umrunden Sie die ⌂ **Westfels-Schutzhütte**. Nach weiterem Aufstieg erreichen Sie den **Drachenfels** an seinem **Westfels** (km 2,3, ⇧ 50,8 m,). Hier bietet sich ein weiter Blick über den Pfälzerwald bis Kaiserslautern und nach Norden bis zum Donnersberg.

Der blaue Strich leitet Sie über das Felsplateau. Besonders wenn im Herbst Nebelschwaden durch diesen Urwald ziehen, entfaltet der Drachenfels

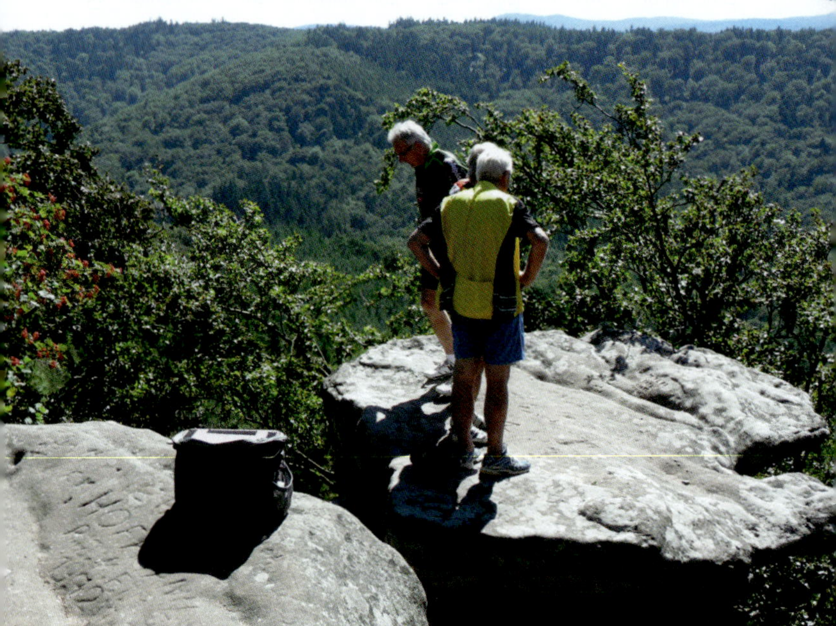

Auf dem Drachenfels

eine geheimnisvolle und bisweilen sogar etwas unheimliche Stimmung. Um zum Südfels zu gelangen, müssen Sie den blauen Strich geradeaus verlassen. Vom **Südfels** blicken Sie bis in die Oberrheinebene hinab. Auf dem Rückweg zum Weg mit dem blauen Strich können Sie rechts an der Felskante zur **Drachenhöhle** absteigen. Der Pfad ist durch ein Geländer gesichert. Die Höhle bietet sich als großer Felsüberhang dar. Unterhalb liegt die Drachenkammer oder **Durchblickkammer**.

↳ An der Westseite des Plateaus gab es einmal eine kleine römische Befestigung, die längst vom Wald überwuchert ist. Tritt- und orientierungssichere Wanderer können die Felsenmauern auf Trittspuren umwandern und auch von der Westseite auf das Plateau zurückkehren.

Der blaue Strich leitet Sie auf einem Pfad vom Felsplateau hinab zur Wegspinne **Sieben Wege** (km 4,7, ⇧ 425 m). Von dort folgen Sie über gut 1,5 km einem breiten Weg zum **Lambertskreuz** (km 6,4, ⇧ 462 m, ✕, großer Spielplatz). Das historische steinerne Lambertskreuz steht auf dem Platz.

✕ Waldhaus Lambertskreuz, ☏ 063 21/18 88 47, 💻 www.lambertskreuz.eu, Di-So 9:00-18:00, große PWV-Hütte mit vielen sonnigen und schattigen Außenplätzen

Biker-Treff am Lambertskreuz

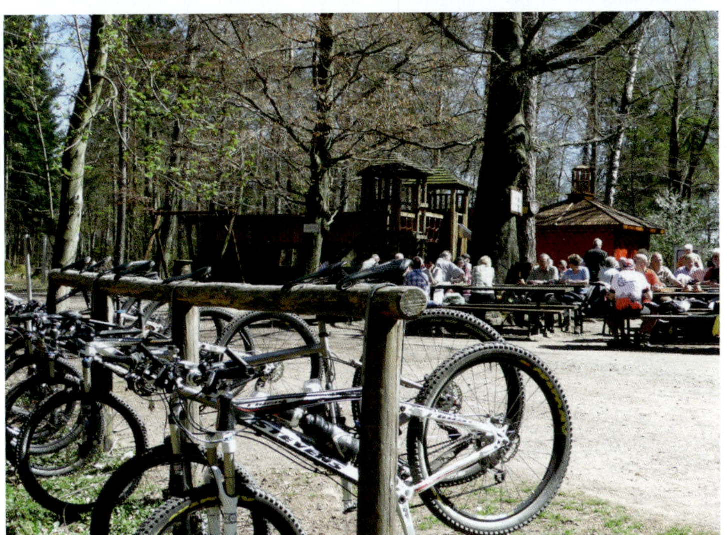

Vom Lambertskreuz führt Sie der blau-rote Strich auf einem Pfad sogleich in die Tiefe. Der Pfad ist mit Baumwurzeln und kleinen Felsen durchsetzt. In der Saupferchdell steigen Sie über wenige Stufen ab und folgen nun dem Schotterweg talauswärts bis zum **Rettungspunkt 6514-686**. Hier wechseln Sie auf die linke Seite des Baches, wo Sie ein Waldpfad über 1,5 km zur **Waldgaststätte Saupferch** bringt. Bei gutem Essen in der Gaststube oder im Biergarten können Sie sich auf das Erlebte rückbesinnen.

✕ Waldgaststätte Zum Saupferch, Jägerthal, 67098 Bad Dürkheim, ☏ 063 29/98 90 21, 💻 www.saupferch.de, Jan.-Febr. Mi, Do, Sa und So 11:00-17:00, März-Mai Mi-So 11:00-19:00, Juni-Aug. Di-So 11:00-20:00, Sept.-Okt. Di-So 11:00-19:00, Nov.-Dez. Mi-So 11:00-17:00

29 Von Schopp durch das Karlstal nach Trippstadt

Tour für Naturliebhaber

Die Karlstalschlucht bei Trippstadt gilt als das schönste Tal im Pfälzerwald. Je weiter Sie in das Karlstal vorstoßen, umso reizvoller wird es. Dabei ist es eindrucksvoller, dem sprudelnden Wasser entgegen zu laufen.

→ Start: Bahnhof Schopp, GPS N 49°21.538' E 007°41.259';
Ziel: Trippstadt, Bürgermeisteramt, GPS N 49°22.130' E 007°41.913'

10 km

3 Std.

↑↓ ca. 200 m/80 m

⇧ 273-405 m

„N" der Naturfreunde, Weg Nr. 3, rotes Kreuz und grün-weiße Welle, roter Strich und grün-gelbe Welle

Naturfreundehaus Finsterbrunnertal (km 4), Klug'sche Mühle (km 6), Trippstadt (km 10)

Finsterbrunnertal (km 4), Pavillon (km 8), Schluchtende (km 8,5), Bürgermeisteramt (km 10)

Planschen im Bach, Felsen zum Klettern und Entdecken, Felsplatten zum Runterrutschen

ausreichend Wasser und Spielgelände

Bf. Schopp an der Bahnlinie Kaiserslautern – Pirmasens, Stundentakt

Haltestelle Trippstadt, Bürgermeisteramt, Linie 170 nach Kaiserslautern Hbf., überwiegend 1x pro Std., So seltener

Die Streckenwanderung durch das Karlstal nach Trippstadt beginnt am **Bahnhof Schopp** (⇧ 273 m). Es gilt zunächst die B 270 auf einer langen Fußgängerrampe zu unterqueren. Oben wenden Sie sich nach links, dann rechts in die Straße Im Kobertal und alsbald links zum Schützenverein. Links am Zaun entlang verläuft der Naturfreundepfad (Markierung „N") oberhalb der B 270 und später an der Bahnlinie entlang durch den Wald. Der danach folgende Weg kommt im Wald zu einer **Wegverzweigung**.

Geradeaus könnten Sie mit „N" und dem roten Kreuz das Naturfreundehaus Finsterbrunnertal nach 1,5 km erreichen. Schöner ist es jedoch, links denselben Markierungen Moosalbe und Straße querend in einen Pfad zu folgen, der immer

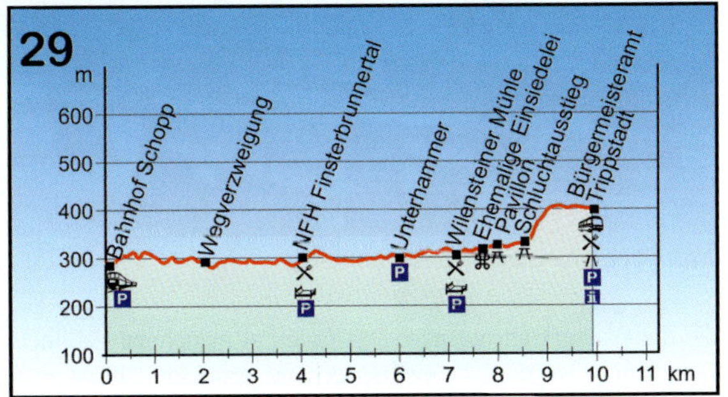

wieder zuzuwachsen droht (☝ lange Wanderkleidung ist von Vorteil). Danach wenden Sie sich sogleich scharf rechts auf die Mountainbikestrecke Nr. 3. Sie entpuppt sich als angenehm bequemer und aussichtsreicher Pfad. Nach 1,5 km lassen Sie sich von der grün-weißen Welle des Waldpfades hinab zum ✕ **Naturfreundehaus Finsterbrunnertal** (🛏 P, großer Spielplatz) leiten.

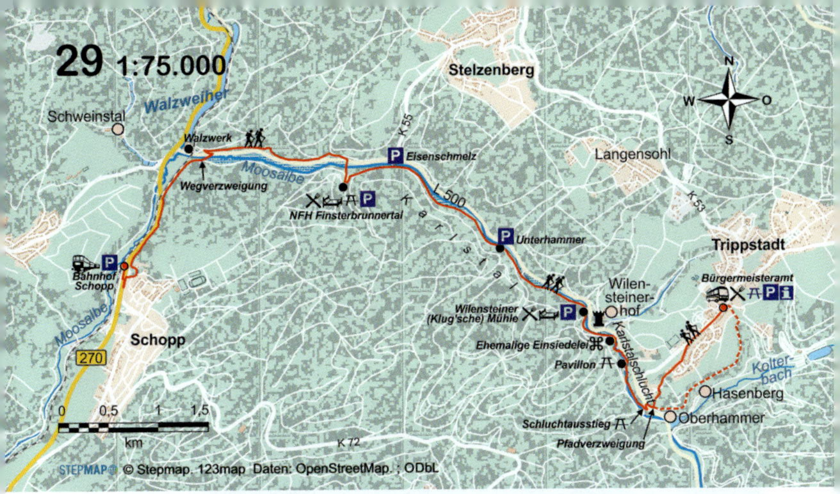

✕ Naturfreundehaus Finsterbrunnertal, ☏ 063 06/28 82, 💻 www.naturfreunde-kaiserslautern.de, 🚪 tägl. ab 10:00

Nun folgen Sie der markanten und präsenten grün-weißen Welle und dem roten Kreuz bis vor das Ende des Karlstals. Nach 2 km erreichen Sie den **Unterhammer**, eines von mehreren ehemaligen Eisenhammerwerken an der Moosalbe,

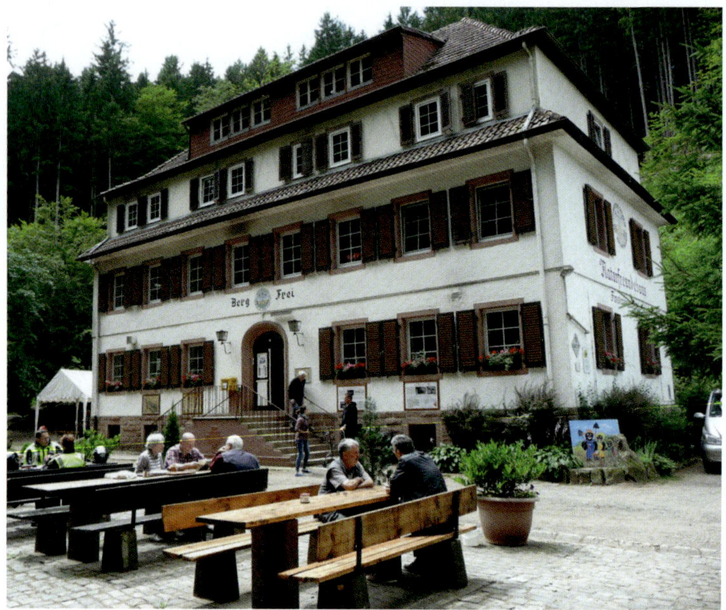

Naturfreundehaus Finsterbrunnertal

die die Wasserkraft nutzten. Das Café hat manchmal geöffnet. Danach kann der Weg feucht werden. Dementsprechend grünt und blüht es in der Bachaue in Höhe einer in einem großen Becken gefassten Quelle. Bald ist die ✗ **Wilensteiner (Klug'sche) Mühle** (km 7,2, ⇧ 300 m, 🛏 P) erreicht.

✗ Klug'sche Mühle, ☏ 063 06/312, 💻 www.klugsche-muehle.de, 🚪 tägl. ab 10:00

Nach der Mittelhammermühle treten Sie in die eigentliche **Karlstalschlucht** ein. Die Moosalbe hat sich in die Buntsandsteinschichten eingeschnitten. Der Weg kreuzt mehrfach den Bach. Kinder werden auf diesem natürlichen Abenteuerspielplatz sehr beschäftigt sein, denn es gibt viel zu entdecken, u. a. eine ehemalige **Einsiedelei** (vor dem ersten Holzsteg rechts oben). Ein hölzerner Pavillon (km 8) steht über dem jungen Flüsschen. Vor dem Ende der Schlucht, an einem ⛼ Rastplatz mit aufgeschichteten Felsquadern, verlassen Sie die Schlucht nicht über die Treppe, sondern auf dem Weg links daneben.

Sie überqueren die beiden Straßen und folgen dem Pfad Nr. 3 in den Wald. An der ersten Kreuzung der Pfade leitet der rote Strich Sie links nach 1,4 km ins Zentrum von **Trippstadt** und zur Bushaltestelle Bürgermeisteramt. Alternativ folgen Sie der Nr. 3 geradeaus auf dem bequemen Waldpfad nur wenig länger südlich um Trippstadt herum.

Pavillon in der Karlstalschlucht

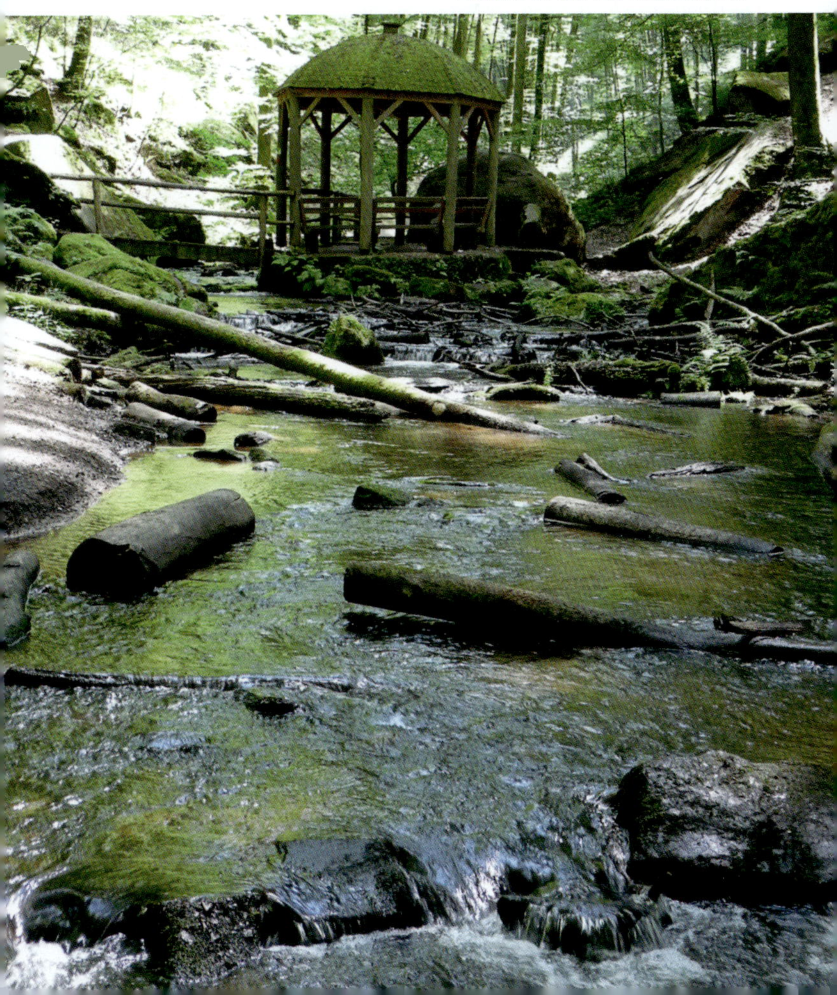

30 Vom Gelterswoog zur Burgruine Nanstein

Tour für Natur- und Kulturliebhaber

Die Wanderung führt durch das Naturschutzgebiet des wassserreichen Walkmühltals in den Sickinger Wald und zur nördlichen Abbruchkante des Pfälzerwaldes, auf der die Burgruine Nanstein über dem Landstuhler Bruch thront.

→ Start: Seehotel am Gelterswoog, GPS N 49°23.474‘ E 007°41.563‘;
Ziel: Burg Nanstein, GPS N 49°24.594‘ E 007°34.368‘
12,3 km
3 Std. 30 Min.
ca. 220 m/180 m
280-390 m
schwarzer Punkt auf weißem Strich (Armbanduhr)
Seehotel Gelterswoog am Start, Burgschänke Nanstein am Ziel
Walkmühltal (km 3,5), Schutzhütte am Zimmerberg (km 4,1), Abzweig zur Kuhdell (km 4,8)
im Sommer Bademöglichkeit im Gelterswoog
Was Kinder besonders begeistert: Wasser im Walkmühltal und Burg Nanstein.
Im Walkmühltal gibt es viel Wasser für Hunde, im NSG herrscht Anleinpflicht.
P Parkplätze am Seehotel, Navi: Gelterswoog 20, 67661 Kaiserslautern
Start: Haltestelle Seehotel Gelterswoog, Stadtbuslinie 111 von Kaiserslautern-Stadtmitte
Ziel: Bf. Landstuhl, gute Anbindung an Kaiserslautern, Halbstundentakt nach Mannheim bzw. Saarbrücken

Seehotel Gelterswoog, Gelterswoog 20, 67661 Kaiserslautern, 06 31/353 00, www.seehotel-gelterswoog.de, täglich, Okt.-April So Ruhetag

Vom **Seehotel** wenden Sie sich zum Ufer des Gelterswoogs und folgen dem Pfad zwischen Campingplatz und Seeufer. Auf dem breiten Weg gesellt sich die Markierung „schwarzer Punkt auf weißem Strich“ („Armbanduhr“) hinzu. Nach 350 m ist es angenehmer, rechts den Waldweg zu wählen, der an den Bruch heran- und im Bogen wieder zum Hauptweg zurückführt. Dann folgen Sie – mit Ausnahme der kleinen Variante zum Heidenfelsen – der Armbanduhr bis Burg Nanstein.

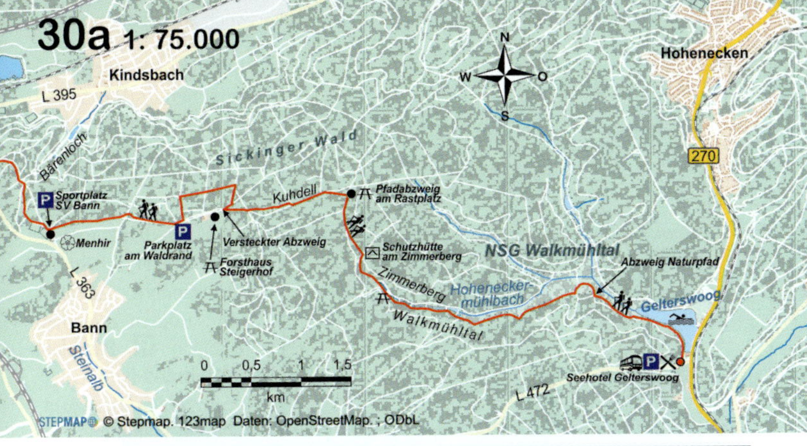

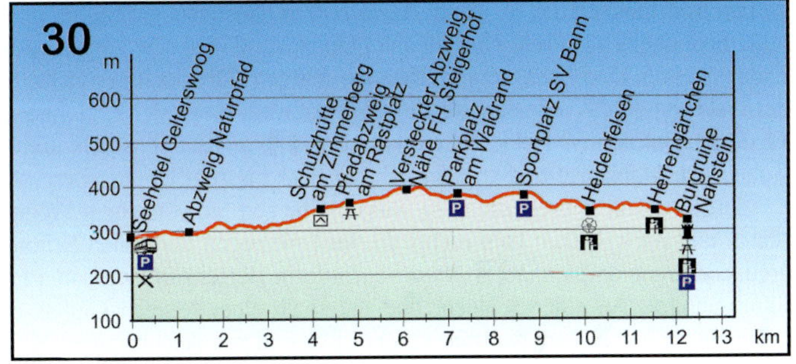

Der breite Weg durch das **Walkmühltal** wird von einem Naturpfad abgelöst, der an mehreren aufgestauten Woogen entlangläuft. In einem kleinen Felssturzgelände treffen Sie auf ein eingeritztes Halali-Männlein. Der Bach ähnelt nun einem Gebirgsbach. Sie sollten sich in dieser reizvollen Landschaft des Naturschutzgebietes Zeit lassen und gegebenenfalls auf einer der ⛼ **Bänke** oder nach 3,5 km am **Rastplatz** eine besinnliche Pause einlegen.

Anschließend führt ein breiterer Weg zur ⌂ **Schutzhütte** am Zimmerberg (km 4,1). Sie folgen einem Weg mit grünem Graskamm bis zu einem ⛼ **Rastplatz** (km 4,8). Hier biegen Sie links in einen schmalen Pfad ein, der in der Kuhdell in ein Teersträßchen mündet. Bald weichen Sie rechts in einen parallelen Waldweg aus, dann wandern Sie wieder etwa 250 m auf der Forststraße, wo der Wanderwart des PWV in jüngerer Zeit (auf Karten bis Auflage 2010 nicht enthalten) den Weg von der Straße nach rechts in den Wald verlegt hat. ☝ Der **versteckte**

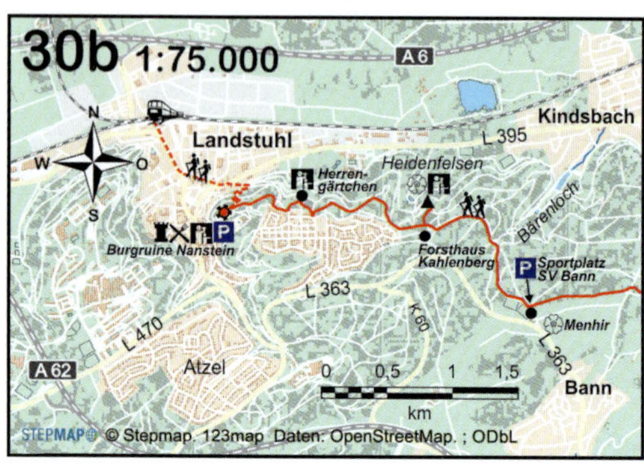

Abzweig ist leicht zu übersehen. (Wer den Abzweig verpasst hat, kann ab **Forsthaus Steigerhof** (Rastplatz kurz vorher) auf einem nicht markierten Pfad wenige Meter parallel zur Straße weiterwandern.) Auf allen diesen Routen erreichen Sie einen **P Parkplatz am Waldrand** (km 7,2).

Sie folgen der Armbanduhr und dem oftmals deutlicheren roten Kreuz auf schönen Waldpfaden bis zu den **Sportplätzen** des SV Bann. (Etwa 200 m nach links gegenüber der Grillhütte befindet sich ein keltischer Menhir.) Durch Wald wird eine Wegkreuzung am Ende des von Kindsbach heraufziehenden felsigen **Bärenlochs** erreicht. Sobald der Waldweg durch einen Schotterweg abgelöst wird, bietet sich ein lohnender Abstecher auf den **Heidenfelsen** (km 10,2,) an, der senkrecht zum Landstuhler Bruch abstürzt und an dem sich der Blick bis zum Donnersberg öffnet.

Zurück auf dem Weg zur Burg Nanstein biegen Sie vor einem Wohngebiet rechts und nach 100 m halb rechts ab. Im Linksbogen und einen Schotterweg kreuzend kommen Sie zur Aussichtsplattform **Herrengärtchen** (km 11,6) mit Ramsteinblick. An einer Schlucht und unterhalb eines felsigen Gipfels entlang gelangen Sie zur **Burg Nanstein** (330 m,) und zur gleichnamigen Schänke, deren Terrasse einen weiten Blick über den Landstuhler Bruch und das Nordpfälzer Bergland gewährt.

Burg Nanstein wurde im 12. Jh. unter Kaiser Barbarossa als Teil des staufischen Burgensystems und zur Sicherung der Kaiserpfalz Kaiserslautern erbaut. Die Burg und die Stadt Landstuhl hatten eine gemeinsame Stadtmauer. Der bekannteste Burgherr war Franz von Sickingen, der sich mit vielen Fürsten anlegte. Nachdem er gegen den Kurfürsten von Trier Krieg geführt hatte, eroberten die Heere von drei Reichsfürsten im Jahr 1523 die Burg. Franz von Sickingen erlitt dabei tödliche Verletzungen.

Unter seinen Nachfahren wurde die Ruine in ein Renaissanceschloss umgewandelt, das 1668 vom Pfalzgrafen gesprengt und 1689 im Pfälzischen Erbfolgekrieg endgültig zerstört wurde. Seit der Romantik im 19. Jh. ist die Burg teilweise wieder aufgebaut worden.

April-Sept. 9:00-18:00, Okt.-März 10:00-16:00, Mo geschlossen, Eintritt € 4 bzw. € 2,50 (Kinder und Jugendliche), Besichtigung mit Audioguide

Burgschänke, 063 71/490 25 80, Mo-Fr ab 12:00, Sa, So und Fei ab 11:00

Der Abstieg von der Burg erfolgt auf einem Serpentinenweg hinab ins Zentrum von **Landstuhl**. Der Bahnhof liegt nördlich davon. Ihn erreichen Sie am günstigsten durch die Von-Richthofen-Straße.

Blick vom Heidenfelsen in den Landstuhler Bruch

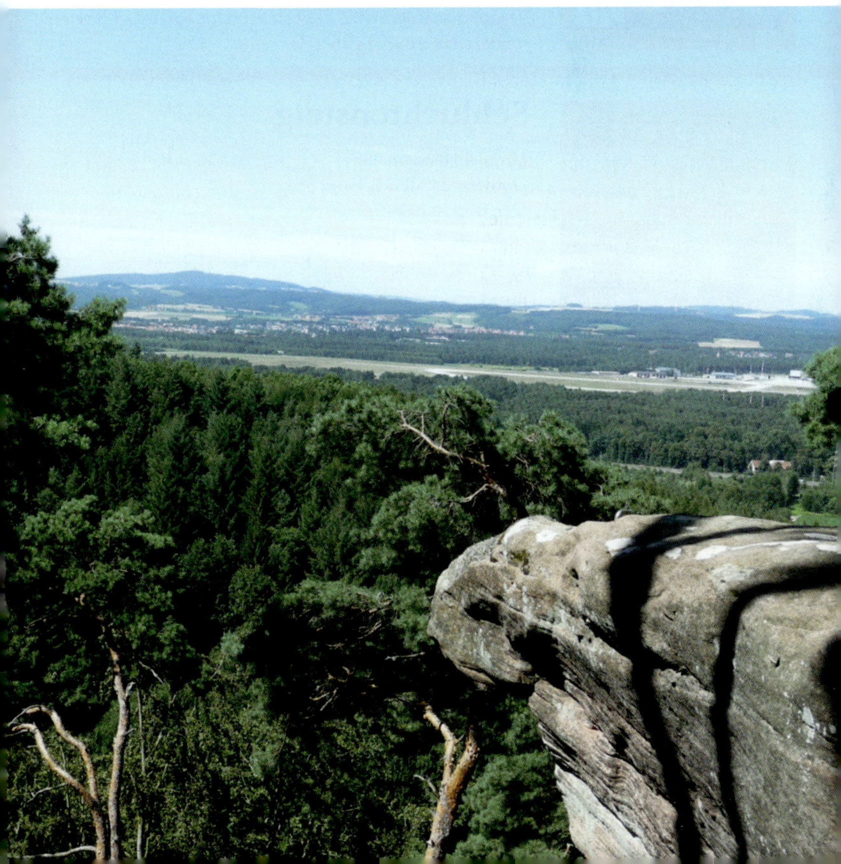

Buchtipps aus dem

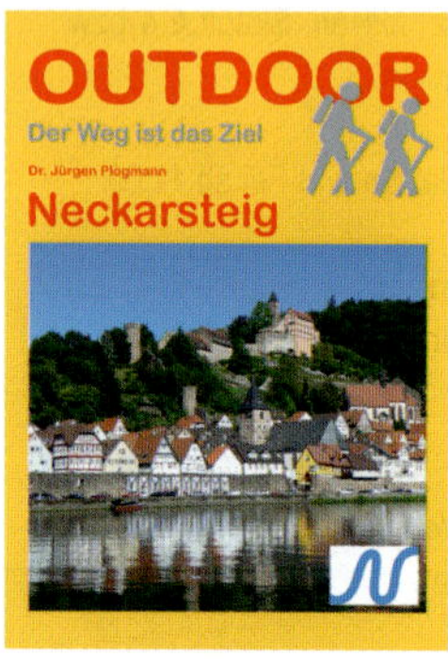

Neckarsteig

Jürgen Plogmann
OutdoorHandbuch Band 315
Der Weg ist das Ziel
128 Seiten ▸ 39 farbige Abbildungen
15 farbige Karten und 9 Höhenprofile

ISBN 978-3-86686-402-3

>> **Besprechungsdienst für öffentliche Bibliotheken:** *„Der handliche Wanderführer beschreibt die einzelnen Etappen ausführlich, (…) viele Abbildungen und Karten runden das Angebot ab.“*

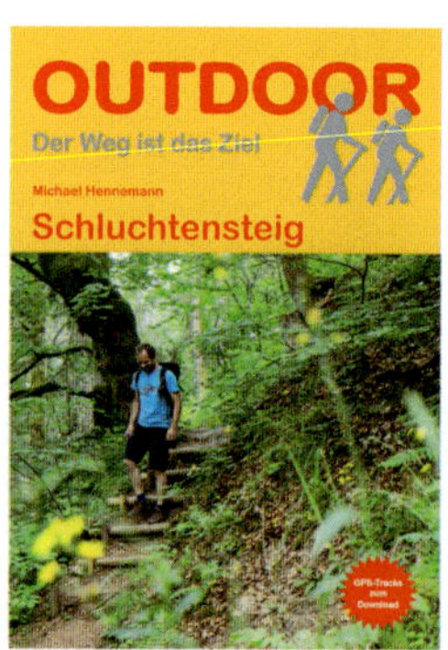

Schluchtensteig

Michael Hennemann
OutdoorHandbuch Band 356
Der Weg ist das Ziel
96 Seiten ▸ 41 farbige Abbildungen
10 farbige Kartenskizzen ▸ 7 farbige Höhenprofile

ISBN 978-3-86686-446-7

>> **Südkurier**: *„Wer gerne wandert und sich schnell orientieren will, wird in dem neuen Reiseführer fündig.“*

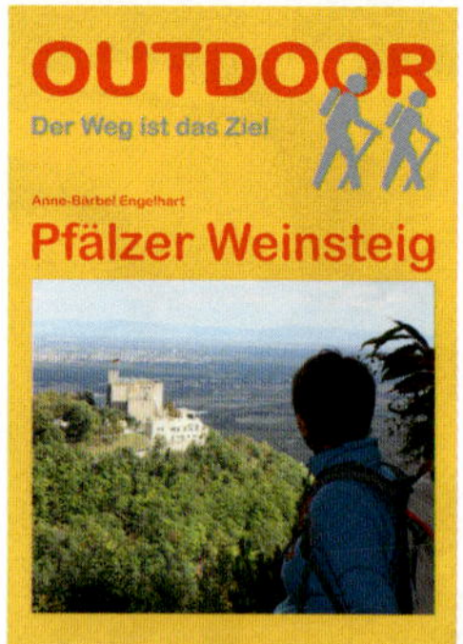

Pfälzer Weinsteig

Anne-Bärbel Engelhardt
OutdoorHandbuch Band 317
Der Weg ist das Ziel
192 Seiten ▸ 61 farbige Abbildungen
17 farbige Karten und 10 Höhenprofile

ISBN 978-3-86686-380-4

>> **Pfälzer Merkur**: *„Geschrieben hat das informative, handliche Büchlein Anne-Bärbel Engelhart. Sie [...] hat bei ihren Touren über den Weinsteig alle notwendigen Informationen akribisch zusammengestellt.“*

Conrad Stein Verlag

NEU 2017

Klettersteiggehen

Ausrüstung · Sicherheit · Tourenplanung

Christian K. Rupp

OutdoorHandbuch Band 395

Basixx · Basiswissen für draußen

128 Seiten ▸ 118 farbige Abbildungen

ISBN 978-3-86686-519-8

>> *Für Einsteiger und Fortgeschrittene*

OUTDOOR

Basiswissen für draußen

BASIXX

Christian K. Rupp

Klettersteiggehen

Ausrüstung • Sicherheit • Tourenplanung

Sportklettern I

Kristof Kontermann

OutdoorHandbuch Band 319

Basiswissen für draußen

208 Seiten ▸ 76 farbige Abbildungen

115 farbige Illustrationen

ISBN 978-3-86686-385-9

>> **Besprechungsdienst für öffentliche Bibliotheken:** *„Dieser Titel punktet mit Handlichkeit, damit auch vor Ort nachgelesen werden kann. Trotz des kleinen Formates wurde nicht an Bildmaterial gespart.“*

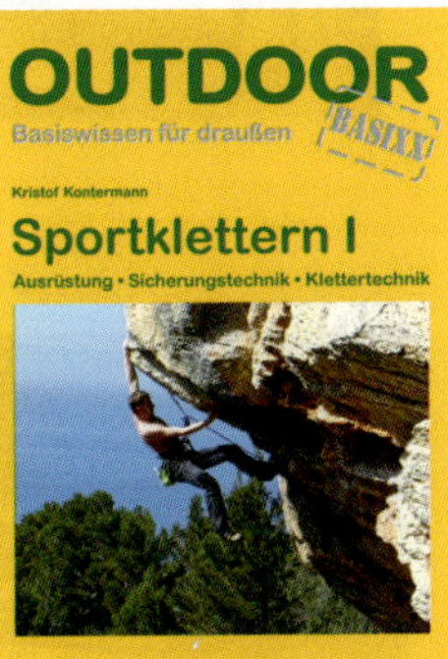

Sportklettern II

Kristof Kontermann

OutdoorHandbuch Band 320

Basiswissen für draußen

144 Seiten ▸ 59 farbige Abbildungen

105 farbige Illustrationen

ISBN 978-3-86686-453-5

>> **Besprechungsdienst für öffentliche Bibliotheken:** *„Wie man die Schwerkraft überlisten kann, erklärt der Autor flott und ausführlich. Tipps, Trainingsvorschläge und zahllose Übungsbeispiele inklusive. “*

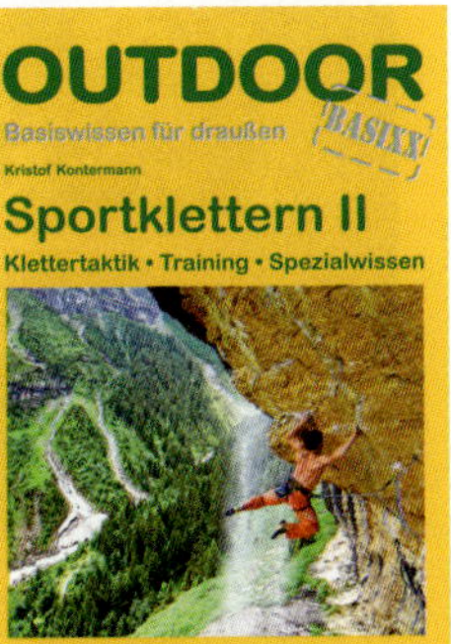

Buchtipp aus dem Conrad Stein Verlag

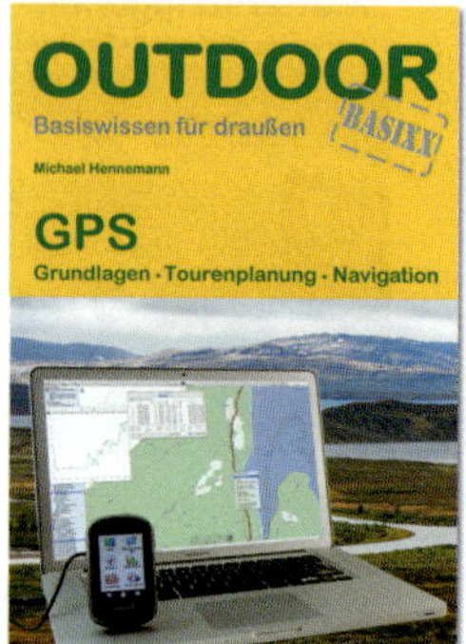

GPS

Grundlagen · Tourenplanung · Navigation

Michael Hennemann
OutdoorHandbuch Band 375
Basiswissen für draußen
160 Seiten ▸ 277 farbige Abbildungen

ISBN 978-3-86686-495-5

>> **Wienerland**: *„Ein topaktuelles Handbuch, das kompetent GPS-Anfänger wie Fortgeschrittene informiert."*

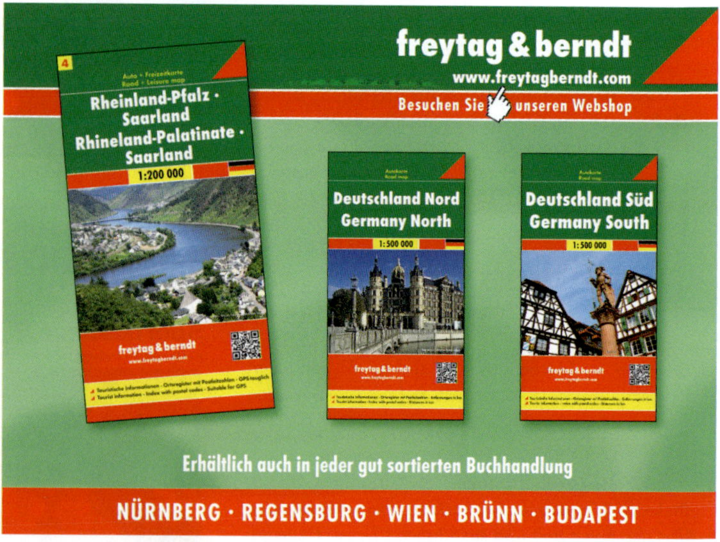